［図説］

韓国都市探究

24の街の歴史、文化から産業まで

全国地理教師の会 著

水谷幸惠／宗実麻美／山口裕美子 訳

原書房

CONTENTS

プロローグ 006

第1部 ソウル特別市 013

- **ソウル** 歴史的な空間が広がる都 014
- **昌信洞と文来洞** 町工場から未来へのまちづくり ... 040
- **ソウルの公園** 惜しみなく与えてくれる空間 062

第2部 仁川・京畿道 083

- **仁川** 近現代の歴史を抱いて国際都市へ 084
- **江華** 屋根のない博物館 098
- **坡州** 平和と芸術の共存 116
- **南楊州** 自転車で旅を 130

第3部 江原道 ……………………………… 145

- 春川　首都圏になった湖畔の都市……………… 146
- 太白　夏も冬も魅力あふれる高原……………… 162
- 旌善　炭鉱都市から観光都市へ………………… 176
- 江陵　コーヒー好き憧れの土地………………… 188

第4部 世宗・忠清道 ……………………… 201

- 世宗　自然との調和を目指す行政中心複合都市…… 202
- 論山　再スタートをきる場所…………………… 220
- 保寧　マッドフェスティバルと火力発電……… 232
- 堤川　韓方の息づくスローシティ……………… 246

第5部　全羅道 ……………………………………………… 257

- 群山　歴史の濁流を渡り西海岸時代へ ……………………… 258
- 金堤　農業の過去と未来を担う稲の村 ……………………… 274
- 珍島　神秘的な潮流と芸術の都市 …………………………… 288
- 順天　世界的注目を集める生態都市 ………………………… 298
- 求礼　四季を通して美しいサンシュユの本場 ……………… 308

第6部　釜山・慶尚道 ……………………………………… 321

- 聞慶　古代からの峠道を越える ……………………………… 322
- 密陽　太陽都市で環境と社会を考える ……………………… 336
- 浦項　工業都市から観光都市へ ……………………………… 350
- 釜山　21世紀型先進海洋文化都市 …………………………… 364

第7部 済州特別自治道 ……… 379

済州市　耽羅1000年の歴史と文化 ……… 380
西帰浦市　未来世代からのレポート ……… 394

参考資料 ……………………………………………… 408

プロローグ

　皆さん、移動教室「韓国都市旅行」へ、ようこそ。私たちは韓国の高校で地理を教えています。これから読者の皆さんと一緒に教室の外へ、韓国の代表的な都市、その現地を訪ねる都市旅行へ出発します。旅行先の24の都市には、混雑と喧騒に包まれた大都市があり、河川と平野と山野に抱かれた静寂な都市もあります。出発の前に、ふたつのキーワードを整理しておきたいと思います。それは、「都市」と「旅行」です。この移動教室のテーマ、「都市旅行」について、ちょっと考えてみましょう。

観光ではなく旅行を

　まず、「旅行」についてお話ししましょう。観光ではなく旅行をといわれても、観光と旅行に何か違いがあるのかなと思われたことでしょう。実際、最近は観光と旅行をそれほど区別して使うことはないようです。旅行社や観光事業者がそうですね。しかし、貧乏旅行という言葉はありますが、貧乏観光とはいいません。旅行と観光は本来、異なる意味を含む概念なのです。

　観光には観て楽しむという意味が込められています。余暇やレジャーを目的に他の地域や国の自然、景色、風俗などを観て楽しむことですね。観光は産業化の産物といえます。19世紀、産業化の進展に伴い、人間は仕事と余暇の時間を区分するようになりました。また、一方では資本と労働に従属し、より過酷な時間を送るようになりました。苦しい日常に少しでもゆとりができれば、何かを楽しまずにはいられませんが、当時は旅行が最も人気を集めていたそうです。トマス・クック[1808-1892]という英国

の宣教師は、その頃には、まだ高価だった鉄道列車を借り切り、割安の乗車券で団体旅行を始め、大好評を博したことを契機に旅行社を設立しました。この時から観光は一般大衆向けの事業として発展するようになりました。事業という属性上、観光客の受動的な参加と消費志向的な傾向を帯びるようになります。観光の対象となる地域は消費地という経済的関係に隷属し、その結果、文化的主権の侵害、自然環境の破壊、経済的な収奪など、多くの社会問題が発生し、今もそれが続いています。

　他方、旅行は観光とは異なります。旅行を意味するトラベル（travel）の語源を調べてみると、「苦痛、苦難」という意味を含んでいます。旅行のポイントは移動そのものにあり、昔は、移動には苦痛や苦難が伴ったからです。しかし、生きるために、宗教巡礼のために、自然と自身との限界に挑むために、ある場所から他の場所へと移動しました。旅行は、生存、自己省察、巡礼、挑戦という価値を内包しています。旅行は、参加者自身がより能動的に主体的に旅行を通して関係を築き、社会と文化を尊重し、学びを実践していく、自己成長的な活動なのです。

　私たちの移動教室が目指すものは観光ではなく「旅行」です。具体的には、持続可能な旅行です。持続可能な旅行は、観光産業の拡大で生じた、社会、経済、環境などさまざまな問題への反省から始まりました。自分の幸福が誰かにとっての不幸にならないように、さらには、私たちの生きる地球の不幸にならないようにとの願いが込められているのです。私たちが、ある地域を旅行して楽しみを得るならば、そこを生活の場としている人々も幸せであることを願わずにはいられません。観光業者が潤い、巨大企業が利益を得る一方で、現地では、人々の暮らしが不便になり、自然環境が破壊され、コミュニティが瓦解するならば、それは決してあるべき姿とはいえないからです。

　最近、韓国では「壁画村」が増えています。そこには、観光客が昼夜の区別なく押し寄せ、レジャー・ランドであるかのように行動するため、住民たちは眠ることもできず、プライバシーは侵害され、ストレスを感じています。観光客が集まるようになると商店街では店舗の賃貸料が上がり、

昔からその地域で暮らし、商売を営んできた人々が街を去らざるを得ない
というケースさえみられるようになりました。さらには、現地の人々の生
活環境を無視し、過剰な消費行動に走るなど、マナーを欠いた態度の観光
客まで現れ、オーバー・ツーリズムという問題にも直面しています。

　そして、登場したのが、サステナブル・ツーリズム、フェア・トラベル
などと呼ばれる、持続可能な旅行です。現地の人々と旅行者が共に楽しみ、
その意味を共有する旅行です。旅行は、フェアで持続可能な日常として、
倫理的な日常として、生きることとの向き合い方が変わるような日常へ繋
がってこそ、その価値は輝きを発するのです。この移動教室を通して、単
なる物見遊山や思い出づくりではなく、生きるということを考えながら、
日常の世界観が変わるような旅行をしていただければと思います。

地理と歴史と文化を学ぶ都市旅行

　もうひとつのキーワード「都市」について、ちょっと調べてみましょう。
韓国の人口を100人とした場合、都市の人口はどのくらいでしょうか。2013
年の基準では91人になるそうです。10人中9人は都市人口ということで
すね。韓国では行政区画上、邑以上を都市としています。邑は人口2万人
以上を基準に指定されます。

　日本は人口5万人以上［市の要件］、ポルトガルは1万人、米国は2,500人、
オランダは2,000人以上の所を都市と呼んでいます。人口密度が希薄なノ
ルウェーやアイスランドでは200人以上いれば都市としています。インド
では、人口が5,000人を超え、非農業的産業に従事する成人男子の比率が
4分の3を超えることを基準にしています。国によって、文化や歴史地理
的状況によって、都市の定義が異なることは興味深いですね。

　都市とは、人口密度が相当高く、第一次産業（農業、林業、水産業）の比率
が低く、第二次・第三次産業の都市的な産業（製造業、建設業、商業、サービス業
など）の比率が高く、周辺地域に商品などの財と、行政・医療などのサー

ビス、そして雇用を提供する中心地としての機能を担う特徴があります。最も重要なことは、やはり人口であり、ひと言でいえば人間がたくさん住んでいる所ということになります。

それでは、都市旅行とは、どのように行うのでしょうか。まず、都市を面としてとらえるか、点としてとらえるかということを念頭に置いておきましょう。面としてとらえるということは、都市の内部がどのように分けられているか、どのような機能を担い、その中で人々がどのように暮らしているかを見ることであり、点としてとらえるということは、他の都市との相互関係とネットワークを重視して見るということです。本書では24の都市を選び、点と面の視点を意識しながら旅行しようと思います。

こうして、都市を訪ねてみると多くの質問が浮かんでくるでしょう。人々はなぜ、ここに集まっているのか？　いつから？　どんな人たちが集まってどんなことをしているのか？　どのように暮らしているのか？　この都市はどのように発展したのか、あるいは衰退したのか？　官公庁などのある中心業務地区はどこか？　また、建物の老朽化や商店街の衰退などインナーシティ問題に悩む地区はどこか？　その問題を解決するために、どのような対策を講じているのか？　そこに住む人々は幸福なのか、あるいは幸福になるためにどのような努力を続けているのか？　自分の住んでいる所とは、どのような点が異なり、何を学ぶべきか？　このような質問がたくさん浮かんでくると思います。そして、その答えを探していく過程で、地形や生態系などの自然的要素、さらには私たちの先祖が生きてきた歴史と文化に至るまで、都市の姿をあらゆる角度から学ぶことができるでしょう。こうして、ある空間を立体的に総合的に理解していくことが、地理旅行の魅力なのです。

都市はあたかも有機体のような性質があり、誕生、成長、衰退、そして、死を迎えるのです。こうした都市の変化は、その都市の内部に生活の場を得て暮らしている人々にも大きな影響を及ぼします。私たちは、この移動教室で常に「都市再生」というテーマを共有していくことになるでしょう。都市再生とは、衰退した地域または都心（通常、旧都心といいます）の物理

的環境、経済、社会、文化に至るまで改善を図り、都市と都市で暮らす市民の生活の質を高めていく過程をいいます。都市を再建する過程において、地域住民が疎外されたり、さらには立ち退きを迫られたりといった再開発とは質的に異なる概念です。本書では、各都市における都市再生の過程についても探究していきます。都市再生が成功裡に成し遂げられた都市もあり、今はまだその途上の都市もありますが、中心には「人間」がいて、「生活の幸福」を追求する意志があります。コミュニティと住民ひとり一人が中心となる都市の再生、その現場を実際に歩いて訪ねることは、本書の、そしてこの移動教室の重要なテーマのひとつなのです。

　さあ、旅行の準備も整いました。皆さんにとって、素晴らしく、意味ある旅行となることを祈りつつ、いざ出発！

本書で訪れる24の街

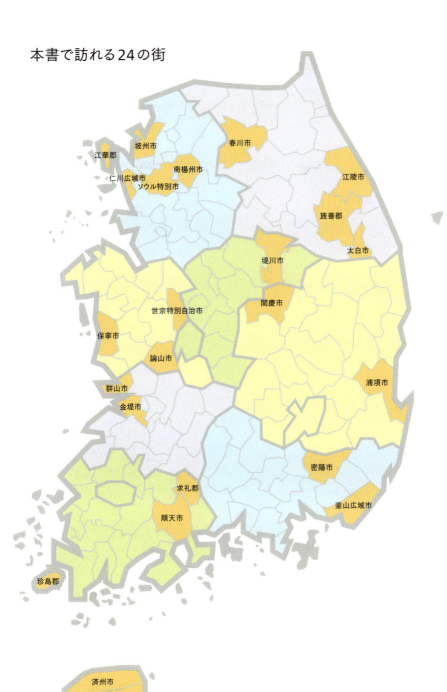

第**1**部

ソウル特別市

ソウル

歴史的な空間が広がる都

　大韓民国の首都ソウル。朝鮮時代［1392-1910］、1394年に高麗の旧都開京［開城］から遷都して以来、600年以上、韓国の首都の役割を担う都市です。漢城と呼ばれた百済時代［4世紀前半- 660］までさかのぼれば千年もの歴史がありますが、現在のソウルの姿は、朝鮮時代に都と定められた、漢陽都城の内側と、都城に隣接した城底十里［都城から約4km圏］を含む地域と、ほぼ同じといえるでしょう。そうしたこともあり、最近では漢陽都城を巡るさまざまなプログラムが用意され、週末を利用してウォーキングを楽しむ人々が増えています。

　漢陽都城は、朝鮮が漢陽を都と定めて築いた城郭で、総延長は約18kmです。朝鮮時代にも巡城ノリ［巡城遊び］と称して、漢陽都城を一日で歩いて一周する、城壁巡りの行事があったそうです。今は、一日で18kmを歩き通すのが難しければ、区間を分けて歩く半日コースもあるほか、映像で巡城ノリを楽しむこともできます。さあ、それでは、漢陽都城を歩きながらソウルの中に広がる時間、歴史を訪ねてみましょう。

❶ 景福宮	⓬ 粛靖門	㉓ 北村韓屋村
❷ 宗廟	⓭ 敦義門址	㉔ 南山コル韓屋村
❸ 社稷壇	⓮ 崇礼門（南大門）	㉕ 南大門市場
❹ 白岳山	⓯ 興仁之門（東大門）	㉖ 東大門総合市場
❺ 仁王山	⓰ 彰義門	㉗ ソウル駅
❻ 鐘閣駅	⓱ 昭義門址	㉘ 昌徳宮
❼ 鍾路3街駅	⓲ 光熙門	㉙ 昌慶宮
❽ 鍾路5街駅	⓳ 恵化門	㉚ 慶熙宮
❾ 避馬横丁（ピマッコル）	⓴ 五間水門址	㉛ 光化門
❿ 南山	㉑ 東大門歴史文化公園	㉜ 清渓広場
⓫ 駱山	㉒ 清渓川	㉝ 普信閣

015

朝鮮、漢陽を都と定める

　高麗時代［918-1392］、漢陽は南京と呼ばれていました。開京［高麗の王都、現在の開城］、西京［現在の平壌］とともに主要な都市だったのです。度重なる外敵の侵入を受けた激動期［10世紀末〜13世紀、北方から契丹、女真、モンゴルが南侵］には、外憂の原因が開京の地気の衰えにあると考えられ、相対的に地気の旺盛な南京に遷都することも検討されました。高麗時代の初期には、かつての高句麗［BC37?-668］の領土、その失地回復を目指す北進政策を後押しするという名目から、西京（平壌）を吉祥の地とする「西京吉地説」が唱えられました。中期以後、北進政策の退潮とともに、「南京吉地説」が有力となり、漢陽は高麗時代の地方制度上で最高地位の南京へ昇格しました。

　朝鮮王朝の太祖・李成桂［1335-1408、初代国王、在位1392-1398］が、新しい王朝の都を漢陽と定めます。1394年、遷都により漢陽は漢城となりました。漢陽以外にも都の候補地として、数か所、名前が挙がっていました。鶏龍山［忠清南道］の近くに都を遷そうと、工事も進められていました。ところが、鶏龍山のあたりは河川交通が不便だったため、最終的に漢陽が選ばれたのです。当時の漢陽は、高麗の首都だった開城にも引けを取らないほど水陸の交通が便利であり、物資も豊富、国土の中心に位置するという有利な立地条件を備えていました。さらに、山地に囲まれ、外敵の侵入を防ぐためにも最適の地だったのです。

　漢陽都城は、世界に現存する首都の城郭として最も規模が大きく、また、長い歴史の中で都城の役割を果たしてきました［1396都城築城 -1910］。そのため、日本の植民地時代［1910-1945］には、朝鮮王朝の威光あふれる都、そのイメージをおとしめようと、あれこれと理由を連ねては、雄壮な漢陽都城を撤去し毀損しようとしました。東大門と南大門が残ったことは、奇跡に近いといえます。当初、東大門も南大門も壊されるところでした。俗説によると、豊臣秀吉の朝鮮侵略（1592-1598）のことを日本では文禄・慶長の

役、韓国では壬辰・丁酉倭乱といいますが、その時、日本軍の武将が漢陽へ入城した門であり、凱旋門の性格があるとして残されたともいわれています。ふたつの門が生き残ったことは幸いでしたが、胸の痛む思いです。

　朝鮮時代は水運がとても重要でしたが、なぜ、漢江を境界として都城を造らなかったのでしょうか。今日のように科学技術が発達した時代でも、大きな河川の管理は易しいことではありません。朝鮮時代には、なおさらのことでしょう。清渓川規模の河川の浚渫工事でさえ、容易なことではありませんでした。国家レベルの大規模な土木事業であり、臣下の反対も大きかったようです。清渓川の浚渫工事は何度も行われましたが、英祖［第21代国王、在位1724-1776］は、臣下の反対をものともせず、浚渫工事を行ったことを自身の最大の治績のひとつに挙げており、それほどの一大事業だったのです。そうした理由から、漢陽都城の境界が定められたのでしょう。その後、植民地時代にソウルの人口が増加し土地の需要が高まると、ソウルの行政区域を南側へ拡張し、京仁線の鉄道周辺の一部に堤防を築き、永登浦一帯もソウルに含まれるようになりました。

　漢陽都城から漢江はそれほど離れておらず、漢江の水運を活用することに大きな問題はありませんでした。黄海のことを韓国では西海といいますが、黄海から麻浦までは、潮の干満の影響を受ける感潮区間であり、満ち潮の時には比較的容易にソウルまでさかのぼることができました。特に、麻浦ナル［ナルは渡し場・船着場］は、朝鮮戦争［韓国では「韓国戦争」、1950-1953。本書では主として「朝鮮戦争」と表記］以前には、汽船も運航し、漢江河口から海産物を運ぶ船で賑わっていたそうです。また、龍山から船に乗れば、寧越［江原道寧越郡］や忠州［忠清北道忠州市］まで行くこともできるのです。龍山から南漢江の寧越までは14日、忠州までは7日で到着したそうです。漢江下流のソウルへ向かうのは、さらに速く、上流の寧越からは6〜8日、水量の多い時期には2日あれば到着したそうです。河口の黄海へ進出するのはもちろん、上流へさかのぼり忠州や寧越にも行けたのですから、ソウルはまさに水上交通の要衝だったのです。特に、朝鮮時代には、租税を穀物で納めていましたから、船に優る運搬手段はありませんでした。

それでは、なぜ、漢陽は都城、楽安［全羅南道順天市］や海美［忠清南道瑞山市］は邑城と呼ばれるのでしょうか。都も邑も今日の市と類似しています。邑の中に宗廟［国王の祖先の位牌を祀る建物］がある所を都邑と呼び、その都邑に城が築かれると都城になります。それで漢陽は都城に、楽安や海美は邑城になりました。そして、漢陽都城で最も核心的な場所が宗廟です。韓国の歴史ドラマで、重大な事件が起こるたびに、国王に向かい臣下たちが、宗廟社稷が云々という場面をご覧になったことがあると思いますが、宗廟社稷とは国家の代名詞でもあったのです。

　宗廟は朝鮮王朝歴代の国王と王妃の神位［位牌］を祀る祠堂です。社稷の"社"は土地の神、"稷"は五穀の神を表します。景福宮の西側に社稷壇があり、土地の神と五穀の神の祭祀を行います。宗廟と社稷は、東アジアの国家において都邑を計画する時に基本要素となるものです。中国古代の儒教経典のひとつ、『周礼』の「考工記」に登場する「左廟右社」の原則に従い、都市を計画しました。漢陽も景福宮を中心として、左に宗廟、右に社稷を配置したのです。これは朝鮮という国家の性格をよく表しています。宗廟は祖先の神位を祀る場所であり、儒教的な伝統に立脚した国家理念を示し、社稷は朝鮮が農業を生産基盤とする国であることを意味します。

　もうひとつ、都邑設計に重要な原則は「帝王南面」です。帝王は南側を

宗廟の正殿

望み、万民をご覧になるという意味です。そして、景福宮は白岳山［北岳山とも呼ばれる］を背に、南向きに建てられました。白岳山の南麓に、南方に流れる漢江を臨むように工夫され、「背山臨水」にて立地しています。当時、無学大師［1327-1405、僧侶、李成桂の仏教の師］と鄭道伝［1342-1398、朝鮮の開国功臣］は、風水地理説で運勢を左右する重要な山と考えられていた主山を、どこにするかをめぐって激しく対立しました。臣下たちは、仁王山［仁旺山とも表記］を主山とすれば仏教が栄えるという俗説を憂慮し、帝王は南面して国を治めるべきだと強く主張しました。その結果、白岳山が主山となったのです。朝鮮は儒教国家であり、仏教の栄えることを良しとしなかったのでしょう。

　ここでもうひとつ、面白いことがあります。朝鮮は儒教を建国理念としましたが、王都建設の設計者として知られる鄭道伝はじめ、中心人物が皆、風水に精通していたということです。そのため、漢陽の立地をめぐる無学大師と鄭道伝の軋轢も、一層、激しさを増したことでしょう。民衆の生活にも風水はとても重要でした。韓国という国を理解しようとするならば、儒教的な視点からアプローチすることは欠かせませんが、韓国人の気質を知るためには民俗信仰を研究する必要があるといわれています。

『周礼』には「前朝後市」の原則も登場します。王宮の前には政府、すなわち六曹［高麗・朝鮮時代に国政の各分野を担当した6つの官庁。吏曹、戸曹、礼曹、兵曹、刑曹、工曹］を構え、王宮の後ろには市場を置くという考えです。ところが、漢陽は王宮の後ろには白岳山が迫っており、スペースはありませんでした。そこで、王宮の前方に市場を造成しています。中国では広い平地に都城を建設できるので、『周礼』を手本とすることができますが、山が多く平地の少ない韓国では、原則どおりに都城を築くことは容易ではありません。漢陽は、自然条件にあわせて都市計画に融通性を発揮する事例となりました。朝鮮建国を担った人々は、柔軟な発想の持ち主でもあったようです。官庁街の前方に、東西に走る通り沿いに公設の市場である市廛を造りました。

　都市は都邑と市場を合わせた言葉です。政治的中心地であると同時に

経済的中心地でもあるという意味です。漢陽の市場は、当初、敦義門[漢陽四大門のひとつ。西大門とも呼ばれた]から興仁之門[漢陽四大門のひとつ。東大門とも呼ばれ現存]を結ぶ街路に面して、現在の鍾路一帯の近くに形成されました。公設の常設店舗・行廊を造り、特権を与えた商人に営業させて市廛とし、政府や漢陽の民衆が必要とする物資を調達できるようにしたのです。市場ができると人々が雲のように集まったので、現在の鍾路の交差点付近は雲従街と呼ばれました。朝鮮王朝は、さらに行廊を造成し、南大門から鍾路に至る通りなど、都城内で2000間[1間は間口20尺、1尺は約30.3cm]を超える規模となったと推測されています[朝鮮時代の市場形成については研究が進んでおり諸説がある]。

　ところで、朝鮮時代の地図を見ると、現在とは異なり、景福宮からソウル駅へ直進する道路はありません。代わりに鍾閣から南大門へ続く丁字路が伸びています。景福宮から始まる通りは、黄土峴という低い峠で途切れています。都城で火災が発生した場合、王宮への延焼を防ぐために、道路が直接、王宮へと繋がることを避けたのです。漢陽には風水的に火に弱いという弱点があり、さまざまな対策が講じられ、それは道路設計にも反映されました。

　防火対策は道路だけではありません。慶会楼と成均館の池をはじめ、崇礼門[漢陽四大門のひとつ。南大門とも呼ばれ現存。2008年に放火されたが復元]には火を防ぐとの意味から縦書きの扁額を、勤政殿の前には邪鬼を払うといわれる火災除けの水を張ったトゥム[鋳鉄の釜]を、光化門の前には火を防ぐ

左：社稷壇／右：雲従街遺構の展示

といわれる想像上の動物・ヘチの像を設置しました。漢陽に不足する水を補おうと王宮の入り口にも水路を設けました。さらに、四大門の近くに、東池、西池、南池、北池と４か所の人工の池を造りました。しかし、漢陽は火災を完全に避けることはできませんでした。建国当時の景福宮はじめ漢陽の大半は、倭乱（文禄・慶長の役）の時に焼失しました。

鐘閣の近くへ行くと、避馬横丁（ピッマッコル）の入り口で、鍾路市廛の遺構の展示を見ることができます。避馬横丁の話が出たので、ちょっと寄り道しましょう。避馬横丁が今日のように姿を変えてしまい、本当に惜しまれます。朝鮮時代、朝廷の高官が通るたびに庶民は馬を避けるなど苦労がたえず、裏道を往き来しましたが、馬を避けるための道が小路となり避馬横丁になりました。今日の避馬横丁は少し前まで、安くて美味しい店が集まる庶民の憩いの場でしたが、今ではすっかり取り壊されてしまいました。現代的に、ファッショナブルに建て替えることだけが最善とはいえないと思いますが、開発時代の論理は、そんな意見を受け入れることは難しいようです。こうしてまたひとつ、かつての面影と情趣が失われたのです。

600年以上の歴史あるソウルですが、植民地時代には容赦のない破壊、解放以後は近代化の嵐によって、このソウルで歴史性を備えた昔日の姿を

なぜ、韓国には「南山（ナムサン）」が多いのか？

都市の前方、南側の正面にある山で南山と呼ばれる山が、韓国には31か所もあるそうです。山林庁［日本の林野庁に相当する］に登録された山だけで、そんなにあるのですから、登録されていない小さな山まで数えたら、さらに多いことでしょう。学者の中には南山の「ナム」は"南側の南（ナム）"ではなく、前方を意味する"アプ"の字を用いたと述べる説もあります。南山を「前方の山」を意味する文字で表すと、マメ、木覓山とも表され、"マ"は"アプ（前）"、"メ"は"山"の韓国語固有語であるといわれています。木は"マ"を、覓（ミョク）は"メ"を表す吏読式表記［新羅時代から用いた漢字の音・訓を借りた表記法］であり、ナム山、アプ（前）山、マメ、木覓はすべて「前の山」という意味になります。韓国では、どこの都市にも「前方の山」はありますから、自ずと「南山」という名が多くなったのではないかと思われます。

左：多様な城石／中央：刻字城石／右：四大門と四小門

　探し求めることは、たいへん難しくなりました。本当に惜しまれてなりません。それでも最近では、古都ソウルを受け継ぎ、残していこうとの尽力が続けられ、植民地時代に撤去された漢陽都城も復元されています。また、2007年、白岳山が全面開放され、今では朝鮮時代に行われていた巡城ノリ、城壁巡りを楽しむことができるようになりました。

　漢陽都城は「内四山」の白岳山〜仁王山〜南山（木覓山）〜駱山（駝駱山）を結ぶように城郭を巡らせ、主な出入口を四つの大門、粛靖門（北大門）〜敦義門（西大門）〜崇礼門（南大門）〜興仁之門（東大門）と、四つの小門、彰義門〜昭義門〜光熙門〜恵化門を築き、完成しました。

　漢陽都城の仁王山、白岳山、南山の区間には刻字城石も残っています。刻字城石とは都城を築城した時、その区間の責任者の名を刻んだ城石のことです。責任を持って築城にあたれという意味ですね。一種の工事実名制が実施され、安易に代わりのもので補うことはできないようになっていたのでしょう。

　城壁は一度に完成されたのではありません。万里の長城も秦の時代［?-前207］に築城が始まり、清代［1616-1912］に至るまで継続的に工事されています。もちろん万里の長城の規模とは比べようもありませんが、築城はそれほど難しいことなのです。また、一度、建設した部分も、老朽化したり崩れたりする度に補修が必要になります。さまざまな時期に補修されたため、現在の城壁を注意深く観察すると、大きく4種類の形状からなり、多様な城石が見られます。時代が下るほど自然石をきれいに加工し、大きい石を使っています。城石は、太祖［李成桂、初代国王］と世宗［第4代、在位1418-

1450〕の時代には南山と駱山一帯から、粛宗〔第19代、在位1674-1720〕の時代には貞陵周辺の山から採石されたそうです。

　資料を調べると、四大門のうち東大門には雉城といわれる、城壁の一部にコの字型に突出した攻撃・防御施設もありました。平地に築いた城であるため、防御にはいっそう神経を使う必要があったのでしょう。都城の東側にあたる東大門の付近一帯は土地が低く、都城内の河川が流れ出て行く水門も必要でした。五間水門や二間水門がそうした役割を担っていました。五間水門は城壁と清渓川が交差する場所にありましたが、今は清渓川側に復元されています。二間水門は植民地時代、東大門運動場〔当時は京城運動場〕を造る時に埋められました。近年、工事の過程で発見され、その存在が知られるようになったのです。

　東大門の本来の名前は興仁之門です。四大門の中で唯一、四文字の名をつけました。これもまた風水的に左青龍〔四神のうち、天の東方の守護神〕、都城の東側に当たる駱山の山勢が弱いのを補完しようと、山の形に似た漢字「之」を入れたといわれています。東大門は低地に位置し防御に不利なため、四大門の中で唯一、城門を援護する目的で城門の外側に半円形に突き出た甕城も築かれました。

漢陽、東西南北を巡る

　漢陽は、周囲に都城を築城し城郭を巡らせ、城内を5つの地域に分けました。白岳山の麓に北村、南山の麓に南村、駱山の麓には東村、景福宮の西側に西村、清渓川の長橋（長通橋）と水標橋一帯の中村がそれです。東、西、南、北、中央、このように五部となりました。漢陽を描いた地図は「京兆五部図」と呼ばれています。しかし、漢陽は五部のみで構成されていたのではありません。

　朝鮮時代、漢陽は漢城府が正式の名称となり、都城の内側と外側の四方

内四山と外四山

十里［都城外10里までの地域。韓国の10里は日本の1里、4km］に該当する地域、城底十里を含んでいました。現在のソウルの江辺北路(カンビョンブクロ)・東部幹線道路・内部循環道路を繋いだ範囲、または三角山(サムガクサン)（北漢山(ブッカンサン)）・龍馬山(ヨンマサン)・冠岳山(クァナクサン)・徳陽山(トギャンサン)に至る外四山(ウェササン)の範囲と同じといえます。外四山を基準にしてみると、今日のソウルとほとんど重なっていますね。

城底十里は、むやみに開墾したり居住したりできないように管理されていた地域です。墓を造ることも樹木を切ることも厳しく制限されていて、開発を制限するという点で今日の開発制限区域と似ています。そのため、朝鮮前期には住む人はまれでした。しかし後期になると、漢陽の人口の半分ほどが、ここに居住するようになりました。

城底十里に住む人々は主に農作物を育て、都城で売りました。今日の近郊農業地域と同じですね。特に、東大門の外側、清渓川と中浪川(チュンナンチョン)の合流点に位置する、今日の城東区(ソンドンク)のあたりは土地が肥沃で農業に適していました。往十里(ワンシムリ)やサルゴジボルなどが代表的な農業地域です。祭基洞(チェギドン)には祭祀を執り行なう場所があり、地名の由来となっています。典農洞(チョンノンドン)と祭基洞には、国王が直接、農事を行った水田と、祭祀を行った先農壇(ソンノンダン)がありました。ここで行われた先農祭(ソンノンチェ)がソルロンタンの由来になったという説があります。先農壇で祭祀を行なった後、全国八道［平安道、咸鏡道、黄海道、江原道、慶尚道、全羅道、忠清道、京畿道］から上京した農民たちの昼食として、牛

を屠り、肉を煮詰めたスープにご飯を入れて出し、先農湯と呼んだものが、今日のソルロンタンであるといわれています。ソウルの東部地域には農業と関係のある地名がたくさんあります。漢陽大と建国大一帯は草がよく伸びるので馬を育てていたことから馬場洞、牧場の広い野原は長安坪、牧場の向かいにある村は面牧洞、雌馬を育てていた村は紫陽洞と呼ばれるようになりました。田んぼが広がっていた新畓と龍畓は、水と田からなる畓の漢字が地名に含まれています。ここは、植民地時代に、東洋拓殖株式会社［1908-1945、植民地経営の拓殖事業を目的として設置した国策会社］が水田として再整備した場所でもあります。また、ソウルの西部地域、弘済川と滄川の一帯も代表的な農業地域でした。国王が漢江を西へ巡幸し、農作の実りを確かめようと一帯を眺めた望遠亭のあった場所です。地名をよく調べてみると、その空間に幾重にも積み重ねられた時間の流れ、歴史を発見することができるのです。

　漢江の水運を利用して全国から税穀や物資が漢陽へ集まってくるため、城底十里の漢江河畔地域は、個性豊かな地理的特徴を備えるようになりました。特に、麻浦、龍山、西江などの地は、全国から漢陽へ納める税穀や物資が押し寄せる河港として、17世紀以後には商業の中心地として賑わうようになりました。植民地時代に、朝鮮時代は農業国家のまま停滞していたとされましたが、漢陽はすでに商業都市へ変貌していく過程にあったのです。漢江に浦と呼ばれる船着き場がたくさんあったことも、活発な商業活動が行われていた証拠のひとつといえます。

　さあ、都城の内側へ入ってみましょう。朝鮮時代、ほとんどの人々は徒歩で移動していましたので、今日のような業務地域と住宅地域との分離は困難でした。都市の近代化が最も進んでいた西ヨーロッパでも20世紀前半までは、職住分離は成立していなかったということを参考にすると良いでしょう。

　両班［高麗・朝鮮時代に官僚を出すことができた最上級身分の支配階級。文・武の官僚の総称］の多くは北村に住んでいました。重大な事案が発生すれば、いつでも参内しなければなりませんので、王宮から離れた場所には住めませんでし

た。漢城府は清渓川を基準として北村と南村に分かれていましたが、北村の南向きで日当たりが良く、花崗岩の地盤で水はけも良い仁王山のあたりは、「上臺（サンデ）」と呼ばれ、両班の中でも特に有力な人々、勢道政治（セド）の中心となった一族の邸宅が集中していました。仁王山の近くといえば王宮を背後から見下ろす形になるため、王朝時代には制約があったのではないかと気になるところですが、実際にここが住居地となっていたのをみると規制などはなかったようです。

　北側に比べて自然条件の良くない清渓川の南側、東大門や往十里一帯などの東村は、庶民や下級武官が住み、「下臺（ハデ）」と呼ばれました。清渓川の一帯は夏に集中豪雨があると洪水の被害も大きくなりがちで、住むのに適した場所ではありませんでしたが、壬辰・丁酉倭乱〔文禄・慶長の役〕と丙子胡乱（ビョンジャホラン）〔1636-1637、清の皇帝ホンタイジの朝鮮侵攻〕により農村が荒廃すると、農村地帯の人々が大挙して漢陽に上京するようになり、居住地となっていった場所です。

　話は飛びますが、1945年の解放後にソウルへの人口集中が加速すると、覆蓋される以前の清渓川あたりから駱山の付近まで、板子家（パンチャッチブ）と呼ばれる板張りの粗末な家がたくさん並びました。金承鈺（キムスンオク）〔1941-〕の小説『歴史』や朴泰遠（パクテウォン）〔1910-1986〕の小説『川辺の風景』を読むと、昌信洞（チャンシンドン）や清渓川周辺の劣悪な環境に置かれた地域を描写した場面が出てきます。現在も、駱山の付近には老朽化の目立つ家が多く残っており、ソウル都心の「タルトンネ」とも呼ばれています。タルトンネとは、斜面の頂上まで家々が連なる様子から月に一番近い街「月の街」を意味しています。朝鮮戦争後の

左：先農壇／中央：雲従街の模型／右：市内を走っていた路面電車

住宅難から避難民などが斜面や丘の上などに小さな家を建てて住み始めました。駱山の一帯は老朽化の進む地域として、ニュータウン再開発計画地域に指定されたこともありました。

そのまま再開発が進められていれば、往時の面影も失われるところでしたが、駱山一帯はニュータウン再開発計画地域の指定が解除された後、都市再生事業地域として指定を受け、現在は新たな道を模索しています。元の住民の多くが他の場所へと立ち退かなければならない再開発に代わって、今そこで暮らしている住民の住居環境を改善し、生活の質を高めるための方法が検討されています。そして、地域の特性を活かしていくプランも考えられています。現在ではコミュニティを維持しつつ都市を再生するモデル地区となっています。

朝鮮時代の話に戻りますが、南山方面が南村にあたります。今日の南山洞一帯ですが、ここには両班とはいっても、権勢のある権門勢家ではない一族や、要職にはついていない人々が主に住んでいました。南山の儒生、貧乏学者の故郷といったところです。南山の北側斜面は日当たりが悪くぬかるんでおり、居住環境も良くはありませんでした。もちろん、南村にも、皆さんのよく知っている人物や名門の一族も住んでいました。12名もの丞相や大臣を輩出した東莱・鄭氏の一族をはじめ、今の仁峴洞一帯には柳成龍［1542-1607、領議政、学者］、李舜臣［1545 -1598、水軍の名将］、元均［1540-1597、水軍の司令官］、許筠［1569-1618、文官、学者、著書に『洪吉童伝』］、丁若鏞［1762-1836、文官、実学者］なども住んでいたのです。それでも、やはり北村に比べるとやや寂しく思われます。

そして、植民地時代には、朝鮮人の中心地である北村ではなく、あまり栄えていなかった南山方面に日本人が進出しました。現在も南山の付近には植民地時代の痕跡がたくさん残されていますが、それにはこうした理由があるのですね。

今日の鍾路にあたる清渓川北側の市廛付近は、比較的水はけがよいので商人のほか、官庁に勤務する実務職や技術職の中人階級［両班と常人の中間の身分］の人々が多く住んでおり、中村を形成していました。ここには匠

人と呼ばれる手工業者が集まって住んでおり、市廛で売られる品物を作っていました。植民地時代には、清渓川以南に日本人の主導によって工業が発達するようになりました。こうして調べてみると、清渓川周辺の工業にも歴史があるのですね。

　中村と雲従街のあたりで作った品々は鍾路の市廛で販売されました。ところが市廛には看板もなく、店の前に商品を陳列することもほとんどなかったそうです。朝鮮時代を描いたドラマや映画に看板を掛けた店が出てきますが、あれはフィクションですね。看板は路面電車の開通する1899年以後に登場しました。

　市廛は2000間を超え、とても広く、店の数も多いというのに、看板もなく、商品の陳列もなかったというのでは、品物を買いに来た人々はさぞ困ったことでしょう。そこで登場したのが、列立軍です。列立軍は一種の仲介人でした。品物を求める人々を目的の商店へ案内するなど、取引が成り立つように仲立ちをして、紹介料を受け取っていました。近代以後になると、「ニセモノ」を売る人とみなされ、表舞台から消えていきました。看板が登場すると列立軍の出番がなくなったのですね。

　国家が管理していた市廛以外にも市場がありました。私商が無秩序に増え、国の許可なく私的な市が開かれるようになりますが、これを私商乱廛といいます。その中で、東大門に近い梨峴市場（イヒョンシジャン）は、倭乱（文禄・慶長の役）の後、国の財政窮乏のため軍人に給料を支給することができなくなり、その代わりに支給された軍布の麻布・木綿などを軍人やその家族が売り始め、それを契機に市場が拡張されていきました。東大門地域の衣類商店街もやはり歴史があるのですね。

　南大門市場も、南大門の外側に形成された乱廛の七牌市場に由来するといわれています。南大門の左右にあった仮家［仮設の建築物］などを整理して、南大門の外側にあった七牌市場を宣恵庁［税として徴収した米や布などの出納を所管］の内へ移したのが始まりともいわれ、南門内場市［場市とは朝鮮時代に庶民や商人たちが生活必需品を売り買いした定期的な市場］と呼ばれました［南大門市場の起源には諸説がある。1414年に国が管理する市場「市廛」の形で始まったとする説など］。1897

年、韓国初の近代的常設市場として、宣恵庁倉内場が現在の南大門市場の一角に造成され、今日の韓国最大の市場、南大門市場へと発展していきます。

　国の支援を受けていた鍾路の市廛は次第に活気を失っていきましたが、民衆の生活の中から誕生した東大門市場と南大門市場は成長を続け、韓国最大の市場となっていきました。また、鍾路の市廛の衰退には、日本の植民地政策とも関連があります。南村に近代的な商業施設の百貨店が開店すると、鍾路一帯の商圏は急速に衰退していきました。鍾路は、植民地時代以後は南村の明洞の影響を受け、今は江南の繁栄によって衰退から復活する難しさに直面しています。地下鉄1号線の開通が巻き返しの契機になると期待されましたが、残念ながら力及ばずといった状況です。

日本の植民地時代、
変わりゆくソウル

　植民地時代に入ると、漢陽にも多くの変化が生じました。まず、漢城府が京畿道に編入され、名称も京城（キョンソン）へと変えられました。東京以外に首都があることを認めないという名目で、漢陽を京畿道の下位の行政区域へ格下げし、朝鮮王朝の威光を弱めようとしました。朝鮮王朝の象徴である漢陽都城も王宮も、毀損され破壊されていきました。朝鮮王朝が力を失うと、北村の両班たちも家運が傾き、暮らし向きが苦しくなっていくことは、火を見るよりも明らかなことでした。家の中の品々をひとつふたつと持ち出しては、近くの仁寺洞へ出かけて売るようになり、そうして、骨董販売商が店を構えるようになりました。

　他の地域でも状況は同じでした。日本は、景福宮近くの黄土峴を取り除くと、日本人の居留地区のある南山方面へ向かう道路を造り、太平通りという名を付け南大門まで連結しました。築城以来、堅牢を誇ってきた城

郭でしたが、南大門両側の城壁はハーグ密使事件［1907年、高宗はハーグの万国
平和会議に朝鮮の独立を訴える密使を送った］の後に撤去されました。

　漢陽都城は、世界に現存する首都の城郭として最も規模が大きく、また、
長い歴史の中で都城の役割を果たしてきましたが、植民地時代に毀損され、
崩壊していきます。鐘閣も有名無実となりました。城壁が取り壊される
と、もはや鐘を突いて城門の開け閉めを知らせる役目は失われたのです。
朝鮮時代まで普信閣は平屋造りでしたが、解放後、復元の過程で2階建て
となりました［朝鮮時代にも2階建ての時期があったともいわれる］。

　上陸地の仁川からソウルに入り、その中心部へ向かう道筋にあたる南
大門、そして景福宮へと続く地域は激しく破壊されていきました。特に
南山の話はたいへん心が痛みます。朝鮮総督府庁舎が南山に、京城府庁舎
が南村に建てられると、ソウルの中心地はこの方面に移っていきました。
私たちの祖先が神聖な地と考えてきた南山に、日本人のための漢陽公園を
造ったのは、まだ愛嬌レベルともいえますが、あろうことか神宮を建てた
のです。現在の南山（木覓山）、八角亭の場所には、元来、木覓山神を祀る
国師堂がありました。国師堂は最も格の高い民俗信仰の場所でしたが、こ
の国師堂を仁王山へ移し、日本の宗教である神道を朝鮮に根付かせようと
官幣大社朝鮮神宮［天照大神と明治天皇を祭神とした］を建てました。神社より格
の高い神宮、特に官幣大社は日本国内にも数か所しかありませんでした
が、それを朝鮮の心臓部にあたる南山に建てたのです。

　朝鮮の武官の訓練場を撤去し、そこに東大門運動場［当時は京城運動場］を
造りました。国が失われた以上、武官が訓練を続ける理由はないという
名目だったのでしょう。私たちは、その東大門運動場でスポーツ大会や集
会を行ってきたのです。

　また、朝鮮神宮に神体を納める日には京城運動場で記念行事を行い、日
本から船で渡ってきた神体が鉄道でソウルに到着する日に合わせて、今日
のソウル駅、当時の京城駅を開業しました。朝鮮の近代化は、すべて植民
地政策によるものであるかのように仕立てる計画だったのでしょう。南
山の朝鮮神宮から北村を眺めるのが、植民地時代の日本人にとって、代表

的な遊覧コースのひとつだったそうです。南山から北村を望み、植民地支配の生け贄となった朝鮮を眺めることは、日本の帝国主義者にとってこの上なく得意なことだったのでしょう。

　いつも何気なく昇り降りしている階段が、神宮へ至る階段だったということを知ると少し違って見えてきますね。高宗皇帝［第26代、在位1863-1907］が1897年に大韓帝国を称したことを記念して、建てられた記念碑の塀を、ある日本人が運び出して自分の家の塀に使うということまであったのですから、全く言葉もありません。

　また、南山に伊藤博文［1841-1909。初代総理大臣。日露戦争後に初代韓国統監となる。ハルビンで韓国の独立運動家・安重根に暗殺された］を称える寺［博文寺］を建てたのですが、その寺に王宮の殿閣を移築しました。正門には慶熙宮の正門である興化門も移築しました。心が痛むのは、解放後も王宮の複数の殿閣が本来の場所に戻ることなく、不相応な場所に放置されたままであるという事実です。漢陽都城の城壁の城石も、個人の住宅や名立たる建物の土台などに石材として使われた例が少なくありません。景福宮の正門、光化門も撤去されることになりましたが、本来の正門から東側に移築されました。そこに、朝鮮総督府の新庁舎を建設するためでした。景福宮の数多くの殿閣も取り壊され、さらには、王宮のひとつ昌慶宮を動物園や公園にするなど、朝鮮王室を無視するにも等しい行為をしました。昌徳宮の後苑を秘苑、昌慶宮を昌慶苑と呼ぶうちに、私たちはそれに慣れてしまい、解放後も問題意識を持たなかったことを恥ずかしく思います。

　植民地時代、清渓川も変貌していきました。朝鮮時代は河床が上がると洪水が発生したり、悪臭が強くなったりするため、浚渫作業を行なっていましたが、1930年代には軍需物資を迅速に運搬するため覆蓋するようになりました。都城の中央を流れる河川であり、物資の運搬のため道路を建設するのに適した場所とされたのです。解放後も、私たちは開発論理優先のまま批判意識を持つこともなく、河川を蓋で覆い道路を建設しました。その道路の上に高架道路まで造り、清渓川は名前だけの河川となってしまったのです。

受難に直面したのは王宮や河川だけではありません。牛も大きな災難に見舞われました。朝鮮は農業国家ですから、牛をむやみに屠畜することはありませんでした。1920年代以後、日本が軍需食品として牛肉の缶詰を作るようになると、屠畜も本格化されていきました。赤身だけが缶詰用に使われ、その他の部位は捨てられていました。朝鮮の人々は、その副産物となった牛の頭、内臓、骨、尾などの部位を使い、ソルロンタンなどを作るようになります。植民地時代、ソルロンタンは、朝鮮の庶民の外食の中で代表的な食べ物になりました。1920年に25か所だったソルロンタンの店が、1924年には100か所を超え、ついに1926年には、ソルロンタンを提供しない飲食店はろくな店ではないとの新聞記事まで出るほどでした。カルビも牛肉の缶詰を製造する時の副産物のひとつでした。1920年代、満州へ向かう要衝にあたる平壌(ピョンヤン)で、そのカルビを使ったのが平壌カルビ誕生の背景です。

　植民地支配が強まるにつれて、南山一帯には「倭色」、日本式のものが次第に増え、明洞はさらに繁盛するようになりました。南村には近代的な百貨店などが並び、日ごとに賑やかになっていく一方で、北村と鍾路は衰退の一途をたどっていきました。その中で、鍾路に和信百貨店(ファシンペッカジョム)があったのは唯一の救いでした。和信百貨店は朝鮮人資本により築かれ、朝鮮人の自慢の種だったのです。惜しまれることに、解放以後、和信百貨店が倒産すると、そこには大企業のビルが立ち並ぶようになりました。東大門運動場のあたりも、和信百貨店のあった場所も、ソウルの歴史性を反映する建

左：朝鮮神宮へ続いていた階段の一部／右：慶熙宮の正門・興化門

築物が残っていたなら良かったのにと思います。海外の古都が、歴史性を重んじ生かしていくために、昔の建物を撤去したり建て替えたりせず、保存に尽力していることと、較べてみるべきであると思います。

　ソウルは、1910年、日本による韓国併合以後、行政区域が数回変更されました。1914年、行政区域を改編し、漢城府を京畿道に含め、面積も縮小して京城府と呼ぶようになりました。1936年、京畿道始興郡だった永登浦一帯を京城府に編入し、京城府の範囲を漢江とそれ以南へ拡張しました。現在の冠岳区、銅雀区、永登浦区が漢江以南で最初に京城に編入された区域です。

　1943年、京城府に区制が導入されました。本来であれば地理的にも、また漢陽都城の象徴としても鍾路側が中区となるべきところですが、南山側が中区となりました。清渓川を基準に北側を鍾路区、南側を中区としました。王宮と宗廟社稷がある朝鮮時代の中心地ではなく、日本人の多く居住する地域が中区となったのです。

　ソウルは解放後、ソウル特別市へ昇格し、京畿道から分離されました。1963年にソウルの行政区域が大きく拡張され、京畿道だった多くの地域がソウルに編入されました。

　植民地期の京城府時代には、下位の行政区域の区分も変更されました。朝鮮時代、マウル［村］を意味していた坊を、洞（どう）、通（とおり）、丁目（ちょうめ）、町（ちょう）として区分しました。日本人が多く居住していた南村は町になり、朝鮮人が多く居住していた北村は洞として編成されました。少し前まで何気なく使っていた「洞」の概念も植民地時代に作られたものだったのです。

　今日の明洞一帯は、漢城府の時代は明礼坊という名称でしたが、植民地時代には明治町と呼ばれるようになりました。本町通り［現在の忠武路］には日本人の商店街が形成されるなど、南山の北側の麓、泥峴（チンコゲ）一帯は変貌していきます。ここには百貨店が建ち、近代的な商店街が生まれました。

解放後、
変化を重ねゆくソウル

　京城という名称は、いつソウルへ変わったのでしょうか。京城からソウルへと変わったのは、1946年8月14日、光復1周年［解放1周年］を記念し、アメリカ軍政庁［在朝鮮アメリカ陸軍司令部軍政庁、1945年9月8日-1948年8月15日、大韓民国建国までの間、北緯38度線以南の朝鮮（南朝鮮）を統治していた占領行政機関］が、ソウルを京畿道から分離して特別市（英語の原文では独立市）へ昇格させ、同年9月28日を期して公式名称としました。日本式に変えられていた行政区域の名称も再び変更されました。通りは路、丁目は街、町は洞となりました。

　解放後、ソウルにも都市改編の機会は数回ありましたが、さまざまな理由から霧散し、その結果、1960年代以後の乱開発への導火線となりました。増え続ける人口を受容するため無計画に拡張を続け、ソウルの地理的中心は仁寺洞近辺から南山方面へ移っていきました。

　乱開発は、都心も外郭地域も河川周辺も、場所を選ばず至る所で行われました。無差別的な乱開発によって、世界でもまれなチャイナタウンのない都市となりました。元々、小公洞地域には華僑が集まって暮らしていましたが、1973年に始まった第1次都心再開発の過程でチャイナタウンは消え去る運命となりました。

　都心再開発は、1966年、アメリカのジョンソン大統領［第36代大統領、在任1963-1969］の訪韓が遠因となりました。アメリカ大統領の訪韓を伝える実況中継により、ソウルが世界中に紹介されたのですが、当時の古びた華僑の村（現在のプラザホテルのあたり）や近隣の板子家と呼ばれる粗末な家々が、テレビ画面に映し出されました。テレビ放送を見た在米韓国人たちが、再開発を求める嘆願書を韓国へ大量に送る事態となり、当時の韓国大統領が都心再開発を考えるようになったそうです。すでに1960年代の末から、ソウルは人口過剰になっていたため、いずれにしても再開発は必要な状況に

なっていました。

　そして、1973年、華僑の村だった小公洞で大規模な開発が始まります。1882年からソウルに住み始めた華僑は、1970年にはソウル在住外国人の4分の3以上を占めていました。小公洞地域の再開発は、論議が続き遅々として進みませんでしたが、韓国火薬[現在のハンファグループ]がその一帯の土地をすべて買いあげることになりました。そこにプラザホテルが竣工し、ソウルの都心再開発事業第1号が誕生しました。世界の有名な都市では、多くの場合、都心の近くにチャイナタウンがありますが、ソウルでは都心再開発の過程で小公洞一帯の華僑の本拠地が失われたのです。

　以後、ソウルの都心再開発は韓国有数の財閥ハンファによって本格的に始められ、三星[現在のサムスングループ]、教保[現在の教保生命グループ]なども続き、そうしてソウルの都心には大企業のビルが林立するようになりました。1981年にアジア大会とオリンピックの誘致が決まると、1982年には再び大々的に都心の再開発が行われました。金浦空港からソウルの中心部へ向かう道筋にあたる、汝矣島、麻浦、西小門、ソウル市庁の周辺地域が対象となりました。ソウルの外郭バスの終点だった麻浦は、証券・金融の街へ変貌を遂げたのです。1990年代まで都心再開発の事業主体は、その80％以上を大企業が占めていました。

　2000年代に入っても、都心再開発は続けられています。2004年、当時のソウル市長が建築物の高度制限を90mから110mに緩和しました。そのためソウルのスカイラインは、さらに上昇しました。駱山の高さは125m程度なので、ほぼ同じにまでなったのです。ギリシアのアテネでは、旧都心地域は高度制限を厳格に維持しており、市内のどこからでもパルテノン神殿が見えますが、ソウルの場合は高度制限などの緩和によって、あたかも王宮が高層ビルに包囲されているかのような状況になりました。特に、駱山は元々低い山なので、駱山にも人々が住むようになると山の形は一気に失われていきましたが、2000年代に入り、ソウル都心の高度制限が20mも引き上げられると、高層ビルや住宅に埋もれて姿が見えなくなり、公園程度に思われるようになってしまったのです。

開発を優先することで失われた場所は、ひとつふたつにとどまりません。漢江の大小の支流も覆蓋され道路が造られました。河川は、陽射しも届かない暗闇の中で次第に汚染されていきました。また、漢江の北側の江北(カンブク)と、漢江の南側で開発が進む江南(カンナム)を結ぶ必要から、従来の船着場には橋が架けられ、船着場はその役目を終えていきました。ダムと堰の建設によって漢江は湖と化し、水路としての役割も失われたのです。

　経済成長の象徴だった高架道路は、ある時期から都市の厄介者となりました。清渓高架道路も同様です。地下鉄の開通によって交通量が分散すると、2003年、死んだ河川をよみがえらせ朝鮮時代の歴史と文化の空間を再生しよう、と清渓川の復元事業が始まり、2005年に完成しました。江北地域の都心部から老朽化の目立つ建物と露天商を一掃して、高層ビルに建て替えることも目的のひとつでした。

　復元後、周辺地域の開発が進み、水辺環境が造成されると、清渓川は都心のランドマークになりました。連鎖的に他の地域でも2か所ほど覆蓋されていた河川が復元され、河川の復元に関心が高まるという変化も生まれました。一方では、清渓川の復元について根強い批判もあります。川の上流から本来の流れを取り戻したということではなく、完全な復元ではないため、清渓川を流れる水には、近隣の地下鉄駅から湧き出る地下水を引いて使用しています。2011年には清渓川があふれ、乙支路(ウルチロ)や光化門一帯が水浸しとなったこともあり、毎月、税金で数千万ウォンの電気料金を支払い、現状維持に努めていることを思うと、景観さえ良ければよいというこ

統監官邸址

とにはなりません。

　また、清渓川周辺で商売をしていた人々は、当初の約束とは異なり、行き場所を失いました。口頭で示された移転対策は約束どおりには実行されず、移転予定先の高額な賃貸料や、業種の性格とはミスマッチの立地条件などの事情から、移転対象6千余の事業者のうち5千余の事業者が移転予定先への入居権を放棄しました。覆蓋されていた河川を復元し、その過程で出土した遺物を展示するだけで、本来あるべき復元といえるのだろうかと思います。今までそこに暮らしていた住民への配慮が十分尽くされたとはいえないならば、せいぜいのところ、成功は半分程度にとどまっているといわざるを得ません。一貫性のある政策と長期的な視野を礎に都市計画を立案することが、どれほど重要であるかと考えさせられる事例であると思います。

　ソウルで最もドラマチックな変化を見せた地域は、やはり南山一帯ではないかと思います。南村は、朝鮮時代には北村に後れを取り、植民地時代に入ると近代産業の中心地となり、統監府や総督府、統監官邸、憲兵隊本部まで建てられ、植民地支配の権力が集中しました。解放以後は、独裁政権の最大の協力者であった中央情報部が拠点を構え、民主化を抑圧した場所になりました。そうした歴史のある南山が、今日、市民の胸に抱かれ、憩いの場として親しまれる姿は本当にドラマチックです。

　ソウルでは、土地だけが苦難の道を歩んだのではありません。ソウルの地に暮らしてきた人々も苦難に耐えてきました。清渓川の覆蓋工事や復元工事、都心の再開発はじめ、時代の激動と街の変貌、その中で地域の住民はあてもなく荒野へと追い払われ、また、産業化は多くの労働者や農民の涙の中で成し遂げられてきました。

　清渓川を訪れる市民が、ポドゥル（柳）橋の上の全泰壹〔1948-1970、労働運動家〕の胸像を見て、産業化に伴う犠牲を記憶し、共に生き、共に悩むことができたならば、どんなに良いでしょう。彼は17歳の時、清渓川に近い平和市場の零細縫製工場に就職し、過酷な労働環境の中、低賃金で長時間働きながら独学で勤労基準法について調査するなど勤労条件の改善に

全泰壹の胸像

努めようと闘いました。労働庁への陳情などもしましたが、労働環境は改善の兆しさえ見られず、勤労基準法の遵守を叫んで抗議の焼身自殺を遂げました。22歳の若さでした。未来を担う世代には、心の豊かな人間に育ってほしいと願います。もし、お子さんがいるのなら、「一生懸命努力しないと、あなたもこんな風に苦労する」というような誤った認識を伝えるのではなく、共に生きるという美徳について語り合いましょう。高度成長と開発の嵐がもたらした光と影、その影の部分と共に向き合い、改善していくことが、今、求められているのです。

　実際、そうした取り組みが確実に動き始めています。ソウル市が達成した都市再生プロジェクト、例えば仙遊島(ソニュド)公園やハヌル公園の事例は、実に望ましいものです。ふたつの公園については第3章で詳しく紹介します。

　こうした意義あるプロジェクトも、市民の積極的な参加があってこそ実現できるのです。一方では、さまざまなプロジェクトが過度の産業化に陥ってしまう例も珍しくありません。仁寺洞もそのひとつです。2002年、文化地区に指定されると、どこにでもある、ありふれた工芸品と産業化の波に襲われ、元来の姿を失いつつあります。大学路(テハンノ)も同様です。ソウル大学が大学路から冠岳山麓に移転した後は、公演場や小劇場が集まり、文化の街となりましたが、舞台芸術の中心地として多くの人々が訪れるようになると、ここも例外なく産業化の渦中に巻き込まれ、賃貸料の値上がりで小

劇場と公演場は追い出され、産業地区へ変貌しつつあります。文化地区に選定され、その地域の魅力が育ってくると多くの人々が訪れる、すると賃貸料が高騰する、新たな地域性をもたらした住人たちは耐えられずに立ち去っていく、という傾向が繰り返されています。

　幸いなことに、地方自治体がこの問題を解決するために立ち上がり、それぞれの支援事業を進めようと尽力しています。これまでは、大資本の力には到底たち打ちできないと考えられてきました。この強大な力に打ち勝つ唯一の方法は、すなわち覚醒した市民の意識を高めていくことなのです。今こそ、多くの市民の参加と関心が求められているのです。

　長い歴史の中で、多くの浮き沈みと変化に直面してきたソウルが、未来を担う世代に、前向きに肯定的に語り続けることができるよう、皆さんが関心を深めながらソウルの至る所を訪ね、その姿に目を向け、その物語に耳を傾けていただければと思います。

昌信洞と文来洞

町工場から未来へのまちづくり

　1970年代、韓国の産業化をリードしたのは繊維産業です。東大門の広蔵市場と平和市場は、繊維産業が盛んだった時代、活気あふれる空間でした。そして、生産コストを抑えるために生産と販売が分離され、生産の現場は東大門の近くの昌信洞と崇仁洞一帯に移りました。1970年代から2000年初頭、昌信洞一帯には3000を超える、規模の小さな縫製工場がありました。

　ところが、韓国よりも低廉な生産コストを武器とする開発途上国が浮上してくると、工場の海外移転が始まります。1970年代に繊維産業の若き戦士だった職人たちも熟年世代となり、彼らが歳を取っていくように昌信洞も衰退していきました。また、文来洞は、植民地時代には大規模な紡織工場があり、その後、鉄工所が集中していましたが、今では昌信洞と同じような状況に置かれています。

　高度成長時代の産業化の遺産を抱いたまま、弱々しくため息をついていたこのふたつの街に、最近、新しい風が吹き始めました。この章では、都市再生の過程でゆとりと心づかいという価値観を再発見し、特色あるアングルから緩やかな再生を選択した昌信洞と文来洞を訪ねてみましょう。都市再生というパラダイムを理解するには、最も適した地域といえるでしょう。

昌信洞

文来洞

041

再開発から都市再生へ、昌信洞（ソウル特別市鍾路区）

　昌信洞では、まず、青龍寺に登ってみましょう。漢陽都城の東側に位置する駱山は、風水地理上、青龍に該当する地域です。それで、青龍寺と呼ばれるのでしょう。傾斜地を登る中ほどにある青龍寺は、高麗を築いた太祖・王建［在位918-943］が、922年に道詵［827-898、新羅末の僧、先覚国師］の遺言によって創建したといわれています。風水説に通じた道詵は、高麗の建国を予言しましたが、王氏（高麗）の次に王朝を建てるのは李氏で、その都は漢陽であるとも告げました［道詵の『留記』の記述。後世の人物の作ともいわれている］。そして、高麗の安寧のためには、開城の地気を高め漢陽の地気を抑えることが必要であり、自分の示す要所に、開城周辺はじめ全国に裨補寺刹を建てるように遺言し、この寺もそのひとつと伝えられています。結局、高麗は朝鮮の建国によって歴史の表舞台から去り、漢陽が首都になりましたから、高麗にとっては裨補寺刹の役割を全うできなかったことになります。しかし、風水地理的に完璧な条件を満たした地ではなくても、裨補という方法によって自然の地形や環境を補い、最も適した地を得ようとした努力の跡は残っていますね。

　風水地理は、元来、生ある人間が暮らしていくべき場所を見つけること

左：三角山青龍寺／右：青龍寺から東望峰を望む

が主な目的でしたが、朝鮮後期になると、墓地をどこに造ればよいかということにのみ活用されるようになりました。それで、ややマイナスなイメージを持たれるようになっていったのでしょう。最善の条件を備えた地を求めようとする努力は、見方を変えると、風水地理的な考え方を全否定するものではないように思います。

　青龍寺は斜面に立っており、そこに立つと東望峰（トンマンボン）が見えます。ここは若き端宗（タンジョン）［第6代、在位1452-1455］とその王妃・定順王后（チョンスンワンフ）［1440-1521］の哀しいラブストーリーの舞台です。端宗は12歳で王位を継承しますが、叔父に王位を奪われ流配され、17歳で賜死します。王妃は18歳で出家してこの寺に入り、端宗を想い、流配地・寧越のある東の方角を望むため東望峰に登ったと伝わっています［王妃の住まいは浄業院とも東望峰近くの庵ともいわれる］。峰と呼ばれますが、低い丘程度の高さです。漢陽都城内の東側は基本的に低地でした。東大門は四大門のうち唯一、平地に造られたことは前にも述べたとおりです。

　青龍寺の楼閣には雨花楼（ウファル）という名称がつけられています。涙が花のように舞い散る様子を表したのでしょうか。雨花楼とは、儚くも美しく、若いふたりを想う名前ですね。

　東望峰に登ると昌信洞が一目で見渡せます。周辺にはズラリと高層ビルが林立していますが、昌信洞には低層の建物が並んでいます。そのため再開発の話が絶えません。周辺は日々変化していくのに、昌信洞は1970年代のまま時間が止まっているようで、再開発の話が出てくるのも理解できます。

　駱山の方へ移動してみましょう。もう少し行くと、庇雨堂（ビウダン）と紫朱（チャジュ）（芝）洞泉（ドンセム）（またはチャジドンチョン）に出ます。定順王后がここで反物を紫朱（赤紫）色に染め、市場で売ったといわれています。それで、村の名前も紫朱（チャジュ）（芝）コルといったそうです。こうした話から考えてみると、昌信洞の縫製には長い歴史があるといえるでしょう。

　庇雨堂は芝峯（チボン）・李睟光（イ・スグァン）［1563-1628、朝鮮時代の高官、学者、外交官。芝峯は号］が朝鮮時代の百科事典『芝峯類説』（チボンユソル）を執筆した場所です。庇雨堂とは「雨

雨花楼の扁額

　露をかろうじて凌げるほどの家」という意味です。清貧な暮らしを送り、雨が降ると家の中で傘をさして凌いだといわれています。質素と自己管理という側面から、今日の私たちに示唆するものがあります。

　駱山公園に登る道は、やや急坂になっています。やはり元来、山道なので傾斜がきついですね。昔は、漢陽都城として防御機能も担っていました。漢陽都城の城郭散策コースが整備されると、駱山公園にも多くの人々が訪れるようになりました。昌信洞の都市再生事業を調べると、駱山の城郭散策コースと昌信洞の縫製産業とを連携させたプログラムが作られ、地域の特性を活用しようという姿勢がみられます。望ましい事例と思います。

　朝鮮時代、漢陽都城内の地形は西側が高く東側が低いため、雨が降ると水は東側に流れました。東側では洪水も頻発し、城内から城外へ排水するため東大門側に水門も造りました。

　東大門の外側では、朝鮮時代、主に野菜を栽培していました。東大門市場［当時の梨峴市場］は、都城内に野菜を供給するための市が立ったのが始まりともいわれています。また、東大門の外側には、女性たちが野菜を売る市場がありました。退位した後、東望峰の近くに住んでいた定順王后を、世間の耳目が憚られる中では表立って援助することもできないため、女性しか出入りできない女人市場をつくり、定順王后を助けたともいわれています。往十里には大根、現在の訓練院公園（フルリョンウォンコンウォン）のあたりには白菜、新堂洞（シンダンドン）にはセリの畑がありました。セリの栽培には水をたくさん必要とするので、低地帯の東大門外側は最適でした。

切り立った崖が見えてきました。絶壁の上の家をちょっとご覧ください。垂直に切り立つ絶壁の上に家があるとは、ハラハラしますね。ここはその昔、採石場として使用されていました。駱山は元来、霊験あらたかな山の神が住まわれる場所といわれ、占いの店も多かったのですが、採石によって山が削られていくと、占いの店は彌阿里(ミアリ)方面へ移っていきました。

駱山はソウルの中心部に近く、質の良い花崗岩に恵まれていたため、植民地時代、ここから花崗岩を採石し、朝鮮総督府、京城駅、朝鮮銀行本店[現在の韓国銀行貨幣金融博物館]、京城府庁[現在のソウル市庁]などを建てました。採石した石は、当時、路面電車の軌道を利用して光化門まで運搬していました。

昌信洞には、朝鮮戦争当時、江原道楊口(ヤング)からソウルへ避難してきた画家、朴寿根(パクスグン)[1914-1965、洋画家]が絵を売り工面して手に入れた、最初の住まいがありました。朴寿根は10年以上、昌信洞に住んでいました。画伯の作品を見ると、凹凸のある質感が際立っていますが、花崗岩からヒントを得て絵の具をベタベタ塗る技法を用いるようになったそうです。採石場からインスピレーションを受けたのかもしれません。画伯の50周忌には、東大門デザインプラザ(DDP)で特別展が開催されました。植民地支配からの解放後、採石場の使用は中断され、1960年代から閉鎖された採石場に一人、二人と住民が住み始め、街が形成されていきました。

昌信洞には、複雑な階段のある特異な形をした家が数多くみられます。最初から設計したというよりは、狭い土地と不利な立地条件の中で、部屋

左：庇雨堂と紫朱（芝）洞泉／中央：駱山公園／右：昌信洞採石場跡の絶壁の上に立つ家と階段

東大門デザインプラザ（DDP）

東大門デザインプラザは東大門運動場の跡地に造られた複合文化空間です。東大門運動場のあった場所は、朝鮮時代には下都監（治安担当）と訓練都監（軍事訓練担当）がありました。また、漢陽都城の城壁が巡り、城外へ川の流れを導く水門・二間水門もありました。

植民地時代に入ると近代スポーツの象徴的な空間、運動場が造られました。その後、主要な大会や体育行事を開催したり、大衆の動員や国家的な行事を行ったりする場所として使用されてきました。東大門運動場は再開発によって撤去され、その跡地に2009年に東大門歴史文化公園、2014年3月に東大門デザインプラザがオープンしました。

を設け、階段をつけ、昇る方法を構想してみたら、そうした形になったのでしょう。外から見ると1階建てのように見えても、中に入ると階段もある不思議な構造の家もあります。

　映画『建築学概論』に登場した階段もあります。主人公とその友人が座って語りあっていた場所を思い出しましたか？　映画の時代背景と昌信洞の姿がよく調和していたのは、ここが1970年代以後も大きく変わらなかったためでしょう。ソウルが拡張していく過程で誕生したタルトンネもそのまま残っています。元来、傾斜面のため住宅地には適さず、空き地だった場所に家が建てられ、人々が住むようになると、狭い坂道がくねくねと、あたかも渦を巻くかのように伸びていき、フェオリキル［渦巻き道］と呼ばれる所もあります。

「ハンタム、ハンタム、ハンピョン公園」［「ひと針、ひと針、一坪公園」の意］もあります。ひと針、ひと針という名前からイメージが浮かんできますね。この公園は、縫製産業とゆかりのある街の歴史と特徴を活かそうとして造った空間です。施設がやや古くなってきたことは惜しまれますが。それでも、駐車場の片隅のゴミで埋まっていた場所を整備して、皆が利用できる空間に変えたことは本当に意味深いことですね。

　こちらのカフェの名前は、「タルコッピ［月のコーヒー］」というのですね。

丘の上ですから、月が昇るときれいに見えるのでしょう。「タルトンネ・コーヒー研究班」と看板に記されています。駱山の頂上なので月もよく見え、夜景がとても素晴らしいのです。ソウル市では、日没後に城郭周辺を散策する「月光紀行(タルビッキヘン)」プログラムも運営しています。タン（堂）コゲ公園もあります。ここは昔、村の祭祀を行なったお堂があったことから、駱山におられる山の神の気を受けようと、たくさんの占いの店がありました。

　昌信洞ではオートバイと頻繁に出会います。昌信洞に近い東大門の衣類商街（東大門ファッションタウン）から注文を受け、必要な材料や部材を運んだり、製品を納めたりと大活躍しています。道は狭く、また交通渋滞の影響を少しでも避けようとオートバイが愛用されています。

　なかなか縫製工場が見つからないと思われたようですね。よく観察してみると、スチームが出ていたり、ミシンの音が聞こえてきたり、そういう家がたくさんあります。昌信洞には、住まいと縫製工場・作業場を兼ねた家が多いのです。看板もかけていないか、あるいは他の業種の看板を掲げていることもあります。駱山の頂上に近いあたりは、東大門ファッションタウンからはやや遠いため、縫製の工程上、初期の作業にあたる生地の裁断などを主に行っています。駱山から東大門市場の方へ下っていくにつれ、ボタンや飾りの縫い付け、アイロンがけなど仕上げ作業を行う店が増えていきます。街の中で徹底した分業が成り立っているのですね。昌信洞では、デザイナーの描いた新しいイメージが、24時間以内に製品として完成するといわれています。

第1部　ソウル

左：絶壁の上に並ぶ家／中央：映画『建築学概論』撮影現場の階段／右：フェオリキル

東大門の衣類産業は主に国内需要を対象としていたので、輸出用を中心としていた九老(クロ)地区とは異なり、消費者の動向に即座に応えることが重要でした。そのため、消費地の近くに立地する必要があったのです。市場志向というわけですね。当初は、1階を店舗、2階・3階を縫製工場とするなど、生産と販売は一体化していました。1980年代後半になると、景気変動に伴うリスク負担を減らし、単価と生産量を抑えるため、生産と販売を分離するようになりました。東大門の市場内にあった縫製工場は、昌信洞と崇仁洞一帯の住宅街へ移っていきました。

　生産単価を下げるため主に下請けの形態で生産されるようになると、次第に生産事業者は家族労働、家内工場などコストを最少限に抑える経営へと変わっていきました。零細な家内工場ですから、住居環境の改善までは考える余力さえなかったことでしょう。

　そのため、ニュータウン再開発計画地域として指定されることになりました。しかし、昌信洞は再開発の代わりに再生を選びました。写真で紹介したユニークな看板は、都市再生プロジェクトの一環として作られました。再開発ではなく再生を選択した、その成果物といえるでしょう。その名も「街の名前」というプロジェクトが結実したものです。

　再開発は知っているけれど、再生という概念は曖昧でよくわからないと

ハンピョン（一坪）公園

鍾路区にはハンピョン公園と呼ばれる小さな公園が6か所あります。かつて駐車場の片隅で放置されていた空間、そこに住民、企業、公共機関の協力により誕生したのが、「ハンタム、ハンタム、ハンピョン公園」です。
地域の歴史を伝える空間、またコミュニティの集いの場となりました。住民の意見も取り入れ、地域の特徴も活かされ、住民はもちろん訪問者からも満点評価を得て、今やフォトスポットにもなっているそうです。

思われるかもしれません。そこで、昌信洞をモデルに考えていくとわかりやすいと思います。鍾路区昌信洞・崇仁洞地域では、住民のコミュニティを中心として、かつての縫製産業の名声をよみがえらせようと事業を推進しています。既存の縫製産業に個性を育もうと、近隣の東大門ファッションタウンと連携して、打ち捨てられた空間や空き家を若手デザイナーの作業場として提供しています。漢陽都城の城郭を活用して、地域の観光資源の開発も進められています。

　地域の特性を考慮せず、低所得層への配慮を欠き、その結果、元の住民の再定着率が低迷するといった従来の再開発方式とは異なり、都市再生は、地域に固有の特性を活かし、地域住民の暮らしにも具体的にプラスとなる方式を模索しながら進められています。

　2014年に試験的に指定された都市再生先導地域は、衰退した都心地域を、古い建物を壊し新しい建物を建てる、従来の全面撤去型の再開発方式ではなく、その地域の歴史的意味や由来を活かして、地域住民と共同体的な共生を目指す、新たな都市再生のモデルとして期待されています。特に、昌信洞と崇仁洞は都市再生先導地域の中で、唯一、大都市にあり、その結果によっては、昌信洞の都市再生プロジェクト「H－ビレッジ」が、今後の都市再生の具体的なモデルとなっていくことでしょう。

　ヨーロッパの都市を訪ねると、往時の姿が維持された建物で、今も変わらず人々が暮らしており、それが都市の魅力にもなっています。最近、韓国でも昔ながらの韓屋を改装した地域住民センターなど、さまざまな施設

左：タルコッピ／中央：道の両側のオートバイ／右：スチームの出ている家

東大門市場について

ソウルに市場が本格的に形成されるのは朝鮮時代の後期からです。七牌や梨峴など国の許可を得ていない民間の市場が、漢江、松坡場市、樓院店など外郭地域の商圏と連携して、公設の常設市場である市廛を脅かし、商取引の主導権を掌握するようになりました。その後、七牌は宣恵庁内に移され南大門市場の礎となり、主に野菜を取り扱っていた梨峴は東大門市場へと成長していきます。

1905年、商人たちが広蔵株式会社を設立、韓国初の私設の常設市場として正式に開設許可を得て東大門市場を名称とします。その後、植民地時代も純粋な朝鮮資本による朝鮮人市場の命脈を守りました。朝鮮戦争の時、市場の一部が破壊されましたが、避難民が生活必需品や軍需品を取り引きするなど活気を取り戻しました。1960年代に東大門市場の商圏が拡大すると、元の梨峴市場あたりは広蔵市場と呼ばれるようになり、1970年に東大門総合市場が登場すると、それとは区別されました。広蔵市場は1980年代には韓国の麻布と木綿、織物の50%以上を供給するまでになりました。

平和市場は、朝鮮戦争の頃、北側からの避難民が清渓川沿いの板子家に住みながら、ミシン1台、2台で服を作り、露店で販売したことから始まったそうです。その後、無許可の建物や露店が並んでいた市場は、1958年に清渓川の覆蓋工事が始まると撤去の危機に直面しましたが、1962年、市場の建物を建て当局の許可を得ると平和市場としてオープンしました。「平和」の名称は南北分断により故郷に帰れなくなり、「失郷民」となった人々が平和統一への願いを込めたものといわれています。

1960年代以後、既製服が普及するにつれて、1階に衣類販売商、2階・3階に縫製工場が集中するようになり、韓国最大規模の衣類専門卸売商店街へと発展していきます。1980年代以後は賃貸料の値上げ等に伴い多くの縫製工場が近くの昌信洞や崇仁洞へ移転しました。一方、1960年代以後の急速な成長の影で労働環境は劣悪を極め、平和市場に近い清渓川の全泰壹橋［ボドゥル橋］は、産業化の時代に過酷な労働環境に置かれた労働者の生きざまを今に伝える現場なのです。

1970年にオープンした東大門総合市場は、生地や服飾の素材・パーツなどを買い求めに最も多くの人々が訪れる場所であり、特に韓服売り場は韓国最大の規模を誇っています。東大門市場には4300店が集まり、そこで働く人は5万名にも達するそうです。

を見かけるようになりました。しかし、急激な近代化の過程で、あまりにも多くのものが一方的に打ち捨てられてきたことも事実です。既存のものを無計画に消し去ったり、完全に撤去したりするよりは、丁寧に手入れ

をして活用する方式へ、剥製と化した過去ではなく、生きいきと息づいている過去を未来へ継承していくことが今こそ必要です。最も望ましい地域発展の方向とは、他の地域と良い意味で差別化を図り、その地域ならではの特性を強化していくことにあると思います。

　ここは都市再生のスタートともいうべき「000間」です。何と読むのかといいますと、ゼロは韓国語で「コン」と読むことから、コンコンコン間と呼ばれています。共感、共有、共生の3つの共、そして参加の空間という意味です。000間は昌信洞に現在、2か所あります。お茶も飲めて服も買えます。昌信洞一帯の縫製作業から生じる端切れを活用して製品をつくり、販売もしています。縫製の過程で廃棄される布地は、30％を超えるそうです。廃棄される布地を5％のラインまで減らそうという取り組みの一環として、それを再利用したウエスト製品も作っています。そうした製品は昌信洞の縫製工場で作るのではありません。ここの縫製工場は下請けであるため東大門から注文が入ると、直ちに品物を作り納品しなければならないので余力がないのです。

　000間の役割のひとつは、縫製産業の命脈を繋いでいくことにあります。縫製産業が斜陽産業へ後退するにつれて、若い世代からは敬遠される仕事となり、昌信洞の未来を担うべき人材が不足しています。そこで、昌信洞の未来を担う人材の育成にも力を入れています。縫製技術はもちろん、マーケティングや経営などもカリキュラムに含まれています。縫製工場に看板をかける「街の名前」というプロジェクトも、そうしたカリキュラム

左：都市再生プロジェクトでかけられた看板／中央：000間の事務所／右：小さな図書館「なんでも」

左：昌信洞の音声ガイド地図（「都市の散策プログラム」）／右：ラジオ放送局トムとアート・ブリッジ

の一環です。

　000間の試みは、若い世代の就職難という今の時代に、ひとつのオルタナティブとなるかもしれません。イタリアでは、職人たちが文字通り、ひと針ひと針、針仕事に丹精をこめ世界的なブランドを築き上げています。昌信洞の縫製事業者が小規模であることは、そうした面では、かえって強みとなるかもしれません。脱産業化社会の求める少量多品種生産、それは昌信洞の地域的特徴でもあるのです。

　鍾路区も「メイド・イン・昌信洞」のブランド開発のために努力しています。このプロジェクトが成功して、韓国にとどまらず、世界中が求める製品を世に送り出すことができたなら、これ以上の成功はないでしょう。縫製工場を紹介する広報ツールの製作、オンライン・オフラインの販売代行、街歩きツアーのプログラムも作りました。ツアーの地図をたどって歩くと、MP3プレイヤーを使い、昌信洞のそれぞれのポイントで説明を聞くこともできます。アーティストの想像力が、昌信洞に新たな活気を吹き込んでいるといっても過言ではないでしょう。

　文化芸術のため社会的活動を掲げるアート・ブリッジもあります。芸術で地域に活力をとのコンセプトで、両親が働いている間、子どもたちを対象に演劇教育を行なっています。昌信洞は、かつて韓国で最初の専門俳優養成所「朝鮮俳優学校」があった場所です。これもまた歴史的意味のある空間ということですね。

　世界で唯一、縫製専用の放送局もあります。縫製作業中は手元から目

を離すことができないので、縫製の仕事に従事する人々のためにラジオ放送を行っており、この地域に特化されています。縫製工場で働く人々は、一日中、ラジオ放送を聴きながら仕事をしているそうです。近くに図書館もあります。地域の子どもたちと住民のための空間ですね。子どもの面倒をみる余裕のない共働きの親たちに、大きな助けとなっています。

昌信1洞・2洞・3洞のすべての地域が、都市再生事業に積極的なわけではありません。ニュータウン再開発計画地域の指定を解除され、都市再生先導地域に選定された後にも、再び再開発計画地域に指定するよう求める動きもありました。これからも、いま行われている小さな努力の積み重ねが大切です。未来への希望を込めて撒かれた小さな種の一粒一粒が、確実に場所を得て育ち、実を結んだならば、昌信洞は単なる行政区域の「昌信洞」ではなく、変化を創造する「創新洞」となることでしょう。

鉄工所とアーティストたちの共創、文来洞 （ソウル特別市永登浦区）

文来近隣公園には大きな糸車があります。文来洞は、1930年代には大規模な紡織工場地帯が広がり、絲屋町（サオクチョン）と呼ばれていました。解放後、紡織工場は糸を紡ぐ糸車と同じ役割を果たすということから、発音の似ている文来洞と名付けられました。

植民地時代、ここは日本と関連のある施設が集まっていた南山に近いこともあり、1940年代までは畑だった土地に、日本人が営団住宅を建てました。日本式の平屋の木造家屋が約500軒も建てられ、地域の名前が五百軒（オベクチェ）となったそうです。今も「営団スーパー」という名前の店があるので、どの辺にあったのか、見当をつけることができます。

1960年代に経済開発計画が動き始めると、工場は都心に適さない不適格施設として指定され、ソウルの四大門の内側から外へ、都心部からやや

離れた文来洞へ移転して来るようになりました。1980年代半ば以降、永登浦区と九老区の準工業地域とその周辺の中規模・大規模工場が、ソウル市内から周辺の地域へ移転し、ソウルの製造業は次第に小規模化していきました。ソウル市の産業構造をみると、製造業の比率は1991年に頂点に達した後、急激に減少へ転じています。

ソウル市内の工場が周辺へ転出する以前は、永登浦区や九老区を中心とする中規模・大規模工場と連携する形で、文来洞には小規模の機械・金属工場が密集していました。その後、邦林(パンリム)紡績のような大規模工場が地方や周辺地域へ移転するにつれて、文来洞は大きな変化に呑み込まれていきました。邦林紡績の広大な敷地は必然的に分割され、マンション、大型ディスカウントストア、各種の商業施設となりました。

その結果、大規模開発には不利な京釜(キョンブ)線の線路と道林(トリム)川に沿って、小規模工場地帯だけが取り残されました。そのほとんどは個人の住まいを改装した町工場で、従業員10人以下の零細企業です。2000年代の序盤まで、文来洞の製造業は比較的活況を帯びていましたが、その後、廃業する工場が増えていきました。永登浦副都心整備計画に基づき地域の開発が始まると、文来洞の小規模工場地帯は、交通便利な商圏、ゴールデン・エリアに接するようになりました。鉄工所など小さな工場が並ぶ姿は副都心には似合わないとして、工場には不適格施設のレッテルを貼られ問題の種とされました。

2014年、文来洞に零細企業支援のため文来零細企業特化支援センター

左：文来近隣公園の糸車／中央：マンション群に囲まれる文来洞の町工場／右：扉に描いた作品

が開所しました。このことから、依然として、かなり多くの工場が操業を続けていることがわかります。騒音などを理由に工場周辺の住民から苦情や立ち退きの要求が絶えない上に、賃貸料も高く、この場所にとどまること自体、零細な工場には負担であると思います。一方、地域住民の側では、騒音と老朽化の目立つ鉄工所を好ましいと思うはずがありません。現在も、文来洞の鉄工所を撤去してほしいとの住民たちの要求は続いています。

そのため、この地域を離れる工場は増えていく趨勢にあり、それに伴い空き家となった建物も次第に目立つようになりました。伝統的な工業地域の衰退と住人のいない空間の出現という問題が起きています。建物が老朽化し、次の入居者も見つからず、地域住民の間では再開発をめぐる利害関係が複雑に絡み合い、問題の解決が容易ではない地域です。

賃貸料を主な収入としている家主の中には、再開発期間は収入を失うため、再開発を歓迎しない人々も多かったようです。中間階層の期待感は大きい方でしたが、それ以外では再開発に対する期待はそれほどのものでは

営団住宅

営団住宅は植民地時代に建てられた、最初の計画都市といえます。当時、日本は南山の山麓に朝鮮神宮や憲兵隊本部など植民地統治のための主要施設を建て、その周辺に日本式の住宅を集中的に建設しました。1941年、朝鮮住宅営団を設立し、永登浦の文来洞、大方洞[現在は銅雀区]、上道洞[現在は銅雀区]に営団住宅を供給しました。日本式家屋の構造で、玄関を入ると廊下が続く間取りとなっており、また、日本式の木造住宅に防寒対策としてオンドルを取り入れ、日本式と韓国式を折衷したものでした。現在の文来洞4街一帯、当時、朝鮮人たちが畑を作っていた場所に住宅を建て、その数は500軒ほどにもなったそうです。それで、オベクジェ（500軒）という名で呼ばれました。1960〜70年代、産業化の中心地として工場労働者が集まってくると彼らの住まいとなり、手を加え、形を変えながら今日に至っています。

左：シャッターに描いた作品／中央：文来洞駅前の巨大なハンマー／右：屋上菜園

ありませんでした。

　そうこうしているうちに、大学路や弘大(ホンデ)地域から、値上がりした賃貸料に耐えられず、若いアーティストがひとりふたりと文来洞へ移ってくるようになり、新たな変化が生まれています。2003年あたりからのことです。大学路や弘大も、以前は賃貸料が手頃だったのでアーティストたちが集まっていました。大学路や弘大地域はだんだんと活気を帯び、文化的な雰囲気も生まれ、ソウル市から文化地区として指定も受けました。ところが、訪れる人々が増え商圏が形成されると、家主側では儲けを期待して賃貸料の値上げを始めました。そのためアーティストは、自分たちの活動がきっかけとなり、指定されたはずの文化地区から追い出されるという、何ともやるせない状況が生じたのです。

　スラグと鉄工所が密集していた文来洞地域には、大学路や弘大から移ってきた創作空間やアトリエが、今では約100か所もあります。老朽化した工場が操業をやめ、残された広くて低廉な建物にはアーティストが移り住み、新たな文化地区が形成され始めました。鉄工所の特性から、ほとんどが開かれた空間なので、道を歩いているとアーティストが創作に打ち込む姿にも出会えます。アーティストもその点に着目して、芸術コミュニティを造成しています。鉄工所の建物そのものをキャンバスとして活用することもあります。

　文来洞は最先端の都市・ソウルの中で、近代産業の遺産とともにある空間です。それが、人々に近代への郷愁を誘うのかもしれません。無我夢中

で成し遂げてきた産業化の過程で失ったもの、それへの関心が生まれ、昔のものを探してみようという時代的雰囲気が形成されつつあり、そうした情緒とも調和する空間といえるのではないでしょうか。

　町の工場や鉄工所は騒音と粉塵のため、一般の人々からは敬遠される施設です。一方、アーティストにとって、楽器の演奏や作品の創作過程で発生する騒音が悩みですが、ここでは気兼ねなく活動することができます。建物が相対的に古く、ソウルで唯一、建物の内部構造を変更したり塗装したりすることが許容されている地域でもあり、アーティストの創作意欲を刺激するようです。地下鉄の駅からも近く、賃貸料も安く、大型ショッピングセンターもあり、アーティストには最適の芸術活動の空間なのですね。

　しかし、ここも大学路や弘大と同じ失敗を繰り返すのではないかと懸念されます。再開発が行われると、元の住民の多くが都心から追い出されていくように、アーティストもまた街から去らなければならない場合が珍しくありません。アーティストが集まり、芸術創作村をつくり、活性化したとはいっても、やはり憂慮は続きます。

　文来洞には巨大な金づち（ハンマー）のオブジェがあります。機械作業も手作業も続けられ、金づちを打つ音の絶えることがない、この街の象徴なのです。ハリウッドの大ヒット映画に韓国が撮影地として登場し話題となりましたが、文来洞もそのひとつでした。文来洞のロケ地を訪ねる人も増えています。興味深いオブジェも至る所にあり、訪問客を楽しませてくれます。文化創作村の文化ツアーもあり、ボノボCという団体に連絡すれ

左：文来洞の壁画／右：レゴブロックで装飾した壁

057

オルレ？　ムルレ！（来る？　文来！）とは？

「オルレ？　ムルレ！」とは、永登浦区庁と文化芸術団体ボノボCが運営する文来創作村ツアーのプログラムの名称です。歴史文化の解説者が同行して、永登浦の歴史から丁寧に説明してくれます。創作村で活動中のアーティストと一緒に、壁画アートや芸術作品を鑑賞することもできます。このコルモクキル（路地）探訪ツアーは、3〜11月の第1、第3土曜日の午後3時から、所要時間は2時間です。

ば一日コースに参加できます。

　ボノボCが入居する建物の屋上には、地域共同の菜園があります。春には豊作を祈る祭祀も執り行われています。都市の打ち捨てられた空間を活用するという面からも望ましく、地域の住民が共に農作業を行うことで交流にも繋がり、まさに一石二鳥ですね。

　文来洞を歩くとあちらこちらに隠れたアート作品があり、それらを見つける楽しみもあります。老朽化した建物の修理に費用をかけるのが難しい場合は、壁画やブロックを使ったアート作品に仕立ててみたり、壁の中に隠れた魚が尾びれだけ出していたり、古い建物の外壁も作品の一部として活用されています。そして、建築資材とばかり思っていた鉄材が芸術作品へと変貌を遂げ、目の前に姿を現すと鉄の持つイメージも大きく変わることでしょう。溶接用マスクのオブジェや鉄で作ったソッテ［長い棒の先に鳥の形の造形物をつけたもの。天に願いごとをするために作る］も印象的です。ソッテの置かれている場所は、高架道路が撤去された文来の交差点なので、一層、象徴的な意味があると思います。

　この地域は、出退勤のラッシュアワーには交通渋滞が激しく、高架道路の撤去には反対意見も多かったそうです。それでも、都市の美観と交通計画の改善のため撤去されました。ソウル市内の高架道路の存廃を巡ってはさまざまな意見がありますが、粘り強く撤去に向けた努力が続けられて

います。

　かつて高架道路は産業化の象徴と考えられていました。それが、清渓川の復元を契機に考え方が変わるようになりました。植民地時代に清渓川の覆蓋が始まり、1970年代には完全に覆われ、清渓川路と清渓高架道路が造られました。紆余曲折の末に清渓川が復元され、その周辺は観光地として脚光を浴びるようになると認識が変わったのです。他の地域でも、高架道路は都市の美観を損ねる厄介者とみなされるようになりました。悪質な違法駐車で埋め尽くされていた高架下も、道路が通り、バス専用レーンが開通するなど、周辺の環境が改善されると、マンション価格の相場はもちろん、近隣の商店のグレード・アップにも繋がり、高架道路周辺の住民たちも撤去に肯定的になっていきました。文来高架道路も撤去されると、近所のマンションの相場が大いに上がったそうです。高架道路が消えると住環境が良くなるという現象が続くと、学習効果が生まれ、ソウル市内には高架道路撤去の現場がさらに増えています。ソウル駅高架道路も歩行公園化を推進しています［原書刊行当時。2024年10月現在、歩行公園となっている］。

　ヨーロッパでは、乗用車の都心部への乗り入れを最初から制限する事例があります。韓国でも現在の交通体系を再考してみる必要があると思います。特に、韓国では一滴の石油も産出されないのですから。

　新道林洞（シンドリムドン）と文来洞は京釜・京仁線の複線の線路を隔てていますが、新道

左：壁の中にはめ込まれた魚／中央：溶接用マスクのオブジェ／右：文来交差点の鉄で作ったソッテ

059

林駅から文来洞の方へ歩いていくと、まるでタイムマシーンに乗って過去へタイムスリップするかのようです。やはり、近代化の時代の産業施設が残っているためかもしれませんね。新道林駅前の複合ショッピングモールがある場所も、かつては工場地帯でした。この地域は植民地時代から今日まで、実に大きな変貌を遂げました。大規模な紡織工場がありましたが、その後、重化学工業地帯となり、工場が移転した後は、その跡地に大規模マンションが建ち、小さな工場の移転先にもなり、今は芸術創作村が誕生し、まさに桑田碧海というべき変化を経てきたのです。

　文来洞にはゲストハウスもあります。すぐ横にバス停があり、アクセスも良い所です。バス停には文来芸術公団停留所と表示されています。良いネーミングではありますが、長い間、この街を守ってきた鉄工所や工場で働く人々は寂しさも覚えるそうです。30年以上、この地域を支えてきたのに、新たに転入してわずか2～3年の文来芸術公団がバス停の名称にまでなったのですから。

　文来洞に移住したアーティストは、地域社会を支える鉄工所などと共存できる方法を模索しているようです。しかし、ふたつの集団のすき間を埋めることは、思うほど易しいことではありません。観光客が増えると、鉄工所を営む人々や地域住民のプライバシーが侵害され、気まずい雰囲気が生まれます。仕事の妨げになったり、時代遅れの古びた街に暮らす哀れな

左：ゲストハウスの入り口／中央：「文来芸術公団」バス停留所／右：写真撮影の自粛を呼びかける表示板

人々とでもいいたげな視線を観光客から向けられたり、マナーを欠いた観光客のせいで、アーティストに対しても複雑な思いを抱く人も少なくはないのです。

生活の場であると同時に観光地として脚光を浴びる地域では、そうした問題に直面する傾向があります。仁川市に実在するタルトンネを舞台に子どもたちの姿を生きいきと描いてベストセラーになった、『ねこぐち村のこどもたち』［金重美著、吉川凪訳、廣済堂出版］で知られる街でも、一部の無分別な親が子どもたちを連れてきては、「ちゃんと勉強しないと、こうなるの」などと言っては、地域住民の心を傷つけているという記事を読んだことがあります。ついに、「写真撮影は自粛を」という案内文まで登場したそうです。

日常生活の場が観光地になり、住民への配慮を欠いたマナーの悪い観光客のせいで、礼儀をわきまえた観光客まで訪問できないという事態に陥ると、文来洞の鉄工所や芸術創作村は遠からず消えゆくことになるかもしれません。再生を選んだ都市の新たな姿を目指す旅が、スタートさえできずに躓いてしまうのではないかと危惧されます。

都市再生事業が本格的に動き始めた文来洞と昌信洞が、住民とソウル市との緊密な協調によって、そして、レベルの高い市民意識の支援を受けて、成功の果実を結ぶことを心から願っています。

ソウルの公園
惜しみなく与えてくれる空間

　韓国の4月、桜の花の華やかな刺繍に包まれる季節です。最近はマンションの敷地内に桜並木が植えられ、身近に桜を楽しめるようになりました。アスファルトの道路とコンクリートの建物に埋め尽くされた都心で、木々の緑と満開の桜を愛でることは、この上ない休息とヒーリングになります。また、週末には、ささやかな癒やしを求めて都心を離れ、自然の趣が感じられる郊外へ向かうこともあるでしょう。ところが、行楽に出かけようという人が多いためか、毎回のように交通渋滞という頭の痛い問題に直面します。少しだけ発想を切り替えてみると、ソウルの都心には交通渋滞に悩むこともなく、心の平安を得られる空間がたくさんあるのです。それはソウル市内にある公園です。それでは、都市再生の過程から誕生した、ソウルの代表的な公園の歴史と魅力を訪ねてみましょう。

ビール工場の跡地にて
永登浦公園（ソウル特別市永登浦区）

　永登浦駅の1番出口を出て、少し歩くと永登浦公園(ヨンドゥンポコンウォン)に着きます。それほど高くない壁に描かれた絵が皆さんを迎えてくれます。散歩するおじいさん(ハラボジ)、ベビーカーとおかあさん(オンマ)、スポーツをする人、出勤するサラリーマンなど、身近な日常があふれています。その絵から公園の性格が伝わってきますね。

　永登浦公園のランドマークは、公園の中央にある純銅性の大釜です。「1933年に製作され、1996年までビール製造に使用した醸造釜」とプレートに記されています。かつてここはビール製造工場でした。時の流れとともに、繁盛していたビール工場は移転し、今は素朴な公園となっています。

　韓国にビールが初めて入ってきたのは1876年のことでした。当時はとても珍しい酒でした。1934年、昭和麒麟麦酒株式会社［現在のキリンホールディングスが設立］の工場が、現在の永登浦公園に完成しました。その後、東洋麦酒株式会社として受け継がれ、今日のOBビール株式会社となりました。

永登浦公園の風景

1930年代、ビールがどれほど高価だったかというと、ビール3箱半が米1石（144kg）の値段に相当したそうです。誰でも気軽に飲める酒ではなかったのです。

ところで、1996年まで製造工程が自動化されずに、純銅性の大釜が使用されていたことを不思議に思うかもしれません。ビール会社のインターネット歴史館で調べてみると、次のような記載があります。

> 植民地時代に比べれば改善されましたが、1980年代に入っても依然として、ビール製造の工程の多くは手作業に頼っていました。
> 　数百名の女子職員がベルト・コンベヤーの脇に立ち、瓶に異物が混入していないか一本一本検査したり、生ビール用の樽をひとつずつ掴んでは巨大な注射器のような注入器でビールを注いだりしていました。1989年に自動注入機を導入し、ビールの注入を自動化しました。
> 　　　　　　　　　　OBビール株式会社　ホームページより

この説明文を読んだだけでも、当時の労働者の姿が目に浮かぶようです。こうした興味深い歴史のある空間が公園に変わり、今では大釜だけがポツンと残されているのです。

　永登浦は鉄道網の要衝であり、かつてはソウルの代表的な工業地帯でし

永登浦公園のビール醸造釜

た。1980年代から90年代にかけて、ソウル市の行政区域が拡張されると、土地の価格は天井知らずに跳ね上がりました。都心の環境改善に対する要求も高まりました。その結果、多くの工場が地方へ移転していきました。公害施設とされた工場は、新たな場所を求めて地方や都市の郊外へ移転するようになったのです。そして、工場が立ち退いた跡地には、マンション、大型ショッピングセンター、オフィステル［オフィスとホテルの合成語］、ショッピングモールなどが建つようになりました。一方、今も小規模の鉄鋼工場やチョッパン村［劣悪な環境の宿泊所などの集まる場所］、在来市場［伝統的な市場］、チプチャン村［売春宿などの集まる場所］などが残り、その痕跡をとどめています。

　下の写真を見ると、大鮮製粉工場［1936年に日清製粉が設立。1958年からデソン製粉株式会社が操業、2013年に忠清南道へ工場移転］の後方に、2009年にオープンした複合ショッピングモールのタイムスクエアが見えます。タイムスクエアのある場所には、植民地時代から操業していた京城紡織工場がありました。永登浦公園にあったビール工場も1997年に京畿道利川へ移転しましたが、その跡には大釜がひとつ残されました。この空間の唯一のモニュメントです。以前は円形広場に工場の煙突も残されていましたが、安全上の問題から撤去されました。

　その当時、この場所を買い上げたソウル市は、公園の緑地確保に重点を置いていました。京釜線の線路と新吉路の間にあたる一帯は、住宅や工業

大鮮製粉工場の後方に見えるタイムスクエア

左：ビール工場があったことを伝える表示板／右：ワイン倉庫を再活用したベルシー公園

地域がほとんどを占め、緑地の確保は切実な課題でした。それは理解できますが、時間と空間を鳥瞰する想像力を欠いたことは惜しまれます。工場を完全に撤去する代わりに、一部でも工場としての空間が残され、活かされていたならば良かったのにと思われてなりません。

フランスのパリ・ベルシー地区は、数百年の間、ワイン貿易の中心を担ってきましたが、都市拡張の過程でワイン倉庫が移転することになると、既存の倉庫とブドウ酒運搬用のレールを再活用して公園を造りました。この特別な意味のある公園は、パリ市民に愛される複合文化空間となりました。

永登浦公園もビール工場の一部を活用する方式で造成していたら、地域住民はもちろん、ソウルを訪れる旅行者にとっても、訪ねるべき価値のある特別な空間になっていたと思います。今は平凡な公園となっている姿を目にすると、その思いが募ります。緑地を確保しつつ、地域の個性ある歴史と空間も活かせていたならば、必ずや話題性のある魅力的な公園になっていただろうと思われるからです。

もったいないという話はここまでにして、次は、話題と個性あふれるソウル市内の公園を訪ねてみましょう。

産業施設の転生
仙遊島公園（ソウル特別市永登浦区）

　仙遊島駅から700ｍほど歩くと、仙遊島公園に着きます。入り口の階段を上がっていくと漢江に架かる木造の橋が現れ、この橋が仙遊橋です。仙遊橋を渡ると、そこが仙遊島です。楊花大橋の中ほどにあたり、漢江に浮かぶ島とは、なかなか魅力的ですね。

　仙遊島の魅力は、その位置的条件にとどまりません。仙遊島公園は独特のテーマに彩られた空間なのです。それは、時代ごとに異なる姿へと変遷を重ねてきた島の歴史と深い関係があります。「神や仙人がのんびりと遊ぶ島」という意味の仙遊島を昔の地図で探してみましょう。仙遊島ではなく仙遊峰と記されていますね。仙遊島は、元来、海抜40ｍほどの峰でした。謙斎・鄭敾［謙斎は号］の「珍景山水画」にも仙遊峰が登場します。ここは朝鮮時代、両班たちが漢江の南岸から江北を眺めるのに絶好の場所でした。当時、幾人かのソンビ［学識と立派な人格を備えた知識人・読書人］が、ここに名前をつけました。神仙が遊びに来るほど魅力的な峰と考えていたのでしょう。それほどの景勝地だったことがわかります。

　その仙遊峰が、なぜ、今は平坦な島になっているのでしょうか。陸続きだった地形が、なぜ、今は漢江に囲まれているのでしょうか。1861年に

左：仙遊島公園／右：仙遊橋

描かれた、古山子・金正浩［？-1864、朝鮮時代後期の地理学者。古山子は号］の「大東輿地図」にも仙遊峰という名が登場しますが、その後、何があったのでしょうか。

　仙遊峰に大きな変化が生じたのは、植民地時代のことです。1925年、漢江一帯に大洪水［韓国では「乙丑年大洪水」という］が発生し、甚大な被害をもたらしました。水防策として漢江に堤防を築くようになり、堤防の骨材として仙遊峰から砂利などを採取しました。それが変化の始まりとなりました。その後、日本が汝矣島に飛行場を建設する時に、また仙遊峰を削り、解放以後はアメリカ軍政庁が道路建設用の資材を得るために、さらに削り取りました。1960年代には、漢江の両岸を繋ぐ橋が相次いで建設されました。この時、削られて平坦になっていた仙遊峰が、楊花大橋を支える支持台の役割を担わされることになりました。そして、江辺北路を造る時には、仙遊峰と漢江の南岸との間から砂を運んで使い、こうして仙遊峰は仙遊島へと自らは望むはずもない変貌を遂げてしまったのです。

　さらに、それで終わりではありませんでした。1970年代、永登浦公団をはじめソウル西南部の人口が増加すると、水道水を供給するために浄水場が必要となりました。1978年、仙遊島に浄水場が造られると、人々が自由に仙遊島へ立ち入ることはできなくなりました。そうして、仙遊島は市民の関心から消え去っていったのです。

　長い間、忘れられていた仙遊島が、20余年の歳月を超えて奇跡的に市

左から：仙遊峰と記されたソウルの古地図／謙斎・鄭敾の「仙遊峰」／「大東輿地図」に登場する仙遊峰／楊花大橋の中間に位置する仙遊島

  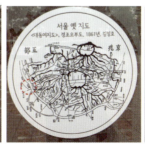 

左：浄水場施設の骨格が残る仙遊島公園／右：水質浄化園

民のもとに帰ってきました。京畿道南楊州市(ナムヤンジュシ)に江北(カンブク)浄水場が造られ、また、鷺梁津(ノリャンジン)浄水場が仙遊浄水場の機能を吸収すると、1999年、仙遊浄水場は浄水場としての役割を終えることになりました。2002年、FIFA ワールドカップ（サッカー大会）を目前に、生態系をテーマにした「リサイクル型生態公園」へと姿を変え、再び人々の前に門を開くことになったのです。

　仙遊島公園は単なる生態公園にとどまりません。ここは「水の公園」なのです。浄水場の時代に築かれた水のイメージをそのまま活かし、当時の骨格もそっくり残しています。前に紹介したベルシー公園を覚えていますか？　フランス・パリにあるワイン倉庫を再活用した公園です。仙遊島公園の設計に参与したチョン・ウンギョン所長（チョギョンボレー株式会社）［業務はランドスケープ・アーキテクチャー］は、仙遊島公園の設計にあたり、ベルシー公園を先進事例として体系的に研究・評価したと述べています。過去の道の上に新たな道を重ねていく、ベルシー公園の設計戦略を手本として、老朽化した浄水場施設を完全撤去するのではなく再活用することで、過去の記憶を大切に保存しながら、水の大切さと出会う公園として設計をしたのです。

　それでは、仙遊島公園のテーマ庭園と数々の施設を訪ねてみましょう。

　水質浄化園は浄水場の薬品沈殿池を再活用しています。水生植物には汚れた水をきれいにする力があります。ここの水は環境水遊び場［2024年10月現在、公園のリーフレットには記載無し］へと流れ、さらに公園をぐるっとひと

巡りして水質浄化園へ戻ってきます。仙遊島公園全体が水の循環する道になっているのです。

送水ポンプ室だった場所は、展示室・仙遊島イヤギ［ものがたり］館になりました。その横に緑の柱の庭園があります。浄水池の天井を取り外して残った柱を再活用することで、元の構造物の外観が一新されました。ツタにおおわれた姿はとても印象的ですね。

濾過池跡には水生植物園が造られました。建物の屋根を取り払い、区画ごとに多様な水生植物を育てています。

次は、時間の庭園に行ってみましょう。ここは浄水場の構造物を最も見事に活用したと評判の場所です。四角い枡のようなコンクリート・ブロックが上から下へと繋がり、時間の連続性を表しています。導水路から流れ落ちる水は白糸の滝のようですね。水の循環を生きいきと感じることができます。ここでは、じっと静かに水の音に耳を傾けてみましょう。

浄水の過程で生じる沈殿物を再処理していた濃縮槽と調整槽は再活用され、4個の円形空間に変身しました。それぞれ円形劇場、環境ノリマダン［遊びの広場］、環境教室、円形トイレとなりました。皆さんの積極的な参加が期待される空間ですね。

ポンプ場を改造したカフェ・ナル［船着場］は展望の素晴らしい所です。朝鮮時代、ソンビたちが江北を眺めた仙遊亭があった場所といえば、それ以上の説明は必要ありませんね。再建された仙遊亭は、すぐ近くにありま

左：仙遊島イヤギ館と緑の柱の庭園／右：水生植物園

左：時間の庭園／右：朝鮮時代に仙遊亭があった場所に立つカフェ・ナル

す。ここは、市民たちから最も愛される空間となっています。楊花大橋側と城山大橋(ソンサンデキョ)側を一目で見渡せる展望スポットです。

景色を楽しむには仙遊橋展望デッキもおすすめです。よく晴れた日中はもちろんのこと、夜景もとても美しい場所です。今日の仙遊島が、朝鮮時代の仙遊峰に匹敵するかどうかはわかりませんが、都市に暮らす疲れた市民に、憩いと風情のあるひと時を与えてくれる空間であることは確かです。散歩したり、おしゃべりをしたり、思い思いに今ここに生きていることを楽しむ姿、それはまさに「仙遊」の世界なのです。

仙遊島公園は、童話『おおきな木』[『THE GIVING TREE』シェル・シルヴァスタイン著、村上春樹訳、あすなろ書房]のリンゴの木のようです。リンゴの木は大好きなひとりの少年に何かを与え続けます。時が経ち、老いて疲れて戻ってきた少年に、「こしをおろしてやすめる、しずかなばしょ」として切り株まで与えます。仙遊峰もそびえていた峰を削り、平地になるまで、その身を惜しみなく捧げてくれました。削りに削られ、そして今、神仙境のような水の公園となり、私たちを癒やしてくれます。大切なことは、この公園を造ったということに劣らず、これからも守り維持していくということです。仙遊島公園が水の公園というテーマを失わないように、皆さんの関心とたくさんの支援が必要なのです。

ゴミ埋め立て地の変身
ワールドカップ公園（ソウル特別市麻浦区）

　ワールドカップ公園という名前からスポーツをテーマとする公園を連想しますが、実はそれだけではありません。2002年FIFAワールドカップと2000年のミレニアム（千年紀）を記念して造成され、そのテーマには特色があります。ワールドカップ競技場駅で降りると、まもなく見えてきますが、駅の周辺には公園がたくさんあるので驚かれることでしょう。ワールドカップ公園は、なんと５つの公園から構成されているのです。

　平和の公園、ハヌル公園（空の公園）、ノウル公園（夕焼けの公園）、蘭芝川公園、蘭芝漢江公園。この５つがすべてワールドカップ公園なのです。ここは、かつて蘭芝島と呼ばれ、漢江河畔の美しい砂の島でした。蘭草と芝草が生い茂り、その芳しい香りに包まれていたそうです。李重煥［1690-

ワールドカップ公園（ホームページの鳥瞰図）

ハヌル階段

1756、文官、学者]の地理書『択里志(テンニジ)』は蘭芝島について、砂土が堅くしまっていて暮らしやすい場所と記録しています[『択里志』は筆写本複数あるため底本による]。「大東輿地図」では蘭芝島を中草島(チュンジョド)と記しています。あらゆる花々が咲きほこる島として花島(コッソム)、漢江の中洲であることから中草島とも呼ばれていました。鴨が水に浮かんでいる姿に見えるという意味から鴨島(オリソム)または鴨島(アブド)ともいいました。冬には数十万羽の渡り鳥が飛来するので門島(モンド)という名もありました。

　現在、漢江の対岸からワールドカップ公園を眺めるとふたつの山が連なっているように見えます。漢江の美しい中洲・蘭芝島は、ゴミが積み上げられ、高くそびえるふたつの山のように変貌したのです。そのゴミの山がハヌル公園とノウル公園になりました。ゴミ埋立地の大変身ですね。

　この公園の象徴ともいえるハヌル公園に登ってみましょう。蘭芝島で最も高い場所に位置し、そこへ登る階段がハヌル階段です。頂上まで291段、やや長い階段ですが、それほど辛いコースではありません。ジグザグに登っていくと、だんだんと眼下に姿を現わすソウルの景色に目を奪われ、足を止めて写真をとったり、風景を味わったりしていると、まもなく頂上

です。ハヌル公園は海抜98ｍ、思わずため息の出るほど見事な展望が広がります。近くにワールドカップ競技場と漢江、遠くに南山、汝矣島まで一目で見渡せます。ここに登ると東西南北、四方をパノラマで眺望できるのです。

　こうした素晴らしい展望台は、蘭芝島の犠牲の上に誕生しました。1978年から1993年まで、実に15年もの間、ここにはソウル市民の出すゴミが積み上げられ、ゴミの埋め立て場所として使用されていました。蘭芝島の一帯は漢江の氾濫原にあたり、洪水のたびに水が襲い、ゴミも土砂も何もかもあふれては入り混じり、それはもうたいへんなありさまでした。ソウル市民のゴミを受け止めるためになくてはならない場所でしたが、悪臭と埃、群れるハエに覆われ、見捨てられた地といっても過言ではありませんでした。「蘭芝島は、ソウルという大都市が吐き出す過剰消費と虚栄の産物を、休むことなく黙々と受け止めてきました」と見学者案内所に記された一節を見ても、ここが経験してきた歴史の厳しさを知ることができます。

　ゴミが積み上げられ衛生環境の劣悪な場所でしたが、当時、ここには住人もいました。プレハブ式の家を建て、廃品を収集したり、廃棄された家電製品を分解・加工したりしながら、蘭芝川周辺に集まって暮らしていました。プレハブの家は部屋ひと間に台所だけ、トイレはなく公衆便所を使

ハヌル公園からの眺望

い、生活環境は劣悪な状況でした。それでも住民にとっては、生活を営むための仕事場として大切な拠り所でした。15年間で約9200万トンの廃棄物が積み上げられ、95mを超える巨大なゴミの山がふたつ誕生しました。その麓に住んでいた人々の暮らしが、どのようなものだったか、十分に想像できると思います。

　その蘭芝島が変身を始めるのは、金浦首都圏埋立地が新たなゴミ埋立処分場となってからです。蘭芝島は生態公園へ生まれ変わる計画が立てられましたが、そのためには巨大なゴミの山から噴出するメタンガスと浸出水の処理が不可欠でした。蘭芝島ではメタンガスが原因となり火災が頻発していました。なんと15年間に1390回、4日に一度の割合で火災が発生していた計算になります。火が出るとブルドーザーで土をかぶせ、どうにか鎮火させていましたが、危険なガスの処理も大きな課題でした。

　現在もハヌル公園では、メタンガスを処理するための設備を至るところで目にします。メタンガスなどの埋立ガスを抜き取るため、捕集井戸でガスを集め、熱源として熱生産工場へ送り、近隣地域のマンションやビルの暖房に利用しています。ゴミから生じる浸出水は安全に処理した上で、漢江へ放流しています。生き物が生息できるように表層には分厚く土を覆いかぶせ、排水のためX型の稜線を造成しました。南北には背の高いススキとチガヤ、東西には背の低い草を植え、今では草原が広がるようになりました。

左：捕集井戸／中央：導管／右：資源回収施設と地域暖房公社が共同使用する煙突

ゴミの山を清らかな自然にという思いを込めて、5つの風車が回っています。風力を利用してクリーン・エネルギーを生産し、街路灯や見学者案内所に電力を供給しています。その発電量はわずかですが、生態公園として象徴的な意味はとても大きいといえるでしょう。

　煙突が見えてきました。資源回収施設と地域暖房公社が共同で使用している煙突です。麻浦資源回収施設では1000度を超える高温でゴミを焼却し、焼却の過程で発生する熱は発電や周辺地域への暖房の供給に活用しています。事前に申請すれば見学も可能です。ソウル中心部から出たゴミの一部がここで焼却され、新たなエネルギーを創出しているのです。煙突から見える白い煙は、汚染物質除去施設を経て浄化された水蒸気です。

　廃品を使ったオブジェ、ホタル生態館、水素スタンド、電気自動車の充電所、メンコンイバスというカエルの電気自動車、生き物に配慮した丸太の傾斜路など、少し関心を持ってみると、そこには見えてくるものがたくさんあります。すべて環境にやさしい装置からなり、年齢や性別を問わず、あらゆる人々にとって学ぶべきものにあふれています。特に、子ど

上：昔の蘭芝島／下：現在

環境生態公園のシンボル、風車

ものいる方には、必ず一度は子どもたちを連れて訪ねてほしいと思います。短い区間ですがメタセコイアの並木道も造成され、木々の間に土の道を辿ればヒーリングにもなります。

　ハヌル公園は、特に秋の景色が壮観です。10月はススキ祭りが行われ、白いススキに覆われる頃、ここは人々が押し寄せ、たいへんな混雑になります。広々とした草原を静かに眺めてみたい方には、ススキが伸びる前に訪れることをおすすめします。ススキと夕焼けの名所、ハヌル公園は、今

ハヌル公園の美しい風景

や人気スポットになりました。一方、依然としてガスと浸出水を排出する巨大なゴミの山であることには変わりなく、今も安定化のための工事は続いています。蘭芝島が完全な自然に還ることができるよう、持続的な管理と努力が必要とされるのです。

　ハヌル公園、ノウル公園、蘭芝漢江公園を1周するコースは6kmほどです。四季折々の趣にあふれる環境生態公園、季節ごとに訪ねると、ゆったりとした時間が迎えてくれることでしょう。

時を記憶する空間 オリンピック公園（ソウル特別市区松坡区）

　それでは、オリンピック公園を訪ねてみましょう。1988年のソウルオリンピックのために、1986年に造成されました。オリンピック公園といえば、まず、各種の競技場と美しく整備された湖水や庭園が思い浮かびますね。先ほどはワールドカップ公園を環境再生のアングルから訪ねてみましたが、このオリンピック公園は「時を記憶する空間」として、さまざ

廃品を使ったオブジェ

まな個性にあふれています。記憶を失った映画の中の主人公が、過去の記憶のかけらを集めながら自分自身の正体を探し求めていくように、オリンピック公園が位置するこの空間も、過去の記憶をよみがえらせていく旅の途上にあるといえるでしょう。

　夢村土城一帯はオリンピック公園の計画区域に指定され、1983年から1989年まで発掘・復元事業が行われました。竪穴住居、貯蔵穴、百済土器などの遺物が出土し、百済初期の都が漢城［現在のソウル］にあった時代の王城として注目を集めました。映画の主人公が記憶のかけらをひとつ見つけた場面のようですね。

　この公園の忘れられた過去を辿るために、まず、コムマル橋［夢の村の橋］を渡ってみましょう。コムマル橋を渡ると土城が現れます。夢村土城の「モンチョン」とは、夢の村という意味です。韓国語の「クムマウル」［夢の村］の古語は「コムマル」といいます。コムマル橋の「コムマル」と夢村土城の「モンチョン」は、どちらも「夢の村」という意味です。夢村土城の中には「コムマル」という村があったそうです。百済人たちが住んでいました。南北に少し長い楕円形の地形をそのまま利用して、泥土などを積み固める方式で堅牢な土城を造りました。防御に有利なように北側は土城をやや高く築き、木製の柵を張り巡らしました。

　夢村土城は百済初期にあたる4〜5世紀頃の土城と推定されます。海抜30〜40mほどのなだらかな丘陵に沿って築造された土城で、周囲は約

左：オリンピック公園／中央：コムマル橋（夢の村の橋）／右：夢村土城の模型

左:夢村土城／右:夢村土城の木柵

2.7kmに達します。現在、北側の土塁の上には木柵も復元されています。1.8ｍ間隔で30〜90cmの深さの穴を掘り、大きな木を打ち込んだ後、その間に補助用の支柱を立て、高さ２ｍほどの木柵を巡らしたと考えられています。

　夢村土城は近くの風納土城（プンナプトソン）とともに、百済初期に漢城を都としていた時代、その都城・河南慰礼城（ハナムウィレソン）の一部と推定されています。風納土城は漢江河畔の平地に築かれ、黄海から漢江を上ってくる物資の運搬、水上交通の要地として機能し、夢村土城はその南側にあたる丘陵地帯に防御を目的として築かれたものと推定されています。そして、夢村土城の南西側にある夢村湖水（モンチョンホス）は、土城の築城当時、防御用として造った濠（ほり）ではないかと考え

オリンピック公園の風景

られています。

　夢村歴史館では、漢江以南で暮らしていた百済人の生活を知ることができます。百済文化の代表的な遺跡と遺物が展示されており、参加型のイベントも多く、子どもたちの体験学習の場でもあります。百済に興味のある方には漢城百済博物館もおすすめです。風納土城を築き、漢江を下って海へ進出しようとした百済人、彼らの生きいきとした姿に出会うことができます。

　博物館へ向かう道には、たくさんの彫刻作品があります。オリンピック開催を記念し、韓国内はじめ海外から著名な作家が参加して、彫刻作品を屋外に展示しました。そのおかげでかつてのコムマル村の地には、百済時代から時を超え、今も夢見る世界が広がっています。人々はなだらかな稜線に沿って散歩したり、水辺に座っておしゃべりをしたり、ゆったりとした時間を楽しんでいます。近寄ってもビクッとも逃げないウサギを見ると、この空間では過去と現在、そして未来を生きる人間と自然、森羅万象が繋がっていくような気がしてきます。

　ビルの林に囲まれた夢村土城の生態系をよみがえらせるためには、「水の器」が鍵となります。城内川（ソンネチョン）と夢村土城の夢村湖水、そして88湖水へ、オリンピック公園を巡るひとつの水系へと連結し、生態系的ネットワークを築きあげることができれば、さらに豊かな空間となることでしょう。

　夢村土城は過去も現在も変わることなく夢の村であり、私たちにとってかけがえのない空間なのです。

オリンピック公園の風景

第**2**部

仁川・京畿道

仁川

近現代の歴史を抱いて
国際都市へ

　わずか十数年前、韓国で最も高い建物は63ビルでした。1985年に完工して、2002年まで韓国の最高層ビルでしたから。では2015年現在、最も高い建物はどれでしょう？　それはソウル蚕室（チャムシル）にあるロッテワールドタワーですが、まだ完工していないので除外するとして［2017年2月9日に完成］、すでに完工したものでは、仁川にある北東アジア貿易センターが最も高い建物です。北東アジア貿易センターは2014年に完工し、現在、仁川松島（ソンド）のシンボル的な建物になりました。仁川松島は経済自由区域に指定されて、活発に開発を遂げている場所です。北東アジア貿易センター以外にも、高い建物がたくさんできる予定になっています。

　仁川といえば、以前は仁川駅周辺のチャイナタウンや新浦（シンポ）市場、朱安（チュアン）駅近くの大学学生街のような場所が有名でしたが、この数年のあいだに松島が仁川の中心地となり、仁川に対する認識もかなり変わりました。短期間に海辺だった景観まで変わってしまったのですから、不思議と言えば不思議ですね。さあ、それではチャイナタウンから松島まで、仁川の旧都心と新都心を見て回るとしましょう。

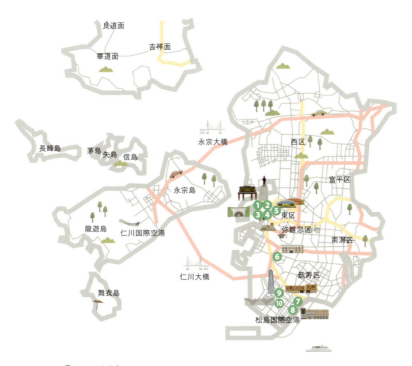

1. チャイナタウン
2. 自由公園
3. 虹霓門
4. 新浦国際市場
5. ペダリ村
6. 松都高等学校
7. 延世大学国際キャンパス
8. 韓国ニューヨーク州立大学
9. 北東アジア貿易センター
10. 松島コンベンシア

近現代の年輪、仁川中区

　ソウルから地下鉄に乗って仁川駅に降り立つと、汽車の駅名標示が掲げられています。仁川駅には汽車は通ってないんじゃないかって？　ええ、そうです。機関車が引いていく車両はありません。しかし、仁川駅は鷺梁津駅と仁川間の京仁線が開通した、韓国初の鉄道駅だそうです。その歴史を残したというわけです。

　仁川駅の副駅名はチャイナタウンです。すぐ近くにチャイナタウンがあるからです。入り口からも中国らしい雰囲気を強く感じるでしょう。まるで中国の城門のようですね。これは牌楼（はいろう）というそうです。韓国だけでなく、他国のチャイナタウンにも入り口には必ずこの牌楼が立っています。この牌楼を通ると、明らかに様子が変わった空間が現れるのですが、飲食店の看板や街灯、建物の壁まですべて赤くて目が痛くなるほどです。中国の人々は、赤い色が霊を追い払って災いから守ってくれると信じています。だからお年玉の袋も赤、下着や靴下も赤が人気だそうです。仁川のチャイナタウンも同様です。

　やはり中華料理店がたくさんありますね。ここチャイナタウンでチャジャン麺［韓国風ジャージャー麺］が誕生しました。初めてのチャジャン麺の店である「共和春」の建物は、今もチャジャン麺博物館として公開されてい

左：仁川駅／中央：チャイナタウンの牌楼／右：赤く彩られたチャイナタウン

チャジャン麺の由来

チャジャン麺は、名実ともに韓国での人気出前食のひとつです。麺醬に塩を入れて炒めたあとに麺をつけて食べる中国のジャージャー麺が由来だと広く知られています。開港期、中国から仁川に入ってきた華僑が作って販売し始めました。誰が最初だったかは正確にはわかりませんが、チャジャン麺で初めて有名になった店は「共和春」です。チャジャン麺の中国式の発音が「ジャージャンミェン」なので、チャジャン麺と呼ばれるようになったそうです。

ます。

　壁に絵画がずらっと並んでいる場所は、三国志壁画通りです。中国の人々が最も好きな物語のひとつが『三国志』じゃないでしょうか。その有名な場面を絵で表現したのです。物語の内容も書かれているので、『三国志』を読んだことのない人と行ってみるのも有意義でしょう。チャイナタウンでは観光に来る韓国人に中国の文化を知ってもらうために、さまざまな方法を活用して努力しています。

　チャイナタウンには、華僑中山学校もあります。華僑の子どもたちを教育するために造られました。小・中・高校が一緒になっています。学生の数が多い時は1500名にまで増えたのですが、今では500名にも満たなくなり、その中には韓国の学生も含まれているそうです。華僑の人数が次第に少なくなっているということです。

左：三国志壁画通り／右：孔子像

左から：日本居留地通り／中国様式の石灯籠／日本様式の石灯籠／自由公園のマッカーサー像

　建てられている銅像は孔子です。儒教の文化の代表でもあり、中国の人々が尊敬する偉人の1人でもあります。孔子の銅像は道の真ん中ではなく、少し左側に寄っているのですが、これにはすべて理由があります。開港期時代、この道が日本人と清国人の居留地の境界だったそうです。左側は清国、右側は日本の人々が住んでいたのです。それで、中国人である孔子の銅像が左側に建っているのです。道の両側に建てられた石灯籠を見ると模様が違います。左は中国、右は日本の様式で作られました。じっくり見てみると、その地域の歴史や情緒を深く感じることができます。

　というわけで、この道の右側には日本風の街並みが現れてきます。興味深い構造ではありますが、一方ではあまりいい気分ではありません。侵入するように我が国に入ってきたふたつの国が、半強制的に居留地を設定した痕跡ですから。

　居留地の境界を越えて日本側に入ると、雰囲気がガラッと変わります。日本式の木造建築物が残っている日本居留地の通りです。観光地として開発される際に人為的に強化された部分も無くはないのですが、異なる国の痕跡が一本の道に残っているのは不思議なことでもあります。この開港場文化地区には異国の風景が満ちています。

　仁川には中国と日本の痕跡だけがあるわけではありません。韓国に入ってきて居留地を形成した国はひとつやふたつではありませんが、今はこ

自由公園の名称変遷史

開港期に造られた自由公園は、仁川に入ってきた外国人のために造成された初めての西洋式公園です。中国人や日本人だけでなく、西洋人もよく利用したこの公園の元々の名前は「万国公園」でした。しかし日本統治時代に、街の西側にあるという意味で「西公園」という平凡な名前になりました。解放後、再び万国公園と呼ばれていましたが、仁川上陸作戦を主導したマッカーサー将軍の銅像が建てられたあとは「自由公園」と呼ばれるようになったのです。結局、この地域に影響を及ぼす国がどこかによって、公園の名称も変遷を繰り返してきたということです。

の痕跡がほとんど薄れたり消えたりしてしまいました。しかし、その国を彷彿させる空間が設けられてもいます。

　代表的な場所が自由公園です。米軍将兵が韓国に来ると必ず一度は訪れるといわれる所です。なぜ自由公園なのかって？　仁川上陸作戦を通じて「自由民主主義を守り抜く」という意味を込めて、自由公園と変更したのです。マッカーサー将軍の銅像もあります。高台の頂上には、米韓修好100周年を記念して建てられた塔もあります。ですから、アメリカとの関係という面で仁川、特にこの自由公園は意味深い場所というわけです。

　ここはただの道のように見えますが、虹霓門(ホンイェムン)と呼ばれる場所があります。正確にはトンネルの上に建っています。居留地を広げようとした日本が、仁川内陸側に向かっていく過程で、交通の便のために開けたトンネルです。

左：虹霓門／右：虹霓門の上

089

日本統治時代の痕跡が強く残っている場所なのです。

　開港期の居留地、日本統治時代の虹霓門、仁川上陸作戦を象徴する自由公園まで、仁川はなんだか空間が時代別に整理されているように感じられます。仁川の中区は、それこそ近現代の年輪を重ねた空間だといっても過言ではありません。

　虹霓門側の道路は、車が通るには少し狭く見えます。実は、ここからその下に広がる東仁川（トンインチョン）周辺の地域が昔の仁川の都心部でした。港周辺を中心に、内陸側へと発展していったのです。以前から地域の中心地だったため、車が通る前に作られた道路が多いです。だから道が狭くて曲がりくねっています。

　虹霓門からは仁川港まですべて見渡せるのですが、要するにそれぐらい高層ビルが少ないということです。さまざまな理由で開発が遅れている地域だといえます。仁川の新しい中心地である松島と比較してみると、その差に驚くほどです。

　南の方にずっと進んでいくと新浦国際市場、中央市場などの伝統市場が現れます。以前の仁川のホットプレイスが、まさにここでした。新浦市場といえば、タッカンジョン［ひと口大の骨なし揚げ鶏に甘辛いソースを絡めた料理］で有名な場所としてよく知られています。しかし、グルメだけが有名なわけではなく、デパートができる以前も洋服や食べ物を買いに、この辺りによく人々がやってきたそうです。グルメもタッカンジョンだけではなく、餃子や粉食も有名です。

　次に訪ねるのはペダリ村です。正式な行政区域名ではありませんが、みんなペダリ村と呼びます。なんだか伝統を守ろうと頑張っている雰囲気がプンプンしませんか？　入り口に案内地図が立っていますが、地図の後

左から：新浦国際市場／新浦市場の代表的な食品

ろにとてつもなく広い空き地があります。都市の真ん中にこんな空間は、少し怪しいですよね。元々はここに広い道路を造る予定だったのです。青羅経済自由区域から旧都心を通って松島に通じるはずでした。ところが道路を作る過程で、住民たちを疎外したまま、都市再生事業という名で開発を推進したのです。これに反発した文化芸術活動家や市民社会団体、地域住民たちが協力して反対運動を展開し、道路建設を食い止めました。そして道路の敷地は菜園として、地域住民たちが共同で利用することになったそうです。効率性を重視するトップダウン型開発を、住民たちが直接阻止した事例なのです。

　あいかわらず立ち遅れた感がありますが、今は地域住民と活動家たちが協力して、この村を歴史文化空間にしようと頑張っています。高い建物はありませんし、古くてくたびれて見える所も多いのですが、奥まで入っていくと可愛らしい壁画もたくさんあって、伝統的な雰囲気を醸し出す書店や文房具店が観光客を呼び集めています。地域住民の生活基盤を損ねることなく、地域を開発しようとする努力の跡をあちこちに見ることができるのは、気分のいいことですね。

　実は、仁川地域では北東アジア関門都市を目指すと宣言していて、仁川空港や松島国際都市を作り、その過程で経済的効率性を重視する都市開発の方式を活用しました。このような状況の中、住民たちの力で生き残ったペダリ村の姿は、高層併用住宅を開発の目安と量る私たちの視点に、あるメッセージを伝えているように思われます。

　ペダリ村は完成された趣ではありませんが、なんだか可愛らしくて、温

左から：ペダリ村／ペダリ村の風景

かい雰囲気のある癒やしの場所としても注目に値します。

急浮上する新都市、松島

　ついに仁川の新しいホットプレイスを訪ねる番になりました。それが松島です。ペダリ村が住民たちの意思によって開発されている所なら、松島は典型的なトップダウン型開発が行われた場所です。多くの資本が投入された分、見事に急速に開発されています。旧都心と比較してみると、同じ仁川かなと思うほど、雰囲気や景観が違います。

　実をいうと、旧都心から松島方面に直接行ける交通手段は多くはありません。現在、仁川の交通環境の主要問題として挙げられています。旧都心とソウル、松島とソウルを繋ぐ交通路はしっかり発達しているので、仁川旧都心と松島の間にも公共交通機関や道路をもっと増やさなければならないでしょう。こうなってしまった原因のひとつは、京仁線を中心とした東西方向の交通は円滑なのにもかかわらず、地上に出ている鉄道のせいで、南北方向の交通条件が少し困難だからだそうです。鉄道のせいで騒音問題も深刻ですし、周辺住民が徒歩移動する時は、いつも陸橋や地下道を利用しなければならず、不便な面もあります。京仁線だけでなく、ソウル―水原を繋ぐ1号線の地域も同じような不便さを訴えていて、1号線の地下化を進めようとする動きもあります。

　水仁線の松島駅と、俗に松島といえば思い浮かぶ干拓された松島国際都市の位置が少し違うって知っていますか？　地下鉄松島駅がある現在の玉蓮洞側が、以前は松島と呼ばれていたのです。そしてその地域に隣接した干拓地に造られた国際都市を、松島国際都市と呼ぶようになりました。

　玉蓮洞側に松都高等学校があります。仁川には松都高校も松都中学校もありますが、松都中学校は中区にあります。実は、松都高校と松都中学校はかつて北朝鮮の開城の松都という所にあった学校だそうです。朝鮮

戦争勃発以後、避難のために移転してきた松都高校は玉漣洞側、松都中学校は中区側に落ち着いたのです。このいきさつを知らなければ、中区にある松都中学校という名は少し不釣り合いに感じるかもしれません。

　松島国際都市に向かう入り口の駅名は、キャンパスタウン駅です。松島国際都市方面、仁川1号線の駅名だけ見ても、国際都市の雰囲気を感じます。国際業務地区駅、知識情報団地駅、テクノパーク駅などなど。仁川大入口駅もあります。仁川大学は元々、済物浦駅の近くにありましたが、こちらに移転して素晴らしいキャンパスを造りました。

　通常、大学が移転すると周辺の商業に大きな打撃を与えるものです。特に遊興施設は大きなダメージを受けます。幸いなことに仁川大学の一部は残っていますし、移転して使わなくなった建物には、すぐに青雲大学仁川キャンパスが入りました。その周辺に仁川市上水道事業本部も移転してきたので、再び商業が盛んになると期待しているようです。仁川大学と青雲大学は同じ財団の学校でもないのに、このような事情で入り口を一緒に使用しています。珍しくて興味深い事例ですね。

　キャンパスタウン駅周辺には、仁川大学以外にも多くの大学があります。まず、延世大学国際キャンパスから紹介します。ソウルキャンパスの延長空間だそうですが、音楽大、体育大（各学部）を除く、ソウルキャンパスのすべての学科の1学年の学生が国際キャンパスで生活することになる、という記事を見たことがあります。新村のトレードマークのような学校が松島にもあるなんて不思議ですね。少し脇道にそれると、新村地域の商業

同じ入り口を使用する仁川大学と青雲大学

活動が弘益(ホンイク)大学側に押され気味なうえに、延世大学生の一部が松島に流れてしまって、低迷しているという話もあるようです。松島国際都市ができてそれほど経っていないため、今後どんな変化が起こるか、しばらく様子を見る必要がありそうです。

　そのほかにも、仁川カトリック大学のキャンパスの一部もありますし、外国の大学もいくつか入ってきています。独立的キャンパスを持つニューヨーク州立大学をはじめとして、松島グローバルキャンパスを一緒に使用しているジョージメイソン大学、ユタ大学アジアキャンパス、ベルギーのヘント大学グローバルキャンパスなどがすでに松島で新入生を受け入れたそうです。名の知れた名門大学ばかりですね。

　松島国際都市を推進する過程で慎重に議論されたことのひとつが、グローバルな教育中心地を作るという目標だったそうです。世界中の名門大学の中で、松島国際都市にキャンパスを広げる外国の大学には全面的な支援を約束した結果、ひとつふたつと増えてきたのです。キャンパスタウンという駅名が、決して恥じることのない場所になるでしょう。

　国際業務地区側に向かうと、北東アジア貿易センターが姿を見せます。完工した建物では2016年現在、最も高い高層ビルですが、思ったほど高く見えないかもしれません。なぜなら周りの建物もみんな高いからです。形もみな独特です。そのすぐ横には、とても広く見える建物があります。松島コンベンシアというコンベンションセンターです。ソウル江南(カンナム)のCOEX(コエックス)、一山(イルサン)のKINTEX(キンテックス)、釜山のBEXCO(ベクスコ)と同じような機能を持つ場所です。ここ

左：仁川大学／右：ニューヨーク州立大学

の建物はみな高くて現代的なので、建設中の建物の工事が完了すれば、ソウルの都心と比べても遜色なくなるでしょう。

　周辺の景観にも、かなり気を使った痕跡が見えます。北東アジア貿易センターの周りだけでもセントラルパーク、弥鄒忽(ミチュホル)公園、ヘドジ公園のような大きな公園が3つもあります。どの公園もきれいに整備されています。人口河川にはボートもあり、セントラルパークの場合、商業施設はすべて瓦屋根で造られています。周りの高層ビルとも、しっかり調和しているなと感じます。鹿農場もあります。

　ここでは、文化体育イベントも活発に企画されています。2015年にはアジア競技大会の一部が開催されましたし、ストリートサーキット場が造られて、コリアスピードフェスティバルが開かれたりもしました。2013年から月光祝祭公園で開かれているペンタポート・ロック・フェスティバルも、非常に人気のあるイベントです。レーシングやロックフェスティバルのようなイベントは、韓国では体験できる場所が多くないので、その価値がさらに高くなるでしょう。

　2014年秋には、地域のお祭りも開かれました。できて間もない松島国

左：国際都市の高層ビル群／右：北東アジア貿易センター

仁川の文化イベント

際都市ですが、グローバルなイメージを活かしたイベントを開いたのです。前年の秋には、公園を利用して花火大会やビールフェスが開催されました。今後も継続する予定です。本当に見たり遊んだり、楽しめる場所がふんだんにある空間です。道路が広いので渋滞もなさそうです。松島方面に人口がたくさん向かう状況を考えて、広く作ったのでしょう。新都心側は、いかにも人が住みやすい空間といって間違いありません。

しかし、デメリットがないわけではありません。今、松島をとりまく最も大きなイシューのひとつは、仁川市の予算の大部分を投じて松島国際都市をはじめとした新都心を作った、その恩恵が誰に還元されるのかという問題です。松島に予算が集中すればするほど、仁川の他の地域は疎外されてしまうからです。

素晴らしいランドマークが作られているとしても、その過程がみんなに幸せな状況をもたらしてはいないというのです。実は、旧都心は開港場の

左：変化した新都心／右：老朽化した旧都心

観光地側や新浦市場のような一部の地域を除けば、かなり立ち遅れています。人口も減り続けていますし、高齢化も深刻です。

　すべての地域が、ペダリ村の住民のように力を合わせて新しいことを成し遂げるのは、現実的に難しいことです。基本的に予算の支援もある程度の必須要件です。現在、旧都心には学生たちが通う学校がないそうです。中区や東区から松島方面に移転した学校がとても多いためです。移転した博文女子中学校・高校を最後に、仁川の東区には女子中学校・高校がなくなりました。東区には中学校が2、3校しかない反面、松島が位置する延寿区は15校を超えています。残っている学校の中にも移転を推進している所があります。

　アイロニーと言わざるを得ません。世界的に知られている仁川は、国際都市松島を中心に業務機能、研究機能だけでなくリゾート施設まで整っている場所ですが、実際に仁川市民の中には、さらに悪化した環境に置かれている人もいるのですから。まだ初期開発の段階の新都市なので、うかつな判断は禁物ですが、松島と旧都心、その他のすべての仁川地域が共に暮らしやすい都市になるように、多方面での模索が必要なのは明らかと言えるでしょう。

江華
屋根のない博物館

　江華島（カンファド）は、韓国の地理と歴史を一度に見ることができる場所のひとつです。「屋根のない博物館」といっても過言ではないほど、見どころが満載です。世界5大干潟のひとつである江華干潟や、外国からの侵略を受けて戦った抗争の痕跡が残る遺物がたくさんあります。ユネスコ世界文化遺産に指定された支石墓（コインドル）もありますし、季節ごとにさまざまなお祭りも開催されます。江華平和展望台からは、天気がよければ北朝鮮を望むこともできます。ここでなければできない特別な体験が多いので、最近は江華島を訪れる外国人も増えています。

　お祭りがどれだけ多いかというと、ツツジの花が満開になる春にピンク色に染まった高麗山（コリョサン）で開かれる高麗山ツツジ祭りをはじめとして、支石墓の制作を再現する江華支石墓文化祭り、江華よもぎ祭り、そして秋には江華アミの塩辛祭り、江華高麗人参祭り、江華開天大祭りなど、実にさまざまな祭りが開催されます。冬には摩尼山（マニサン）で日の出と、東幕海岸（トンマク）の日の入りを見に、人々が押し寄せます。

　日付の末尾が2と7の日には五日市場が開かれるので、伝統市場を体験することができます。サッパ［ママカリ］料理や高麗人参マッコリのような、地域特有のグルメも豊富です。

　天気のいい週末、江華島に行ってみるのはいかがでしょうか？決して後悔のない時間となると思います。

❶ 草芝鎮
❷ 徳津鎮
❸ 広城堡
❹ 江華平和展望台
❺ 長花里干潟
❻ 船首浦口 （サッパ村）
❼ 江華干潟センター
❽ 東幕海岸
❾ 摩尼山
❿ 江華五日市場
⓫ 江華風物市場

抗争と平和の痕跡に出会う

　江華島の散策を始める前に、パスポートの用意を忘れないでください。江華島に行くのにどうしてパスポートが必要かって？　海外旅行に必要なパスポートではなく、江華トレッキングパスポートのことです。江華トレッキングパスポートは江華郡庁文化観光課、韓屋観光案内所、ターミナル観光案内所、甲串墩台(カプコットンデ)観光案内所、草芝鎮(チョジジン)観光案内所などで無料配布しています。

　このパスポートを持って江華ナドゥルキルを歩きながら、各ポイントでスタンプを押し終えると、完走証と完走記念品がもらえます。記念品が何か気になるでしょ？　江華島米、江華ナドゥルキルハンカチ、携帯用クッション、江華島観光辞典などです。意外と盛りだくさんじゃないですか？　このように江華島は訪問客に配慮するために精一杯努力しているのです。

　江華ナドゥルキルは、江華島出身の学者、華南(ファナム)［華南は号］高在亨(コ ジェヒョン)が江華島全域の名所を回って詠った紀行詩の詩集『沁都紀行(シムドキヘン)』に登場する道を復元、再現したものです。「散策するように楽しく歩く道」という文章そのままの意味も素敵ですが、この道に沿って江華島の悠久の歴史と秀麗な自然に出会うことができるという点で、それ以上の意味があるのです。

左：江華干潟／中央：高麗山ツツジ祭り／右：草芝鎮

江華ナドゥルキルは、全部で19のコースがあります。そのうち2番目のコースである護国墩台道に沿って、草芝鎮から広城堡まで歩きながら、江華に秘められた歴史と地理に会いに行ってみましょう。

下の写真の石垣が草芝鎮です。江華島は漢江の河口に位置しているため、首都ソウルへ向かう出発点でした。そのため、この場所を虎視眈々と狙う外国勢力と

何度も戦争をしなければならなかったのです。それで草芝鎮、徳津鎮のような軍事基地をあちこちに設置して、常に防御に神経をとがらせていました。草芝鎮は辛未洋擾や江華島事件［雲揚号事件］が勃発した場所です。辛未洋擾当時の状況を見ることができる写真も掲示されていますが、言葉にできないほど凄惨です。

1866年7月、アメリカのジェネラル・シャーマン号が絹、ガラスの器、目覚まし時計などの物品を載せて、大同江を経由して平壌までやってきました。驚いた平安道観察使の朴珪寿が官吏を派遣して、平壌に来た目的を知ろうとしました。彼らはただ物品を売るために来たと言いましたが、当時の朝鮮は外国との通商が禁止されていたため、退去を求めました。しかし、ジェネラル・シャーマン号は帰るどころか彼らを監視していた官吏を捕まえて監禁してしまいました。怒った平壌の官民たちが川岸に押し寄せると、ジェネラル・シャーマン号は銃と大砲で応戦しました。その後、雨が数日間降り続くと、平壌に停泊して略奪を行いました。住民たちも攻撃されて死傷者が発生しました。結局、怒った朴珪寿がジェネラル・シャーマン号を焼き払いました。

このことがきっかけで、今度は西洋で朝鮮に対する敵がい心が高まりました。1871年、アメリカはジェネラル・シャーマン号事件に対する責任追及と通商を要求して朝鮮に来航し、またも草芝鎮を攻撃しました。最初は江華島の海門の測量のために来たと言ったため、朝鮮からはすぐに撤収することを要求しました。にもかかわらず、アメリカ側は尚も近づいてきたので、朝鮮軍は警告用砲撃を放ちました。

アメリカは待っていたとばかりに、これを口実に朝鮮政府に謝罪と損害賠償を要求しました。それを拒否されると草芝鎮を攻撃して占領しました。続いて徳津鎮と広城堡までもアメリカ軍の手中に落ちました。広城堡への攻撃は非常に激しく、その後アメリカ軍はまた草芝鎮に留まるようになりました。この時、朝鮮軍が夜襲を試みました。広城堡の戦闘と草芝鎮の夜襲によって、朝鮮人たちのしぶとい護国精神に気づいたアメリカ軍は、翌日に江華島から撤収しました。

　当時、アメリカ軍は最新式の武器で武装してきたのに対し、朝鮮の大砲は射距離がわずか700ｍだったというのですから、どれほど厳しい戦いだったか想像がつくでしょう？　だから朝鮮軍は、武力の劣勢を根気で克服するしかありませんでした。韓半島の最後の砦が江華島ならば、ここ江華の最後の砦がまさに草芝鎮だったのです。

　日本も朝鮮の海岸の測量を口実に、雲揚号で草芝鎮に来ました。何度か西洋の列強と戦争をし、斥和碑を建てて鎖国政策の意志をさらに固めた朝鮮に、再び侵略の恐怖が襲ってきました。予告なしにやってきた雲揚号に対して朝鮮の水兵が砲撃を加えると、日本軍は艦砲で応酬し、ついには永宗島に上陸して略奪を始めました。日本はこの事件に対する責任を問い、修好通商を強要して、1876年に本格的な不平等条約である日朝修好条規［江華島条約］を締結することになりました。

　アメリカや日本のような強大国が、武力を使って弱小国に圧力を加えて利益を奪うことを「砲艦外交」といいます。草芝鎮には辛未洋擾と雲揚号事件で砲弾を受けた跡が今も残っています。木にも城壁にも。ふたつの事件を経て、草芝鎮は完全に廃墟になりましたが、1973年に修理、復元をされて今のように開放されるようになりました。ここで国を守ろうと必死に戦った祖先のことを考えると身が引き締まる思いになります。

　ここは水深が浅く、干潟が多いことで知られています。江華島は元々、金浦と繋がっていたのですが、長い間浸食を受けて分離してから、再び土砂が積もって陸地と連結しました。その後、漢江から分離した鹽河が金浦と江華の間を流れるようになって、江華島は島になり、干潟が発達する

ようになりました。水深が浅いのに見た目より流れが速いので、戦争をした外国の軍隊もかなり苦戦したようです。道に沿って上がっていくと、徳津鎮が現れます。徳津鎮も軍事施設というには、あまりにも美しいところです。高くそびえてひらめく旗が、兵士たちの意気込みを表現しています。ここは丙寅洋擾(へいいんようじょう)が起こった場所なのです。

丙寅洋擾は1866年、カトリック信者を迫害したことに対する報復を理由に通商を要求するため、フランス艦隊が江華島にやってきた事件です。初めはフランス軍が優位に進めましたが、梁憲洙(ヤンホンス)将軍がここ徳津鎮を橋頭堡にしてフランス軍がいる鼎足山城(ジョンジョクサンソン)を夜襲することに成功し、勝利を収めました。しかし、フランス軍は撤退しながら外奎章閣(ウェギュジャンガク)にあった多くの遺跡を略奪していきました。興宣大院君(フンソンデウォングン)は、その後この場所に斥和碑を建てました。「海門防守他國船慎勿過」どの外国の船舶もここをむやみに通ることはできない、という固い鎖国政策の意志を込めました。

丙寅洋擾の少しあと、1871年には草芝鎮を占領しようとやってきたアメリカの兵士たちと戦わなければなりませんでした。射距離が短くて粗悪な武器で、新式武器で武装したアメリカ軍に対抗するのは困難だとわかっていながらも、朝鮮軍は懸命に戦ったのです。

徳津鎮は半月型の南障(ナンジャン)砲台と徳津墩台で構成されています。半月型にした理由は、敵に簡単に露呈しないためです。南障砲台は、江華島陣営の中で最も多くの砲門があった所のひとつです。この砲門から敵軍の船が通るのを確認しながら砲弾を発射して攻撃するのですが、射距離が長い武

第2部 仁川 江華 坡州 南楊州

左・中央：草芝鎮の砲弾痕／右：草芝鎮の干潟と草芝大橋

器を持つアメリカ軍を相手にするには力不足だったでしょう。結局、徳津鎮は占領されて廃墟になりましたが、朝鮮軍が猛然と抵抗したため、アメリカ艦隊も無事ではいられなかったのです。

さあ、ついに広城堡です。辛未洋擾で最も大きく激しい戦闘が行われた場所です。入り口は徳津鎮に似ています。広城堡もやはりとても美しいですね。江華島の墩台の中で最も素晴らしい景観を誇ります。孫乭項墩台(ソンドルモクトンデ)と龍頭墩台(ヨンドゥトンデ)で構成されています。保有する武器はアメリカに比べて途方もなく弱く、船も旧式で砲口も小さかったのです。そのため大砲の方向を動かすのが難しく、決まった角度でしか撃つことができませんでした。これを見抜いたアメリカは、一定の距離を保ったまま射距離が長い新式武器で攻撃しました。客観的には比較にならない戦闘でした。

しかし、朝鮮軍は砲弾を撃ち、弾がなくなると刀や槍で戦って、それさえ折れてしまうと石や土を投げ、さらには素手で戦いながらも1人も後退する者はいなかったそうです。悲痛にも朝鮮軍は全員殉国して、広城堡も陥落してしまいましたが、その過程は決して簡単ではなかったでしょう。アメリカの将校たちが「こんな狭い地域でこれほど激しい戦闘を48時間も行ったことはない」、「南北戦争でもこんなに砲火を浴びたことはない」、また「戦闘では勝ったが戦争では勝てなかった」と記録したほどでした。その後アメリカは、武力で朝鮮を占領することを放棄して帰っていきました。

熾烈だった戦闘現場を思うと、国を守るために流れた数え切れない血と

左から：徳津鎮／徳津鎮の斥和碑／南障砲台／徳津墩台

汗に感謝する気持ちになります。今も韓半島で民族間の戦争が終わっていない現実を考えるとなおさらです。

　江華平和展望台からは、北朝鮮の地を眺めることができます。民間人出入統制線の内側にありますが、この統制線は軍事施設を保護して安全を維持するために設定されたものです。なので展望台に上がるには身分証が必要ですし、軍人たちの統制に従わなければなりません。

　展望台に上がると「懐かしき金剛山」の歌碑があります。いつになれば金剛山の地を心ゆくまで訪れることができるのか、その日が早く来てほしいものです。歌碑の背後には北朝鮮が見えます。北朝鮮と最も近いところは、わずか1.6kmしか離れていません。北朝鮮とこんなに近いため、漢江に河口堰を設置することもできませんでした。河口堰は満潮の時に海水が川に逆流するのを防いでくれますが、それ自体を交通路として活用することもできます。そのおかげで干潟が作られたのです。

　目で見るとすぐにでも渡ることができそうなのに、それができない現実が悲しいですね。北朝鮮側を見てみると、家が多いのに住民の姿はほとんど見られません。ここから見える家屋は「宣伝村」と呼ばれる、カムフラージュのためのものがほとんどです。実際には人が住んでいない空き家や、いい生活をしているように見せるために偽装した家ということです。宣伝村でさえこの程度なのだから、一般の住民たちの生活はどんな状態なのかと思いやられます。

　ここに立ってみると分断の現実を真に迫って感じられます。陸地では

左：広城堡／中央：孫乭項墩台／右：龍頭墩台

左：江華平和展望台／中央：「懐かしき金剛山」歌碑／右：展望台から見た北朝鮮

　北緯38度付近を基準にした軍事境界線がありますね。そこから2km北側に北方限界線、2km南側に南方限界線と境界線がはっきりと設定されているのに対して、海にはそんな境界線が見えないですよね。もちろん海にも北方限界線があります。でも陸地の北方限界線とは異なる概念です。朝鮮戦争当時、北朝鮮は中国人民解放軍の支援を受け、韓国は国連軍の支援を受けました。中国人民解放軍の参戦で北進が出来なくなった国連軍は、西海岸を掌握して、中国が北朝鮮に物資を送るのを阻止するための作戦を広げました。手始めに喬桐島(キョドン)を占領し、多くの避難民が居住していた白翎島(ペンニョン)まで進出しました。その後、白翎島を拠点に椒島(チョ)と席島(ソク)まで掌握することになりました。

　椒島と席島は、今は北朝鮮の領域です。当時これらの島が重要だったのは、平壌から近かったからでしょう。椒島と席島を占有した国連軍は、大同江の河口まで迫っていました。あとになって西海岸の守備の重要性に気づいた北朝鮮は、さらに多くの兵力を投入し、国連軍も兵力を増強して対峙しました。そして、1953年に休戦協定が締結され、軍事境界線が設定されました。ところが、海上ではどこを境界にするかが問題になります。国連軍の司令官マーク・クラークは、軍事境界線を西海岸まで延長した仮想の線を設定して、そこより北側に位置した兵力を撤収させました。この仮想の線が海の北方限界線（NLL）になったのです。

　しかし、白翎島付近では北方限界線が、より北側にあります。北朝鮮が異議を唱えなかったのかですって？　実は北方限界線自体が、北朝鮮と協

NLL

議して設定したものではなかったのです。マーク・クラーク司令官が任意で設定して北朝鮮に知らせましたが、その時、北朝鮮は抗議しませんでした。北朝鮮の立場では、椒島と席島に駐屯していた兵士が撤収したことだけでも有益だったからです。その後、南北基本合意書に「北方境界線について規定された軍事境界線と今まで双方が管轄してきた区域に規定する」という事実を明記することによって、根拠が設けられたのです。

　何も考えずに眺めると、本当に美しくて平穏な海ですし、北朝鮮の地もきれいで平和的に見えます。今も休戦状態だということが信じられないほどです。錆びついた鉄帽に草木が芽生えて蝶が止まるように、傷で覆われた韓半島にも新しい希望が芽ぶく日がきっと来ると信じましょう。

自然と文化の宝庫

　では、世界5大干潟のひとつである江華干潟を見に行きますか？　江華島は漢江、臨津江、礼成江、この3つの川の河口が集まる地点です。江華島のシンボルマークを見ると3本の波がありますが、まさにこの3つの川を意味しています。これらの川から流入した土砂が多かった所であるうえに、島が生んだ地形と潮の満ち引きの差が大きい西海岸の特性が合わさ

左：錆びた鉄帽／右：江華のシンボルマーク（出所：江華郡庁）

って、干潟が広く発達しました。

　江華干潟でだけ味わうことのできる料理として、サッパが有名です。江華のサッパは漢江、臨津江、礼成江から流れてきた堆積物に含まれる栄養分を食べて育ちます。土砂の堆積量が多いので、サッパも美味しいものをたくさん食べて脂がのっています。特に5月から7月の間に漁獲されたサッパは、脂肪が多いので柔らかくて美味しいのです。

　韓国では、心が狭い人のことを「サッパの心」と言います。サッパはせっかちで、水から出した瞬間に体をプルプル震わせて死んでしまいます。それで気が短くて心が狭い人をそう呼ぶようになりました。このような属性のせいで傷みやすく、獲れた所から遠く離れた場所ではサッパを刺身

左：サッパ村／右：サッパ料理

で食べるのは難しいです。それで江華島がサッパを食べられる所として有名になったのです。

　サッパ村は今では厚浦港(プポ)と呼ばれていますが、江華島の人々は昔の名前である船首浦口(ソンスポグ)と呼んだりします。実は、ここは朝鮮時代まではサッパよりエビが有名だったそうです。ここで獲れるエビとサッパは王様にも献上した珍味でした。20年ほど前から、他の地方からこの入り江に働きに来た労働者たちにサッパ料理をふるまうようになったのですが、とても評判がよかったそうです。それで江華島のサッパが美味しいと噂になり始めました。

　サッパはカルシウムや鉄分が豊富で、肌にもいい食べものです。刺身、焼き物、和え物など、さまざまな調理が可能です。江華島はキムチも少し変わっています。ここではカブのキムチが一番人気なのです。江華島のほとんどの家庭では、カブにサッパの塩辛を入れて作ったキムチを食べます。このカブキムチとサッパ料理を一緒に食べれば、もうこの上ないほどの美味しさです。

　美味しいものを食べたので、次は江華ナドゥルキル第7コースに沿って

第2部　仁川　江華　坡州　南楊州

カブ

ヨーロッパが原産地のカブは、中国を通じて韓国に伝わってきましたが、現在の韓国では江華島でだけ栽培されています。江華島の多くの地域が干潟を干拓した土地なので、プランクトンのような微生物が豊富で栄養分が多いのです。さらに海風による涼しい気候と、塩分のある土壌のおかげで、美味しい江華カブが栽培できるのです。実際に他の地域で栽培を始めたのですが、カブ特有のやや苦みのある味や紫色が抜けてしまい、失敗したそうです。『東医宝鑑』によれば、カブは五臓によく、肝機能を増進させ、目にもよくて、二日酔いや肥満の解消、患者の栄養補給にもいいそうです。「畑の化粧品」と呼ばれるほど肌にもいい食べものだそうです。

干潟センターに行ってみましょうか。

干潟センターに入ると3つのオブジェがあるのですが、それはクロツラヘラサギです。江華島を象徴する鳥であり、世界的な絶滅危惧種でもあります。名前が独特でしょ？ ヘラのようなくちばしで餌を食べる姿から、そう名付けられたそうです。

絶滅危惧種の鳥が、なぜ江華島の干潟にいるのでしょう？ 江華島の干潟は、アラスカやシベリアのような寒い地域で繁殖した渡り鳥が、日本やオーストラリア、ニュージーランドなどに移動する途中で休む場所です。江華島南部の干潟だけでも、汝矣島(ヨイド)の面積の50倍を超える広さです。こんなに広い干潟のおかげで、鳥たちは豊富な餌を得ることができるのです。さらに、江華島には民間人統制区域が多く、人々の出入りが少なかったため、鳥たちの生息地がしっかり保護されました。

干潟の価値はこのように限りなくあります。海水を浄化してくれますし、さまざまな海洋生物が生息できる場所を提供してくれます。渡り鳥の休憩所にもなってくれるほどですから。

干潟センターは、干潟をしっかり眺めることができる場所に建てられているので、望遠鏡で干潟を見下ろすこともできます。もちろん、もっとよく見る方法は、探訪路を歩いて干潟に直接足を踏み入れることです。干潟がどんなに広いか、終わりが見えないでしょう。クロツラヘラサギだけで

左：クロツラヘラサギのオブジェ／中央：江華干潟センター／右：摩尼山の日の出

なく、いろいろな生物にも会うことができます。

　韓国の干潟は干拓されてしまった所が多く、このように開発されていない干潟を見られる場所はあまり多くはありません。しかし最近では、干潟の重要性に対する認識が高くなったので、江華干潟はこれからもずっと今の姿で残るだろうと思います。

　干潟を満喫したら、東幕海岸の日の入りを見に行きましょうか。少し急がなければなりません。江華ナドゥルキルは、夏期は午後6時、冬期は午後5時までしか利用を勧奨していません。日の入り後は通れなくなる道もあります。

　江華島の多くの海岸の中でも、東幕海岸は強くおすすめする海岸です。水が引くと4kmも続く干潟と砂浜が現れて、その砂浜の向こうの森には緑豊かな松の木が生い茂っています。干潟には潮路があって、この潮路に沿って海水が満ちたり引いたりします。東幕海岸では満潮時には海水浴を楽しむことができ、干潮時には巻貝やカニなどいろいろな生物を見ることができます。でも獲ってはいけません。獲ることを許可し始めたら、いつか干潟はどんな生物も存在しない荒廃した場所へと変わってしまいますから。

　日の入りは驚くほど美しいです。ソウルから見て最も東側の正東津(チョンドンジン)から昇った日が、ここ正西津(チョンソジン)、江華島に沈むのはなんだか不思議です。長(チャン)

第2部　仁川　江華　坡州　南楊州

東幕海岸の夕暮れ

111

東幕海岸

　花里落照村の夕暮れもきれいですが、東幕海岸の夕焼けも、それはそれは壮観です。

　江華島で日の出を見るのに一番おすすめの場所は摩尼山です。摩尼山は漢拏山(ハルラサン)と白頭山(ペクトゥサン)の中間に位置する山です。地図上でも中間です。摩尼山はモリサン、摩利山(マリサン)、マルサン、頭嶽山(ドゥアクサン)とも呼ばれています。すべて「頭」という意味を持っています。江華島で最も高い頭だからです。

　頭にしてはそれほど高く感じませんか？　その通りです。実際、摩尼山の高さは470ｍほどです。しかし、島のほとんどに干拓した平野が広がっているため、土地が低く平らな江華島では摩尼山が一番高い位置だというわけです。

　元日には正東津に劣らず、正西津の摩尼山が混雑します。人々は寒さに耐えながらでも十分見る価値がある日の出を拝むことができます。

　摩尼山には、檀君(ダンクン)が天に祭祀を行った塹城檀(チャムソンダン)があります。『高麗史』と『世宗実録地理志(セジョン)』にその内容が書かれています。1717年、江華留守の崔錫恒(チェソクヒャン)が傾いた岩に刻んだ「塹城檀重修碑」にも登場します。塹城檀は韓半島で最も古い檀君の遺跡であり、韓国の他の地域では見ることのできない遺跡です。基底部は天を象徴する円形に石を丸く積み、祭祀を行う壇は地を象徴する四角形に積みました。東洋の伝統的な世界観を込めたのです。天は丸く地は四角い「天円地方」を表現したのです。毎年ここで秋の開天大祭を開き、七仙女を再現して全国体育大会の聖火の採火をしています。

「気を受ける階段」もあります。実際に風水地理学者たちの間で、摩尼山は最も気が強い場所として有名だそうです。摩尼山を訪れる人の中には、ここの気を受けるために定期的に立ち寄る人もいるようです。気を受けながら摩尼山に登ると、江華島の大地をすべて見下ろすことができます。展望台は必要ありません。

　江華島を眺めてみると、島の村でありながら田んぼや畑がたくさんあることがわかります。干拓してできた土地に計画的に造成された耕地が多いからです。農業用水を確保するために作った貯水池もあちこちにあります。そのため島にもかかわらず「江華島米」のような特産物があるほど、農業が盛んなのです。「江華の中が黄色いさつまいも」も有名です。こうして栽培された作物は、五日市場で買うことができます。

　市場に行ってみましょう。江華五日市場は、江華島で一番大きな五日市場です。育てた農作物を直接持ってきた農家、山や野原で採った山菜や花を持ってきたおばあさんたち、獲った魚を持ってきた漁師たちで市場は活気に満ちています。江華島だけでなく、近くの仁川やソウルはもちろん、全国からも市場に買い物に来るそうです。カブもありますし、カブキムチや朝鮮人参マッコリも売っています。物によっては定期市場ではなく常設市場で買うこともできます。例えば、朝鮮人参は五日市場のすぐ隣にある江華人参センターで、花ござは江華風物市場で買えます。

第2部　仁川　江華　坡州　南楊州

左：摩尼山塹城檀／中央：塹城檀重修碑／右：開天大祭

左：江華五日市場／右：江華人参センター

　お互いの商売に差し支えないのかって？　元々は五日市場が唯一、江華郡民が品物を売り買いできる市場でした。昔は今のように交通の便がよくなかったので、買い物に行く距離も短かったのですが、人口が少なくてみんなの所得も少なかったため、商人たちは赤字にならないために、もっと遠くまで商品を売りに行かなければなりませんでした。だから5日周期で他の地域を回って商品を売る定期市場を誕生させたのです。でも今は交通環境も発達して、人々が遠くまで移動できるようになり、また人口が増えて所得も上がったので、商人たちはもっと狭い範囲で商売をしても利益が出るようになりました。それでほとんどの定期市場が常設市場に変わったのです。

　江華島でもこうした江華風物市場ができました。しかし郡民と観光客に、江華郡民が直接作った特産物を安く提供できるように、五日市場も変わらず運営しています。五日市場を通じて都市と農村がもっと多くの交流ができるという長所もあります。江華の五日市場は江華市場［日付の末尾に2と7の付く日］が最も規模が大きいですが、吉祥(キルサン)公設市場［日付の末尾に4と9の付く日］や華道(ファド)市場［日付の末尾に1と6の付く日］のような別の五日市場もあります。

　江華島を巡っていると、たくさんの博物館が現れます。花紋席(ファムンソク)文化館、戦争博物館、歴史博物館、農耕博物館などなど。しかし博物館じゃなく

左：江華風物市場／右：江華の田畑

ても、江華島自体が本当に「屋根のない博物館」です。五日市場は商業博物館、風物市場は特産物博物館みたいですし、ユネスコ文化遺産に指定された支石墓は青銅器時代の博物館で、檀君が祭祀を行った塹城檀がある摩尼山は古朝鮮時代の博物館。さらに高麗宮址と数多くの墩台をはじめとする高麗時代と朝鮮時代の遺跡も、それ自体が歴史博物館や戦争博物館なのです。江華の海岸を囲む干潟は、言うまでもなく自然史博物館です。江華島は本当に見るもの、食べるもの、学ぶものが豊富な素晴らしいところです。

江華支石墓

坡州

平和と芸術の共存

「DMZ平和コンサート」に行ったことがありますか？ 坡州市と
MBC［韓国の地上波テレビ・ラジオ放送局］の後援で開催されるコンサート
なのですが、クラシックやK-POPのトップアーティストが参加し
ます。コンサートの名称に「DMZ」や「平和」という言葉が入っ
ているのを見るだけで、意味のあるものだとわかりますね？ 平和
コンサートは韓半島と世界の平和を祈って、非武装地帯（DMZ）を広
く知ってもらうために2011年から光復節に際して開催しています。
コンサートが開かれるのが分断の場所である臨津閣なのも意味深
いですね。臨津閣が分断の象徴から和合の象徴になるというわけ
です。このように韓国の最北端のひとつである坡州は、平和と共存
を図る都市なのです。

　しかし、それだけではありません。新しい都市の景観を模索して
作られたテーマ都市の一面も持っています。出版と芸術のために
造成された空間が多くの観光客を呼び集めています。さあ、分断の
現場で平和を歌って、出版都市と芸術村を通じて文化都市へと乗り
出す坡州の姿を見てみましょうか？

分断の象徴から和合の象徴へ

　臨津閣は以前、単純な3階建ての建物だったことがありました。しかし今は現代的な建物へ装いを新たにしました。臨津閣の展望台に上がってみると、広く北朝鮮の地が見えます。ここから7km離れた所に軍事境界線があり、その向こうからは北朝鮮になります。自由の橋の向こうに行くには、観光申請をして身分証を確認してもらわなくてはなりません。それで、ここ臨津閣が民間人が制約なく自由に来ることができる、韓国最北端の地点というわけなのです。

　だから失郷民がここ臨津閣に来て、北朝鮮の地を見つめながら失郷と離散の苦しみを慰めるのです。ここにある望拝壇で北朝鮮に置いてきた家族や知人たちを思い、旧正月には年始祭、秋夕（旧盆）には望郷祭を行っています。そんな人々のことを思うと、臨津閣をただの観光施設と考えることはできませんね。

　川のそばを歩いていくと、今にも崩壊しそうな汽車が置いてあります。かつて京義線を走っていた汽車です。朝鮮戦争当時、軍需物資を運ぶた

左：臨津閣／右：都羅山駅

めに開城(ケソン)駅から平壌駅に向かって走っていたのですが、中国人民解放軍の砲撃を受けて引き返し、黄海道の長淵(チャンダン)駅で停車したそうです。それをこの場所に移して2009年から展示しています。

　汽車に目を凝らすと、銃弾の痕が見えます。なんと1020個の弾痕が残っているそうです。車輪も破損しています。その日の凄惨な現場を実感できるほど、生々しい姿です。辛い歴史の証拠として保存するため、2004年に国家登録文化財第78号に指定されました。

　その前に自由の橋が見えるでしょう？1953年、朝鮮戦争の捕虜1万2773名が、自由を求めて歩いて帰還したことから名づけられました。この橋が今は塞がっているのがとても切なくなります。失郷民や訪問客が南北統一を祈るメッセージを書いたリボンがたくさんぶら下がっています。ここにいると粛然とした気持ちになります。

　DMZを見るなら、観光案内所に行って「DMZ安保観光」の申請をしましょう。北朝鮮をもう少し近くで見ることができます。チケットを買ってシャトルバスに乗ればOK。最初に見ることができるのは都羅山(トラサン)駅です。ソウルと北朝鮮の新義州(シンイジュ)を繋ぐ京義線の駅の中で、韓国で降りることのできる最後の駅です。2000年に始まった京義線の復元事業の一環として、臨津江(イムジンガン)駅まで、4kmの区間を連結する工事が2002年2月上旬に完了しました。駅の名前は近くの都羅山から引用しました。

左：砲弾痕が残った汽車／中央：自由の橋／右：統一祈願のメッセージ

左：第3トンネル観覧入口／右：都羅展望台から見た北朝鮮

　こんな言葉が書かれています。「南側の最後の駅ではなく北側に行く最初の駅です」。乗り場には平壌方面と書いてあります。汽車がここで行き止まることなく走り続ける日が早く来るといいですね。
　次は第3トンネルを見に行きましょう。1978年に発見されたトンネルです。幅と高さはそれぞれ2ｍ、全長1635ｍです。分断の生々しい現実を感じられる場所のひとつです。モノレールに乗って行くことができますし、歩いて行けるコースもあります。歩いて行くには進入路の傾斜がかなりきついため、上がっていくのは少し大変です。進入路を上がっていくと、そこから北朝鮮が掘った横穴が始まります。
　都羅展望台に行くと、北朝鮮の地を目の前に見ることができます。集落も見えますし田畑も見えます。開城工業団地も見えます。ところで、よく見ると太極旗［韓国の国旗］がなびいている所もありますし、北朝鮮側で北朝鮮の国旗がはためいている場所もあります。非武装地帯にある韓国側の台城洞村（テソンドン）と、北朝鮮側にある機井洞村（キジョンドン）です。
　台城洞村は韓国で唯一、非武装地帯内にある特殊な村です。1953年に朝鮮戦争休戦協定を締結する際、「南北の非武装地帯にひとつずつ村を置く」と規定されたため、北朝鮮には機井洞村、韓国には台城洞村が残りました。休戦当時、村［行政区域上、坡州市郡内面造山里（グンネ・チョサン）］に住所を有する人の直系の家族だけが居住できました。息子の妻は住民になれましたが、結婚し

120

た娘は住むことができませんでした。この村は「自由の村」と呼ばれますが、税金は免除されて、男性は軍隊に行きません。居住権の審査が面倒なので、60年前も今も住民の数に大きな変化はないようです。

　展望台には外国人観光客もたくさん訪れます。彼らから見たら、世界で唯一の民族分断の場なので、不思議に思うこともあるでしょう。観光客もその歴史的な意味を理解してから見れば胸が苦しくなるほどですから、失郷民にとってはどれほど意味がある場所でしょうか。できるだけ早く統一されて、国家がひとつになってほしいです。もっと多くの人がそんな望みを抱くようにと、ここを観光地にしたのでしょう。

　都羅展望台は、1986年に国防部［韓国の部は日本の省に相当］が3億ウォンの費用を投じて設置した統一安保観光地でもあります。ここを訪れる人々に、すぐ目の前に広がっているのに行くことができない北朝鮮の地に一日も早く足を踏み入れたい、という気持ちを理解してもらえるでしょう。実際に展望台から北朝鮮を眺めてみると、統一に対する真摯な気持ちををさらに持つようになります。

　そろそろ統一村に行ってみましょう。またの名を長湍豆村（チャンダンコン）ともいいます。長湍豆は坡州で栽培している有名な大豆です。坡州市の長湍地域で生産された大豆は品質がよく、昔から名声が高かったそうです。その名声を取り戻そうと、統一村入居と同時に100万㎡の栽培面積を確保して大豆

左：非武装地帯の村／右：長湍豆村

農業を営むようにしました。

　統一村は1970年代初め、民間人出入統制線の北方地域開発の一環で造成された村です。現在125世帯466名が居住していて、大豆農業や伝統醤類の加工施設を運営しながら暮らしています。1年の長湍豆収穫量が70kg単位で1500叺(かます)になるそうです。村の入り口に農産物直売所もあります。

　残念ながら村の中には入ることができません。ただし、季節に合わせて体験プログラムを行っているので、事前に申請すればその時に村での体験が可能です。春には醤作り祭り、夏には農村体験祭り、毎年11月の大豆の収穫時期には臨津閣広場で坡州長湍豆祭りを3日間開催します。味噌玉こうじ作りや豆の脱穀を経験できて、文化芸術公演も観覧できます。

　民間人出入統制区域に統一村のような集落がたくさん作られたら、それだけで分断の状況が緩和されたと感じることができますし、村を訪問して非武装地帯の清らかな自然を観賞することもできるでしょう。南北統一後のこの地域の未来を考えることもできますね。存在そのものが十分な意味となるでしょう。

　これでDMZ安保観光も終わりです。しかし、臨津閣にはまだ見どころが残っています。建物がピラミッドの形をした京畿平和センターもそのひとつです。ここは国際社会に平和のメッセージを伝え、その重要性を知らせる教育の場として活用されています。さまざまな展示や教育プログ

左：京畿平和センター／中央：「統一を呼ぶ」／右：風の丘

ラムが行われるほか、平和の鐘もあります。人類の平和と民族統一を願う900万の京畿道民の意志を込めて作ったそうです。21世紀を象徴するため、21トンの重さで作りました。あちこちで「平和と統一」の話題が繰り返されていますね。

　臨津閣の隣の平和ヌリ公園には、巨大なオブジェがあります。「統一を呼ぶ」という作品です。2007年に美術家のチェ・ピョンゴンが竹と鉄筋を使って作りました。広い庭園にそびえ立つ姿がとても異色的です。材料も独特ですね。統一に向かって、静かだけど強烈な訴えを表現しているみたいじゃないですか？

　公園内には数え切れないほどの風車が回っています。風の丘だそうです。分断された地を自由に往来する風の歌を表現しています。風は南北を自由に行き来できるので、ここは失郷民の切実な希望と願いが込められた場所といえます。他に統一祈願石の地もあります。

　平和と統一というテーマでこんなに素敵な公園が造られたなんて、特別でもあり、興味深くもありますね。分断の現場で統一を思い、葛藤の現場で平和を思う機会を提供する場所、それがまさに坡州の臨津閣です。

新しい都市観光を模索する

　坡州には創業100年になる印刷所があることをご存じですか？ 1912年に設立された寶晉齋です。元々はソウルの鍾路1街にありましたが、現在は坡州に移転しています。近代史博物館のような所で見ることができる昔の小学生用教科書をここで印刷したそうです。この歴史的な印刷所が位置するこの場所が、坡州出版都市です。

　坡州出版都市は、坡州市文発洞一帯に造成された出版関連会社が集まる空間です。劣悪な環境の出版文化事業を改善するために、出版人たちが協同組合の「出版都市入居企業協議会」を作って、出版・印刷・流通が一度

に完結する出版都市を企画しました。本を企画して製作する出版社、印刷をする印刷所、用紙を供給する紙納入業者、流通を担う物流流通業者がみんな集まる場所になったのです。

　こうして集まっていると、近い場所で必要な施設を利用できて便利ですし、流通も一緒にできるので物流費用も節約できます。いわゆる集積の利益を生んだのです。しかし、単純に集積の利益だけを追求したわけではありません。直接行ってみるとわかりますが、街がとにかくきれいで快適なのです。建物も独特ですし、樹木も多くてよく手入れされています。

　坡州出版都市は、インターネットと電子書籍の登場によって紙の本の存在が脅威にさらされて衰退していった韓国内の出版関連事業をよみがえらせる趣旨で、出版産業の関係者たちが企画した産業空間なのです。さらに一歩踏み込んで、自然と呼吸する環境にやさしく美しい文化空間として、建築美の優れた芸術的な都市を造成する目的で集まりました。

　ソウル大学環境大学院の黃琪源(ファン・ギ・ウォン)教授チームが全体的なデザインを設計し、韓国の著名な建築家たちとイギリスの建築家が一緒に出版都市建築の指針を作成することになりました。その指針に沿って街をセクターで分け、緻密な計画を立ててから細部の環境を作るようにしました。緻密に趣向を凝らした空間というわけです。

　坡州出版都市の中心にはアジア出版文化情報センターがありますし、ゲ

左：寶晉齋／右：坡州出版都市

坡州出版都市の通りと建物

ストハウスもあります。「知恵の森」という図書館兼ブックカフェがありますが、ここは映画にでも出てきそうな素敵な図書館です。天井まで本棚で埋まっている光景は本当に魅力的です。寄贈された本もたくさんありますし、自由に本を読める空間もあります。お茶を飲みながら読書する家族の姿もたびたび見かけました。こんな空間が無料で提供されているので、他に特別な施設は必要ないと思われるほどです。

　広印社通りを歩いてみましょうか？　お寺の名前とよく誤解される〔寺は韓国語でサと読む〕のですが、1884年に建てられた韓国初の近代的出版社である広印社を記念して付けられた名称です。この通りに悦話堂、ハンギ

左：出版都市案内図／右：知恵の森

第2部　仁川　江華　坡州　南楊州

125

左：ポリ出版パーク／右：ミメシスアートミュージアム

　ル社、サルリム、国民書館など40余の出版社が集まっています。韓国最大の書店である教保文庫の本社もこの通りにあります。
　最近は出版社も単純に本を制作するだけでなく、読者のための文化憩いの場を用意するようになりました。図書館やブックカフェ、書店、児童書コーナー、体験空間などを建物の1階や地下に作って、読者たちが気軽に利用できるようにしました。特にポリ出版社が作った「ポリ出版パーク」や、出版社のヨルリンチェクドゥルが作った「ミメシスアートミュージアム」は訪問客に人気があります。
　出版都市をぶらぶら歩いてみると、文字が印刷される様子を表現した独特な造形物を見ることができます。造形物が置かれているのは活版工房です。とても意味のある場所です。デジタル印刷方式に押されて消えていきつつある活版印刷技術を保存するために、パク・ソンス代表個人の努力で作られた印刷所です。パク代表が10年余りの間、韓国全国を探し回って活版印刷機を買い集め、現役から退いた人々を連れてきて昔の方式で本を刷っています。古くなったものを保存しようとする努力と使命感をうかがうことができる場所です。素敵な詩を集めて本を編んで売っています。活版印刷技術を知ってもらうために、いろいろな体験プログラムも用意されていますし、活字を販売してもいます。自分の名前の活字を購入していく人も多いようです。

寶晉齋

寶晉齋は1912年8月15日、ソウル鍾路1街で初めて印刷を始めた韓国最古の印刷所です。会社の名称を維持したまま100年余り営業してきました。創業者の 金晉桓 氏のひ孫である 金 正善 氏が4代目として家業を守っています。坡州出版都市入居第1号企業だそうです。寶晉齋は1930年代にクリスマスシールを韓国で初めて印刷し、1950〜60年代にはチョルスとヨンヒ、パドゥギが登場した小学校の教科書を印刷したりもしました。特に薄い紙を使用する聖書印刷には独歩的な技術を持っていて、一時は全世界の聖書の30%を印刷していました。

　毎年10月には「坡州ブックソリ」が、5月には「坡州こどもの本まつり」が開かれるので、ぜひ訪れてみてください。

　次はヘイリ芸術村に行ってみようと思います。名称そのまま、芸術家たちが集まって暮らす村です。入るとすぐに見えてくる建物の外観で、芸術村に来たと感じられます。映画『ジョーズ』のサメがぶら下がっている建物もありますし、カフェ一つひとつも芸術的なデザインになっています。

　ヘイリ芸術村は美術家、音楽家、作家、建築家など380名余りの芸術家たちが会員として、家やアトリエ、美術館、博物館、ギャラリー、イベン

活版工房

左：ヘイリ芸術村の世界鉱物宝石博物館／右：TIME & BLADE博物館

トホールなど文化芸術空間を作り上げています。独特な博物館もたくさんあります。世界の鉱物宝石博物館、おもちゃ博物館、時計や剣や刀を展示するTIME&BLADE博物館などなど。TIME&BLADE博物館には100年以上の歴史がある時計や、世界各地の古い刀剣を展示しています。

　韓国らしい博物館もあります。韓香林甕器博物館（ハンヒャンニム）や装身具博物館などが代表的です。技能伝承者の家、と標示されていたりもします。小さな美術館やギャラリーも簡単に見つけることができるでしょう。純粋な気持ちで散歩してみれば、どこでも美術作品を鑑賞できるロマンティックな空間です。

　展示場とカフェを一緒に運営しているところも多いです。芸術と憩いの出会いを目指す、そう見ることもできますね。カフェの1階には美術品

左：展示場とカフェが併設された建物／中央：ヘイリ芸術村の低層建物／右：三姉妹ハウス

を、2階にはレコードを展示している店もありますし、地下には現代陶磁美術館が、地上にはカフェがある所もあります。

なによりヘイリ芸術村は、建物自体がひとつの芸術作品です。ここは地上3階以上の建物の建設は禁止で、ペンキも使ってはいけません。自然と調和するように設計した結果、建物の形や材料も多様化して色とりどりの建築物が個性的に出来上がったのです。一般住居用の建物も同じです。例えば、三姉妹ハウスという住居用建物も印象的な外観を見せています。

通りも同様です。緑とひとつになった通りが気持ちを楽にしてくれて、ひたすら歩きたくなります。いろんなフェスティバルも開かれます。5月にはPAN ARTフェスティバルも開かれました。多彩な公演やアート一日市場、写真家の展示会も開かれるなどさまざまなイベントが行われました。

ヘイリとはどういう意味でしょうか？　欧米の言葉のように聞こえますが、実はヘイリは純粋な韓国語です。坡州地域で伝わってきた伝来農謡［ヘイリの歌］が由来です。ここは新しい建物と芸術的な雰囲気に沿って歩くだけでも十分楽しめますが、文化芸術が生成され展示される場所でありながら居住もできる、統合的な概念の共同体だという点でも大きな意味があります。芸術家たちが集まって、志を同じくする会員を募って土地を共同で買い入れ、夢を現実にしたのです。その結果、観光客が絶えず訪問して口コミで広がり、2009年には韓国内で3番目、京畿道では初めて文化地区に指定されました。

残念な点がないわけではありません。道端に停められた車が多く、車通りも多いので歩きにくい面もありますし、カフェやレストランが異色的なせいか、少し料金が高い傾向にあります。コンビニがないので不便でもあります。村がさらに発展するために前向きな解決策を模索しなければならない部分です。

坡州という都市は、現代史の悲劇を有する所ですが、それを超越して平和と芸術が共存する文化都市に成長してきました。知れば知るほど魅力あふれる都市です。今後がさらに期待できる都市でもあります。

南楊州
自転車で旅を

　最近、環境にやさしいうえに健康にも良いサイクリングがひとつの文化になっています。地下鉄の駅にも「自転車持ち込み乗車案内」の看板がある所がたまにありますよね。週末だけでなく平日も自転車を活用する人が増えているということでしょう。特に自転車利用者が多い京春線、中央線、京義線、水仁線などは毎日自転車を持ち込むことができます。ただし、平日の出退勤時間帯は混雑するので制限されています。

　運動と旅行を同時に楽しむことができるサイクリングは、趣味としても引けを取りません。初心者にも負担の少ないコースとして、八堂駅から両水駅まで行くコースをおすすめします。中央線の電車に乗って八堂駅で会い、一緒にサイクリングをします。この章では、自転車の列についていきながら、八堂から両水まで首都圏を旅してみようと思います。準備はできましたか？　出発の前に安全ルールをよく読んで、安全のための装備も絶対忘れては駄目ですよ。

❶ 徳沼駅
❷ 八堂駅
❸ 南楊州市立博物館
　（旧南楊州歴史博物館）
❹ ポンアントンネル
❺ 陵内里蓮華村
❻ 陵内駅
❼ 実学博物館
❽ 茶山遺跡地
❾ 茶山生態公園
❿ 八堂湖
⓫ 両水里環境生態公園
⓬ 両水駅
⓭ 洗美苑
⓮ 二水頭

南漢江サイクリングロードと
スローシティ鳥安

　さあ、八堂駅の近くの南楊州市立博物館から両水駅近くの洗美苑と二水頭まで走ってみましょう。その前に中央線の八堂駅ではなく徳沼駅で降りて、漢江サイクリングロードを30分ほど自転車で走って八堂駅までやって来ました。実際に自転車で走ってみると、この道の細かな配慮が感じられます。行き来する自転車と散歩を楽しむ歩行者が衝突しないように、自転車用車道と歩道がしっかり分けられていますし、それを守るよう案内するプラカードをあちこちで見かけます。自転車が生活の中の文化として定着しないといけませんからね。

　いろんな所で安全に関する看板を見かけます。集中豪雨の時、漢江の水が増すと危険かもしれません。集中豪雨だけでなく、降雪や強風などの気候悪化時にも通行禁止になることが看板に書いてあります。道路幅が狭くなる場所もあらかじめ教えてくれています。

　まずは安全に自転車に乗ることが最も重要ですが、もし事故が発生したら、助けを求めるのに事故現場がどこか伝えなければなりませんね。そのために現在位置がわかるように、あちこちに経緯度が標示されている小さな看板があります。また、ところどころにある休憩所の近くには、黄色の

漢江サイクリングロード

132

119救急箱が備えてあります。スマートフォンを持っていればGPSアプリを利用する方法もありますね。

　なにより、漢江沿いを走ってみると、自然を最大限に感じることができるように道が作られていることに気づきます。少し遠くを眺めてみると、木々の先に鳥が止まっているのが見えるのですが、実はこれは街灯のオブジェなのです。南楊州市を代表するキタタキです。自然に馴染むように目立たない色で作られました。周りのソッテ［木や石でできた長い棒の先に鳥の造形物がついたもの］やかかしも自然を邪魔しない大きさや色をしています。木の下のベンチも、その数は多すぎることもなく、自然色で作られています。標示板一つひとつも木材の色を活かして、自然と調和するように細心の配慮が感じられます。ある標示板は、はじめから透明に作られていて、漢江を眺めながら自然を感じる際に妨げにならないようデザインされています。

　行政的な規制もありますが、まず第一に「美しく住みやすい」空間を作ろうと努力した人たちがいたから実現したことです。南楊州市では2007年、市庁の職員たちの間で自発的に都市イメージ学習サークルが作られたそうです。その年の9月、都市計画課内で都市イメージチームが組織され、活動が盛んに繰り広げられました。そのため短期的な箱物行政のための派手なデザインではなく、地味ながらも自然と調和するデザインをサイクリングロードのあちこちで見ることができるようになりました。空間を眺める人たちの哲学が重要だということを改めて感じます。

漢江サイクリングロード

左：漢江サイクリングロード／中央：茶山道／右：廃鉄橋で作ったサイクリングロード

　おかげで、みんながこの道でたくさんのことを楽しめるようになりました。自転車だけでなくパラグライダーのようなスポーツも楽しめ、川沿いを歩きながら会話を楽しんだり、思索に耽ったりもできます。都心の眩しいライトの代わりに、ほのかな照明の光を感じることができます。どんな豪華な装飾よりも、漢江、その美しさが輝く場所です。

　南漢江のサイクリングロードには、目を凝らすと見えてくるデザインの要素がたくさんあります。八堂ダムの近くの擁壁に刻まれた、多くの恋人たちの愛の落書きは、それ自体が自然で情感あふれるデザインとなっています。過去に電車が走っていた鉄路の上をアスファルトで覆ってサイクリングロードを作ったのですが、一部区間は鉄路を残したり、フェンスの外に昔の構造物をそのまま置いてあるのが印象的でもあります。走る自転車の隣に安全な鉄製のフェンスが続き、ある瞬間、自然に城郭の形のフェンスに変わります。ここが茶山［茶山は号］丁若鏞の歴史を宿す茶山道とわかるようにしてあるのです。漢江が流れる自然の景観を損ねることなく、価値のある面白さを与えるデザインです。

　八堂駅のすぐ隣には、南楊州市立博物館があります。昔ここは徳沼小学校八堂分校でしたが、廃校になって市立博物館になりました。1階の歴史文化館は「南楊州に入ると」というコーナーで始まります。青い地図の上に、南楊州市が保有する文化遺跡が表示されています。代表的な場所の

ひとつが茶山遺跡地です。のちほど立ち寄ってみようと思います。

南楊州は漢江へ続く漢陽(ハニャン)の東側の関門のため、昔から王室で大切にされてきた地域です。光陵(クァンヌン)や洪裕陵(ホンユルン)など、朝鮮王陵の多くが分布していて、王室の葬礼文化を垣間見ることができます。この博物館には韓国唯一の金石文専用展示室があります。鉄や青銅、石などに刻まれた金石文を通して、当時の人々の生活ぶりや考えを知ることができるのです。さまざまな体験学習も可能で、拓本の原理を直接理解して、写真を撮りながら文化遺跡を自ら感じることができます。そのうえ、なんと市民たちがなんの補償もなく大切な遺物を寄贈したそうです。地域を大事に思う市民たちの気持ちと責任感のおかげで、個人の所蔵品がみんなの宝物になりました。

階段の壁には「南楊州の鉄道」写真が展示されています。1939年から運営された小さな鉄道駅舎が、2000年代の中央線複線化により、閉鎖されたり撤去される運命となったのは少し残念です。その鉄道が運んでいた数多くの人々や物資があったはずですし、その道の上に無数の物語が詰まっていたのですから。

現在の中央線ではなく、漢江沿いに通っている線路沿いに走ってみることにしましょう。この線路に沿って南漢江サイクリングロードが通っていて、漢江ナルギル、二水頭キルといいます。走ってみると双竜(サンヨン)セメントの工場が見えてきました。そのためサイクリングロードと中央線が並走する区間では、たまにセメントを運ぶ長い貨物列車を目撃することがあり

南楊州市立博物館

左:セメント貨物列車／右:ポンアントンネル

ます。

　サイクリングロードの中でも、茶山丁若鏞の実学思想が宿る茶山道が有名です。眺めのいいポイントに休憩所を設けて、ゆっくり風景を楽しめるようにしてあります。少し休みながら八堂ダム周辺の景観を見渡すことができます。

　もう少し進むと1つ目のトンネルが現れます。このトンネルは長さ260mに及ぶポンアントンネルです。トンネルの入り口に書かれているように、ここが「スローシティ鳥安(チョアン)」です。

　スローシティ運動は、1999年にイタリアの小さな都市から始まりました。市長が街の人々と一緒にスローフードを食べてのんびり暮らそうと提案して、チッタスロー[Citta Slow　イタリア語でスローシティの意]がスタートしました。慌ただしく生活する現代人にスローの美学を味わわせて、農村と都市、ローカルとグローバル、アナログとデジタルが共存する生き方を追求する運動です。スローシティ運動は2015年現在、27か国174都市に広がり、韓国でも10都市が参加しています。

　その中のひとつが、ここ南楊州市の鳥安面です。「鳥安」という地名は「鳥が安らかに宿る」という意味です。それほど自然が静穏で美しいので、首都圏初のスローシティとなることができたのでしょう。特に蓮華村で知られる鳥安面陵内(ヌンネ)1里は、スローシティの真価を具現化しています。実学の大家、丁若鏞の故郷らしく実事求是の精神で蓮を植え、さらに雇用も

創出したため住民の所得も増えました。蓮の葉でいっぱいの静かな自然豊かな村、それ自体が落ち着きを与えてくれます。

　陵内駅は思い出の無人駅になりました。2008年、中央線の複線路線で雲吉山駅(ウンギルサン)が新設されたために廃駅になったのです。しかし、陵内駅舎は100m余りの廃線路とともに保存され、思い出の地域名所になりました。陵内駅舎の内外を飾る昔の写真が、多くの人々に懐かしい姿を思い出させてくれます。

　茶山の故郷に来たのですから、茶山道を通って実学博物館にも行ってみましょう。実学博物館は「茶山文化の道」にあります。解説員もいるので説明が必要な時は助かるでしょう。2階の展示室では、韓国実学の形成と展開過程を紹介しています。第3展示室は「天文と地理」がテーマなので、地理教師の私としてはとても興味深い空間です。

　朝鮮時代後期、実学の影響で地理分野にも大きな発展がありました。特に西洋の世界地図が伝わってきて、科学的な地図製作が可能になり、金正浩(キム・ジョンホ)の「大東輿地図」のような立派な地図が誕生しました。茶山丁若鏞は経世致用学派、利用厚生学派、実事求是学派の3つの思想を統合して実学を集大成した学者です。水原華城築造に使用した挙重機を作り、さまざまな著述活動もした彼は、学者というより改革者に近いでしょう。実学者のほとんどがそうでした。彼らは農民が不自由なく暮らせるようにと、個

第2部　仁川　江華　坡州　南楊州

左：蓮華村とカフェ／右：陵内駅舎に飾られた昔の写真

茶山丁若鏞遺跡地

人の官位や学問への欲も捨てて、制度と価値の改革に邁進したのです。

　茶山丁若鏞遺跡地に入ると、右側に生家の與猶堂があり、後ろには茶山丁若鏞先生の墓、左には茶山記念館と銅像があります。ここに来ると、実学者たちの世の中に対する関心と愛情、批判的思考と情熱がどんなに凄まじかったことかを改めて実感することができます。後世の人が実学者の精神を記憶にとどめることには、どんな意味があるでしょう？　常に問い返す必要があります。

漢江水系の生態学習場　洗美苑と二水頭

　茶山生態公園も見逃すことができない場所です。漢江整備事業と八堂水質改善事業によって、漢江沿いに生態公園を造ったのです。サイクリングロードを走っていると、本流と支流が出合う所を何度か見ることができます。上水道管が埋設された場所も標示されていますし、漢江の水を取水する施設や、首都圏の人々に生活用水を供給する八堂ダムも見えます。八堂ダム周辺の漢江流域は、法的に保護されている上水源保護区域です。

　だから漢江沿いのここも、環境汚染を最小化できる生態公園として整備

したのです。環境教育体験場でもあり、素晴らしい憩い空間でもあります。河川の周りは、いろんな種類の水生植物や動物が集まって生息する生態空間で、水辺区域といいます。時々川が氾濫して水に浸かったり、河川に影響を受ける地域も水辺区域といえます。植物がよく育つ水辺区域は、水質保全、洪水調節、地下水保護、野生動物の生息地と移動通路の役割など、さまざまな機能を担っています。韓国でも1990年から漢江上水源の水質改善のために、水辺区域保護に積極的に乗り出しました。

そんな努力のひとつが、生態公園の造成というわけです。漢江周辺にあるいくつかの生態名所を訪ねてスタンプを押す「漢江スタンプツアー」もあります。「水路に沿って学び、漢江生態を育てる」プログラムですが、一度挑戦してみるのも楽しくて意味のある活動になるでしょう。

サイクリングロードを進んでいくと、北漢江鉄橋にたどり着きます。ここから楊平郡です。1939年に開通した北漢江鉄橋は、当時も近代的な美観を誇る豪華な鉄橋として有名でした。今見ても本当に美しいものです。

北漢江鉄橋の洒落た姿を鑑賞しながら走ることができるのは、とても幸運です。560mに至る長い廃鉄橋をサイクリングロードに作り替えたのですが、天然木材が敷かれているので風情があり、中間には透明な強化ガラスを設置してあるので、鉄橋の下を流れる川を鑑賞することもできます。橋の錆びた鉄構造をそのまま残し、漢江と一緒に年月の流れを感じとることができるのも魅力的ですね。

北漢江鉄橋から眺める両水大橋と八堂湖の景観も秀逸です。鉄橋その

左:茶山生態公園／中央:水辺エリア／右:漢江スタンプツアー

ものの美しさもありますが、北漢江と南漢江が出合う二水頭の近くにあるので、愛さずにはいられない橋となりました。鉄橋の端まで行くと、両水里環境生態公園が見えます。

　この公園も茶山生態公園と同様に、漢江水系の主要名所のひとつです。元々ここは、2000年にマンションを建設する予定でした。しかし八堂湖汚染の懸念が提起され、4つの建設会社と環境運動連合などふたつの市民団体、そして環境部が協議して、企業に適切な補償をする前提で、八堂上水源内高層マンション建設計画を全面中止することで合意しました。企業と市民団体、政府間の葛藤を模範的に解いた事例です。

　漢江流域環境庁で発刊した冊子によると、ここにマンションではなく両水里環境生態公園が造成されて、一日に約1594トンの生活排水の発生を根本的に遮断できるようになったそうです。また、いろいろな植物を植えて自然型排水路や生態池を造ることで、さまざまな小生物圏がよみがえり、訪れた人たちのための生態教育と地域住民の憩いの場としての役割もしっかり果たしているようです。

　両水駅近くの洗美苑に行ってみましょう。洗美苑に行くときは、入場および観覧時間をあらかじめ確認して、余裕を持って入場するようにしましょう。洗美苑は「水を見て心を洗い、花を見て心を美しく〔(観水洗心　観花美心)〕」という意味です。あちこちに洗濯板のような道が見えますが、もちろん、心を洗えという意味です。

左：北漢江鉄橋／右：両水里環境生態公園

太極旗を模した不二門を通って入ると、洗足台で足を浸す人たちも見え、「ウリネ」という名前がついた小川に整然と置かれた飛び石の橋も見えます。いたる所がきれいに整備された庭園です。甕の噴水もありますし、ペリー記念池も印象的です。なにより、そこかしこに見事に咲いている蓮がとても美しく、本当に見ているだけでも心が洗われるようです。説明などなくても、なぜ自然環境が大事なのか気づくことができるでしょう。

　洗濯板で造られた洗心路を通って、船を組み合わせて造った洌水舟橋を渡ると二水頭へと続きます。この洌水舟橋の前にある注意事項の案内文が面白いのです。「ここ漢江の水は2000万人の同胞が飲む上水源なので、格別に注意に注意を重ねてください。したがって、ここ漢江にゴミを捨てると大逆罪人になります」。絶対捨てちゃ駄目ですね。

　舟橋は正祖13年（1789年）に思悼世子（サドセジャ）の墓を水原（スウォン）に移す時、丁若鏞が提案して鷺梁津（ノリャンジン）の近くにかけた橋ですが、それを洌水舟橋に活用しました。この舟橋を渡ると二水頭探訪が始まります。静かな探訪路に沿って歩く道がとても美しいです。蓮の葉を背景にして写真を撮っても素晴らしいし、塀の向こうの八堂湖を眺めて感じる趣きは、相当なものです。

　二水頭は北漢江と南漢江、ふたつの流れが交わるため、渡船場が発達した場所です。両水里（ヤンスリ）といいますが、ここに八堂ダムが建設されて一帯がグリーンベルトで繋がると、渡船場の機能が停止してしまいました。昔の渡船場を懐かしむように黄布帆船が停泊しています。二水頭のケヤキは、3

第2部　仁川　江華　坡州　南楊州

洗美苑

二水頭

本がまるで1つの株のように伸びていることで有名です。樹齢400年にもなります。水霧が立ちこめる朝や、夕日に染まる時間の二水頭は、だからなおさら美しいのです。

　ここは、4大河川事業によって有機農地を奪われることになった農民たちが、有機農業を続けられるように最後まで抵抗した所でもあります。2011年当時、二水頭では930日間にわたって天主教が生命平和ミサを行い、11のうち4つの農家が最後まで残って「30年の歴史がある韓国の有機農業発生地で引き下がることはできない」と、移転を拒否して闘いました。

　葛藤は3年も続きました。政府は八堂上水源保護のためにすべての農業行為を禁止する考えでしたし、農民は有機農業は八堂湖の水質を悪化させることはないと対立しました。そして2012年、劇的に妥結をみました。「二水頭生態学習場を造成する」という合意書に双方が署名したのです。共生合意案というわけです。そうして、有機農業の歴史と価値が詰まった

左と中央：二水頭／右：蓮の葉ご飯

市民主導型生態学習場を造ることが決定したのです。

　単純な水辺公園ではなく、パーマカルチャー、すなわち有機農作物栽培の体験教育が行われる、世界的な体験学習場にしようという社会的な約束でした。既存の田畑や湿地をそのままに、人為的な開発は最小限にとどめたのです。

　南楊州は有機農業を代表する地域です。世界有機農業大会を開催したり、食生活文化を中心にスローライフ国際大会も開催しました。無農薬野菜で有名な村、環境にやさしく有機農産物を販売する村、そんなイメージ自体が地域の競争力となりました。

　代表的な例が、陵内里蓮華村です。この村では蓮の葉を使ったさまざまな食べ物を開発して、村の企業が販売することで地域イメージも改善され、雇用も創出して収入も上がりました。蓮の葉ご飯はもちろん、蓮の葉茶、乾燥レンコンなどいろいろな商品を開発しています。蓮の葉がこの地域を象徴するものとなり、蓮華博物館もでき、さらに広いエリアでさまざまな商品を作っています。地域発展のモデルとなるでしょう。

　シラサギがやってくる二水頭。値段を付けるられない美しい自然を守っていこうとする人々への感謝の気持ちが自然と生まれる場所なのです。

第**3**部

江原道

春川
首都圏になった湖畔の都市

　以前は江原道[2023年6月11日より江原道から江原特別自治区に名称が変更]と聞くと、とても遠い場所だと感じていましたが、今は違いますよね。人気旅行先の春川までは電車に乗って約50分で行けるようになりました。この近さなら首都圏内と言ってもいいでしょう。

　こんなに時間が短縮されたのはITX-青春のおかげです。ITX-青春は「Intercity Train Express-青春」の略で、清凉里と春川を結ぶ都市間急行列車です。KTX[韓国高速鉄道]とセマウル号[中長距離列車]の間の列車だと思ってください。「青春」の「青」は清凉里[韓国語では青と清の読み方が同じ]、「春」は春川を意味します。さらに京春線で経由する大成里、清平、加平、江村などの地名も青春とロマンを象徴しているとも言えます。

　以前は春川に行くには京春線の清凉里駅または城北駅[現・光云大駅]に行って列車に乗り換える必要がありました。しかし、今は京春線が首都圏電鉄と連結されたため、どこから乗っても国鉄と地下鉄7号線が通る上鳳駅で乗り換えれば行くことができます。上鳳駅で乗り換えた場合は各駅停車に乗ることになるので、のんびりした旅になりますし、龍山駅からITX-青春に乗ればより早く到着することができます。

　さあ、ロマンあふれるITX-青春に乗り、春川に出かけましょう。

- ❶ 南怡島
- ❷ 衣岩湖
- ❸ 蝟島
- ❹ コグマ島
- ❺ 上中島
- ❻ 下中島
- ❼ プンオ島
- ❽ 九峰山
- ❾ 孔之川公園
- ❿ 衣岩ダム
- ⓫ 昭陽江ダム
- ⓬ 泉田里支石墓群
- ⓭ 清平寺
- ⓮ 三岳山
- ⓯ 興国寺
- ⓰ 国立春川博物館
- ⓱ 江原道立花木園
- ⓲ 江原道庁
- ⓳ 鳳儀山

河川と湖が作り出した自然

　人気観光地の南怡島はご存じでしょうか？　南怡島は行政上春川市内ですが、京畿道の加平に近いので最寄り駅は加平駅です。

　元々、南怡島は島ではありませんでした。清平ダムが建設されると清平湖の水位が上昇し、洪水の時にだけ沈んでいた川沿いの丘が、島になってしまったのです。一般的に川の真ん中にある島は近い地域の管轄範囲になります。地図を見ると南怡島は半月の形をしていて、春川市側は直線、加平郡側は曲線になっています。川が蛇行していると遠心力によりカーブの外側が深くなります。通常、川の最も深い場所に境界を引くため、南怡島は春川側に繋がってしまったのです。距離を見ても春川のほうが少し近いようです。

　南怡島は「ナミナラ共和国」という独立国家をコンセプトにしています。万国旗が掲げられていて、パスポートとビザ（入場券）が必要であり、入国審査もあります。面白いですね。広い野原の平凡な島を個人が購入し遊園地として開発して、家族旅行先として愛されていました。しかしIMF経済危機の際に大きな試練に直面し、その頃に画期的な変化を成し遂げ、現在のストーリーあふれる空間に変わりました。

左：南怡島／右：南怡将軍の墓

「環境に優しい公園」、「子ども親和公園」、「障碍者が利用しやすい公園」にも認定されています。美しい風景があるだけでなく、多様な社会貢献事業も行っているのです。国際会議と学術大会を開催し、世界各国の芸術家の作品を展示しているため、海外からの評価も高まっています。

　南怡島には南怡将軍[1441-1468年]の墓がありますが、伝説に基づいて造られたもので、本物の墓は京畿道華城市にあります。メタセコイア、チョウセンゴヨウ、イチョウが並ぶ散歩道は最高の癒やしスポットで、歩いているだけで心が落ち着きます。なんといっても自動車が通らないので、都会人のオアシスとしてこれ以上の場所はないでしょう。代わりに、自転車、電気自動車、ボート、ジップラインなどの環境に優しい乗り物が移動の不便さを解消してくれます。多様な体験プログラムや展示などもあり、見どころが盛りだくさんです。所々に真心を込めて作られた芸術作品が並び、芸術の香りが漂っています。美味しい食べ物も素敵な宿もある素晴らしいレジャー施設です。

　春川は衣岩湖を持つ湖畔の都市です。すがすがしい湖があるなんて素敵なことですね。衣岩湖には上流から蝟島、コグマ島、上中島、下中島、プンオ島があります。これらの島を基準に北西側が北漢江、北東側が昭陽江となります。

　これらの島も南怡島と同じく元々は島ではありませんでした。北漢江と昭陽江が合流し川の流れが遅くなったため、土砂が積み上げられて河川

第3部　春川　太白　旌善　江陵

南怡島

流域に平地ができました。その後、衣岩ダム建設により作られた人工湖である衣岩湖の水位が上昇し自然に島になりました。衣岩湖に浮かぶ中心の島は中島(チュンド)で、上中島と下中島に分かれています。上中島には畑作や果樹園など昔の姿が残り、下中島ではキャンプ場と川辺歌謡祭などで人気の遊園地を運営してきました。しかし地方自治体の施行後、民選道知事が介入してからは経済的・政治的功績を考慮して下中島に大規模開発プロジェクトが誘致されました。大規模テーマパークであるレゴランドの造成です。

ところが敷地から青銅器時代の共同墓地をはじめ、村の遺跡など先史時代の大規模な遺跡が発見されたのです。支石墓100基以上、住居跡900基など発掘された遺物だけで数千種です。古朝鮮で使用されたと推定される琵琶形銅剣と青銅斧、高句麗王族が着用した純金耳飾りまで出土したため、学界の興奮は収まりませんでした。

遺跡を保存すべきとの側と予定通り開発すべきとの側が激しく対立したことは言うまでもありません。レゴランド造成が巨大プロジェクトであるため遺跡を代替地に移転して進行する予定ですが、いまだに明確な結論は出ていません。今後進んでいく過程を見守りましょう［2022年5月5日に開園］。

次は九峰山(クボンサン)展望台にのぼってみましょう。自治体が造った展望台だけがぽつんとあると思ったのなら、大きな間違いです。江陵の安木(カンヌンアンモク)海岸、楊(ヤン)

南怡島

差別浸食

平地と周辺の山地の基盤岩の分布差異によって生じる盆地のことです。一般的に真ん中にある平地は浸食に弱い花崗岩が、周辺の山地には風化に強い片麻岩が分布しています。

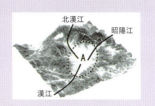

州市の長興(ジュチャンフン)と並ぶカフェ通りで有名な観光スポットなのです。全国的に有名なカフェが並んでいるのでどこに入るか選ぶのも楽しいでしょう。

展望台にのぼると春川の浸食盆地を見渡すことができます。ぐるりと山に囲まれた真ん中に釜のようにへこんだ盆地があります。簡単に説明すると、かたい岩石とやわらかな岩石があって、川の流れによってやわらかな岩石は削られ、かたい岩石は浸食が難しいため相対的に高い山として残ります。これを差別浸食と言います。

春川は北漢江本流と昭陽江の合流地点で、さらに孔之川(コンジチョン)という小さな川も合流し、合計3つの川が集まる場所です。このように川が合流する場所に浸食盆地が形成されます。市街地が形成された場所もやわらかい岩石があった場所です。盆地の中にも所々に丘が残っていて、春川の鎮山〔都や村を背後から守る大きな山〕である鳳儀山(ボンイサン)も周辺の山に比べると標高が低いほうです。

左：中島／右：青銅器時代の遺跡

イディオピアとエチオピア

ハングル正書法によるとエチオピアが正確な表記ですが、改訂される前はイディオピアでした。春川市では今でも改訂前に決められたイディオピアを使っています。

　では市街地に行ってみましょう。建物を建てるために作られた切土地を見てください。これは韓国に多く分布する花崗岩が風化したものです。花崗岩を構成している長石という鉱物は水と反応して溶けるため、残った石英が落ちて砂になります。このような砂が漢江に流れ込んだため、漢江は砂が多い川でした。では多くの砂はどこに行ったのでしょう？　アパート建設用にすべて使ってしまったのです。

　次は孔之川公園です。イディオピア通りやイディオピアカフェなど、あちこちに「イディオピア」という単語が見えます。朝鮮戦争当時、エチオピアが参戦し、春川の近くで戦いました。そのため、この場所には多様なエチオピアの記念物が残っているのです。

　孔之川に来ると中島から見た時とはまた別の姿の春川が、湖畔の都市だということを実感できます。湖畔には公演施設と彫刻公園があり、湖には各種乗り物と散策路が整備されています。散策路の名前は春川ムルレキルです。散策路というと、陸地から海や湖、山を眺めるのが一般的ですが、

左：市街地の切土地／右：孔之川公園

包蔵水力

それぞれの川が持つ潜在的な発電能力のことで、河川の平均流量と落差の積によって決定されます。北漢江一帯は水量が多く周辺に高い山が多いため包蔵水力が大きいと言えます。

ムルレキルはカヌーに乗って水上を眺める歩かない散策路です。カヌーに乗って自然を感じるエコツアーとして注目を集めています。孔之川遊園地を中心に衣岩ダムを眺めるコース、プンオ島を回るコース、中島を巡るコースが準備されています。

春川には衣岩ダム、春川ダム、昭陽江ダムなど多くのダムがあります。北漢江が、山が比較的高い江原道を流れているため水力発電に良い条件を備えています。地理学では包蔵水力と言い、北漢江はこの包蔵水力が大きいのです。

北漢江本流は軍事境界線から漢江下流まで自然に流れる区間がほとんどありません。北漢江本流には北朝鮮の水攻めを阻止するために建設した平和のダムのほかに華川ダム、春川ダム、衣岩ダム、清平ダム、八堂ダムと5つのダムがあります。最も大きい支流である昭陽江には昭陽江ダムもあります。八堂ダムの下流には蚕室水中堰と新谷水中堰があるため川が流れる区間はないと言えるでしょう。

春川ダムと衣岩ダムはコンクリートで固められた用水を確保するためのダムで、その水を利用して水力発電も行います。しかし洪水調節機能はなく、上流から放流するとすぐに下流に水が流れます。春川ダムと衣岩ダムが放流する姿はたびたび見ることができます。

昭陽江ダムは春川ダムと衣岩ダムに比べて規模が非常に大きく、土と砂利で作られた砂礫ダム（グラベルフィルダム）で、規模と貯水量において韓国最大の多目的ダムです。どれほど大きいかと言うと、このダムによってできた昭陽湖が内陸水路の役割をするほどなのです。春川から楊口や麟蹄まで旅客船と遊覧船を運航しています。

 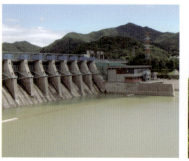 

左:昭陽江ダム／中央:春川ダム／右:衣岩ダム

　ところでなぜ昭陽江ダムはコンクリートではなく土と砂利で作られたのでしょうか？　きっと北朝鮮の脅威のためでしょう。韓国最大の貯水量を誇るダムをコンクリートで薄く建設した場合、非常時に簡単に壊されてソウルが冠水する危険があるためです。

　春川市内を器にたとえてみましょう。北漢江と昭陽江から器に入る際に狭いくぼみができ、そこに春川ダムと昭陽江ダムを作り、春川盆地という器に溜まった水が流れ出る場所には衣岩ダムを作りました。ダムはできれば狭くて落差が大きい場所に建設する必要があるからです。

　衣岩ダム下流の河川の底を見ると土や石はひとつもなく、岩が露出しています。河川が浸食しにくい場所が山として残って盆地を取り囲み、そこを河川が通るため土砂は一切なく基盤岩がむき出しになります。衣岩ダムから加平までの川辺には平地はほとんどなく、断崖ができる理由もそのためです。道路を作る平地がないため、春川からソウルまでの道路は崖の上に作り、ソウルから春川に行く道路には橋を架けました。

交通の発達により変化した春川

江原道は主要都市の江陵と監営［朝鮮時代に各道に置かれた官庁のこと］所在地

である原州(ウォンジュ)から名前をとった地名です。しかし江原道の道庁、道議会、道教育庁など、行政を取り扱う大部分の役所は春川にあります。そのため江原道で最も地位が高いのは春川だと言えるでしょう。

　江原道で一番大きい都市は春川だと思っている人も多いですが、人口が多いのは原州です。しばらく三都市〔江陵、原州、春川〕の人口順位が変化していましたが、原州が江原道革新都市に選定されてからは、原州、春川、江陵の順で落ち着いています。

　春川には泉田里支石墓群(チョンジョンリコインドル)があります。支石墓は階級社会が存在したことを知らせる指標遺跡です。衣岩湖の中島で巨大な先史遺跡が発見され、春川盆地の至る所に古代遺跡が散在しています。特に泉田里遺跡は韓国先史時代遺跡の中で密集度が最も高い地域に属します。早くから大きな政治集団の中心地だったことを意味します。

　北漢江と昭陽江の合流地点であり、生産性の高い広大な平野があったからでしょう。今でこそ道路と鉄道が交通の中心ですが、山が多い韓国では昔の交通手段は大部分が河川を利用した水運でした。朝鮮時代の漕運制度〔水運を利用して国に穀物を納める制度〕からも、その当時、河川を利用した水運が重要だったことがわかります。現在は北漢江と昭陽江がダムでせきとめられているため実感がわかないと思いますが、これらの川が流れてい

泉田里支石墓

第3部 春川 太白 旌善 江陵

155

た当時は非常に効率的な水運路だったことでしょう。

　在野史学者の間では春川が貊国[春川に存在していたと言われる古代国家]の首都だと考えられています。三岳山にある三岳山城と中島、泉田里などの遺跡で確認できます。濊貊族[濊族と貊族から成る古代民族のこと]と言うときの貊国のことです。咸鏡南道南部と江原道北部の東海岸に存在していたと言われていますが、貊国についてはまだ論難が多く正史では認められていません。

　春川は多くの美食と観光地で有名ですが、泉田里のような歴史的な遺跡地も少なくありません。昭陽江ダムの上の由緒ある寺院、清平寺もそのひとつです。見事な寺院も、そこへ向かう道も風情があります。以前は寺院まで陸路で行くことができましたが、ダムができて道が途切れてしまったため、船に乗らなければならなくなりました。最近は華川側に道路ができたため車でも行けますが、どちらにしても船着き場または駐車場から2kmほど歩く必要があります。渓谷に沿ってできた小道を歩きながら清平寺にまつわる相思蛇伝説を聞き、九松瀑布を観賞するのも楽しいでしょう。

　三岳山にある興国寺も春川を代表する由緒深い寺院です。国立春川博物館は施設が整っているうえに入場料も無料なので是非訪れてみてください。江原道の歴史と遺物を知るのに最適な場所です。

　春川への道には思い出の地名が並んでいます。春川と言えば京春線や

清平寺と相思蛇

中国の唐に平陽公主が住んでいました。ある若者が公主に恋をしますが、亡くなってしまいます。彼は亡くなった後、蛇に生まれ変わり公主の体に巻きついて離れなくなりました。公主はあちこちの寺院で供養をしながら清平寺にたどり着きます。ここで蛇が雷に打たれて死んだため、ついに公主の体から離れました。そのため公主は清平寺の下にある九松瀑布の上に三層石塔を建てました。塔にまつわる伝説のため公主塔と呼ばれており、今もその場所に残っています。

京春道路を思い浮かべる人も多いでしょう。京春線や京春道路で通る磨石(マソク)、大成里、清平、南怡島、江村には恋人とのデートスポットや大学の合宿地があります。

　これらの名所は大部分が交通の便利な場所、そして北漢江沿いにあります。現在とは異なり、昔はソウルからかなり離れた場所だというイメージが強くありました。物理的な距離ではなく心理的な距離の問題だったのでしょう。今も昔も春川の場所は変わりませんが、首都圏電鉄と連携し高速道路も通ったため近く感じられるようになったのです。

　そんな理由から春川が首都圏になったと言われるのでしょう。首都圏はソウルの各種都市機能が及ぶ範囲で、地理的な側面ではソウル同様です。春川が首都圏ならソウルと春川間の通勤と通学、買い物が可能でなければなりません。江原(カンウォン)大学や翰林(ハンリム)大学など春川の大学名が駅名に併記されたことからもソウルからの通学が可能だとわかります。

　ITX-青春で清凉里から南怡島のある加平までは37分、春川までは58分で到着します。高速道路を利用するとソウルの東側から春川までは約1時間です。タッカルビやマッククスが食べたければ、すぐに春川に行って食べて帰ることができるということになります。

　話が出たので、ここで食べ物の話をしましょう。春川の代表料理はタッカルビとマッククスです。タッカルビは最近できた料理なので春川と特

第3部　春川　太白　旌善　江陵

左:清平寺／右:九松瀑布

左：マッククス／右：タッカルビ

別な関連性はありません。軍隊に納品していた鶏肉の在庫処理に悩んでできた料理だと言われています。

　一方でマッククスは春川だけでなく江原道全体を代表する郷土料理です。春川マッククス体験博物館に行くと、より理解を深めることができます。蕎麦畑で蕎麦を観察し、博物館で蕎麦の生態と料理の歴史を学び、製麺機を見物してみましょう。もちろん多様な蕎麦料理も展示されています。博物館の2階ではマッククス作り体験も行われていて、直接生地をこねて麺を作り完成したものを試食することができます。面白そうでしょう？

　春川には春川マッククス体験博物館以外にも警察博物館、アニメーション博物館など多くの博物館があります。交通が便利になり気軽に食事をしに出かけたり、博物館を見学したり、多様なアクティビティを楽しむことができるようになりました。春川が誇る南怡島や昭陽江ダム、江村遊園地、さらにスキー場やゴルフ場にまで訪れる人が増えました。南怡島でのジップラインやバンジージャンプ、春川ムルレキルのカヌー体験も週末は予約なしでは利用が難しいほど人気が高まっています。

　しかしソウルと春川間の交通が便利になったことで、必ずしも肯定的な変化だけがあったわけではありません。代表的なマイナス事例を挙げると、観光客の滞在時間が短くなったことです。以前は春川に来ると1泊す

るのが当たり前でしたが、交通が便利になり日帰りする人が増えました。春川市民は春川市内ではなくソウルで買い物をするようになり、春川の商圏が全般的に委縮する状況になりました。地域商圏の保護と発展のための方案を模索する必要があるでしょう。

　春川のさらなる発展のためには春川の長所を生かす必要があります。多くの人は春川の長所として汚染されていない自然環境を挙げると思います。春川に来る理由の多くは煩雑な首都圏から抜け出し自然を満喫しながらゆっくり過ごすためです。このような長所をもっとアピールする方法を探すべきでしょう。

　最近は人々の観光や余暇に対する考え方が変化しています。大規模なアミューズメント施設よりも現地の特性を理解して住民の生活を体験する小規模旅行が好まれています。ところが、春川市民、さらに江原道民の考えは少し違うようです。大規模開発事業に非常に関心を持っています。春川市内では大規模中島開発計画が進められ、江原道全体では1週間のみ開かれる2018年平昌(ピョンチャン)オリンピックのために白頭大幹(ペクトゥデガン)〔白頭山から智異山に至る山脈〕を破壊しています。

　もちろん理解できないわけではありません。急速な経済開発を推進していた時期に江原道は常に疎外されていたため、反発感や疎外感もあるでしょう。しかし江原道の持つ環境と自然は、簡単に諦めたり別の価値と交換してしまうには、あまりにも惜しい天与の資源です。江原道には観光資

第3部　春川　太白　旌善　江陵

左：江村駅／中央：春川駅／右：春川マッククス体験博物館

左：エチオピア韓国戦参戦記念館／右：イディオピア通り

源化できるものがたくさんあります。

　例えばエチオピア韓国戦参戦記念館を見てもわかります。エチオピア伝統家屋の雰囲気を生かしたユニークな外観です。イディオピア通り、記念館、記念塔、カフェ、船着き場まで町全体がエチオピアです。韓国では朝鮮戦争にエチオピアが参戦したことを知らない人も多いと思います。けれども春川市が上手に広報すれば関心を集めることができるでしょう。

　美しい自然環境が残る春川は映画やドラマの撮影でよく使われます。春川はこれらのロケ地を利用して観光客を集めています。代表的なドラマは南怡島と春川市内で撮影された『冬のソナタ』です。このドラマのお

左：『冬のソナタ』のオブジェ／右：江原道立花木園

かげで日本、中国、東南アジアから大勢の外国人が訪れています。

しかしながら春川市内には観光スポットとして生かしきれていない場所がまだ多く残っているのです。中国人に人気のドラマロケ地や中国の公主と関連のある相思蛇伝説が残る清平寺をうまく宣伝すれば、中国人観光客の間で話題になると思います。

江原道立花木園もおすすめです。絶滅危惧の植物や気候変動に脆弱な植物が生息する江原道の特性を生かした植物園です。水車と江原道伝統式のクヌギ皮葺き屋根の家屋があり、雨が降るととても風情があります。亜寒帯林（冷帯林）の代表的な種であるチョウセンシラベ（朝鮮白檜）もあります。地球温暖化により自生地が減少し続けているので悲しい樹木です。

このように春川は知れば知るほど魅力を感じられる場所です。さまざまな遺物が出土した遺跡地、局地的に霧が多く季節差が大きい盆地気候、気候変化に敏感な高山植物、多様なダムと湖、多彩なアクティビティ、演劇、アニメーション、春川マイムフェスティバルなどをアピールすれば、もっと注目を集める観光都市になるでしょう。短期的な開発成果に執着するよりも持続可能な発展方向を設定し、より美しい自然を私たちに見せてくれる春川になることを期待しています。

太白

夏も冬も魅力あふれる高原

　最近は休暇の時に海外旅行をする人が多いようです。毎年、訪韓外国人旅行者数が増えていることからもわかるでしょう。夏は暑さを避けるため、冬は寒さを避けるために海外に行く人もいます。しかし必ずしも海を越える必要はありません。真夏にエアコンの効いた部屋で過ごしている人たちにお勧めしたい場所があります。寒い国かって？　いいえ、韓国内です。全国的に猛暑なのに信じられないと思うでしょうが、実は韓国にも真夏にエアコンのいらない都市があるのです。

　夏は涼しくて滞在したい都市、冬は雪がたくさん降って楽しめる都市、それが江原道の太白です。太白の魅力は気候だけではありません。元々は石炭の採掘で有名な都市でした。炭鉱が閉山し昔の栄華を失いかけましたが、ここを観光地にするという逆転の発想により観光都市として再び発展しました。太白は韓国で最も高い場所にある都市です。そのため、ほかの地域では見ることのできない独特な観光スポットがたくさんあります。

　では、これから高原都市太白の魅力を探りに出かけましょう。

❶ 金台峰
❷ 咸白山
❸ 太白山
❹ 白屏山
❺ 鷹峰山
❻ タンゴル広場
❼ 鷹峰山高冷地野菜団地
❽ 鷹峰山風力発電団地
❾ 倹龍沼
❿ 龍淵洞窟
⓫ 黄池蓮池
⓬ 求門沼
⓭ 石炭博物館
⓮ 上長洞壁画村
⓯ 鉄岩炭鉱歴史村

左：太白の山々／右：タンゴル広場の温度計

涼しい夏、白い冬

　真夏の暑さを避けたいなら太白に行ってみることです。太白に着いたら秋にタイムスリップしたかと思うほど涼しくて驚くかもしれません。どうしてこんなことが可能なのでしょうか。太白市は金台峰(クムデボン)(1418m)、咸白山(ハムベクサン)(1573m)、太白山(テベクサン)(1567m)、白屏山(ベクビョンサン)(1259m)、鷹峰山(メボンサン)(1305m)など太白山脈に属する1000m以上の高い山々に屏風のように囲まれている盆地にある都市だからです。標高が100m上がるたびに気温は0.5度ずつ下がります。太白市内の標高は500から700mなので涼しいはずですね。

　ではどれほど涼しいのでしょうか。太白山の登山口にあるタンゴル広場に温度計が設置されています。8月でも正午の気温が21度です。夏の猛暑に疲れた皆さんにとって天国のような場所でしょう。夏には涼しい観光地が最高ですよね。観光資源も多くありますが、避暑地として知られるようになったので以前より観光客が増えました。

　太白の名所のひとつに、高所の涼しい気候を積極的に活用している鷹峰山高冷地野菜団地があり、白菜畑が広がっています。標高1100mという韓国で最も高い場所にある高冷地白菜畑です。

太白市の周りに平均標高が1225mの山があるので、地域全体の平均標高は965mです。住民が生活する地域の平均標高も900mで、韓国で最も高い場所にある都市です。雲を見下ろすことができる場所もあります。平野が不足し、気温が低いため、一般的な農業に有利な条件とはいえません。

　しかし幸いにも比較的傾斜が緩やかな場所があったため、そのような場所で夏の涼しい気候を利用した野菜の栽培を始めたのです。平地では気温が高く害虫のせいで栽培が難しい白菜や大根、ジャガイモなどの作物を栽培するのに有利です。ここでは主に3〜4月に種をまいて7〜8月に白菜を収穫します。そのおかげで私たちは真夏でもしなびていない新鮮で美味しい白菜キムチを食べることができるのです。高冷地畑で農作業をする人の姿も実に壮観です。

　また、太白は地理的な立地をうまく活用して風力発電を行っています。標高1272mに位置する鷹峰山風力発電団地は2006年に完成し、風力発電機が注目を集めています。高所のため夏でも雲が出ると肌寒いほどです。

　ほかにも太白には有名なものがいくつもありますが、必ず取りあげられるのが韓牛です。太白韓牛は味もよく価格もお手頃です。太白韓牛は高原地帯の澄んだ空気の中で放牧され、牧草を食べて健康に育っています。放牧牛は肉が固いと思われていますが、そんなことはありません。実際はとてもやわらかく、一度食べたら太白韓牛のとりこになるでしょう。

　太白は夏だけ輝く都市ではありません。夏は避暑地として、冬は雪で

左：高冷地白菜畑／中央：高冷地白菜／右：鷹峰山の風力発電機

太白山雪祭り

　人々を魅了します。特に冬に開催される太白山雪祭りが有名で、多くの人が祭りを楽しみに訪れます。タンゴル広場を中心に多様なイベントと体験スペースが準備されます。子どもたちのための雪そり場もあり、家族みんなで楽しむことができます。祭りの一番の見どころは雪の彫刻で一般人の作品や大学生が造った少し洗練された作品などが数か所に分かれて展示されています。雪で作った亀甲船、巻き貝、鉱山労働者、クジラ、虎などが目を楽しませてくれます。雪がたくさん降る太白の特性を生かして祭りを生み出したことは望ましい事例でしょう。2000年から2009年まで10年間の平均で1年のうち雪の降る日が23.2日で96.3cmも積もったそうです。

　夏は涼しさを求めて、冬は雪に惹かれて太白を訪れます。気候が観光客を呼び込むなんて不思議ですよね。しかしこの都市の魅力は気候だけではありません。昔は太白というと「奥地」または石炭産業都市のため「汚い」というイメージがありましたが、今ではそれこそ観光都市として生まれ変わりました。

太白韓牛にまつわる話

1990年代中盤までは太白市場の韓国料理店では韓牛ロース一人前（400g）をたった7000ウォン［約750円、2024年10月現在］で食べることができたそうです。ジューシーでやわらかい太白韓牛を作るためには牛を飼育する特別な方法と冷蔵物流が重要です。標高600mにある高原牧場のきれいな環境で育てられた牛たちは自然に健康な細胞を形成します。この細胞は水分が多いことと簡単には変質しない特性を持っています。良質な韓牛を育てるために飼料、放牧、屠畜方法に至るまで研究してその結果を反映しています。太白韓牛が誕生した背景は良いことだけではありませんでした。1980年代初めから議論された石炭産業合理化政策は炭鉱に移住してきた労働者にとって青天の霹靂でした。当時、鉱山労働者協議会長であったペ・ジンが鉱山労働者と太白市民が生きていく道を模索し、太白の地理的・環境的長所を生かすことのできる韓牛の飼育を思いつきました。1980年代中盤頃から始めて90年代中盤にようやく努力が実り世の中に知られるようになりました。

観光都市として生まれ変わる

　韓国で最も長い川を知っていますか？　答えは洛東江(ナクトンガン)で約517kmです。では2番目に長い川はどこでしょう？　漢江です。はい、正解です。約514kmなのでわずかな差ですね。実はどちらの川も太白から始まります。水は高い場所から低い場所に流れ、海から遠い場所に水源があるほど長い川になります。

　漢江の起点は儉龍沼(コムニョンソ)です。小さな水たまりなので驚くと思います。案内板にも「ここは漢江514.4kmの源で……」と書いてあります。地下水が湧き出る小さな水たまりがソウルを貫く河川の源流だとは、実際に見たら不思議に思うでしょう。ここから流れ出た水が黄海まで流れていくのです。

左：儉龍沼／右：簡易汽車

　では洛東江の始まりはどこでしょう。まずはそこへ向かう途中にある鍾乳洞を見てみましょう。簡易汽車に乗って登っていくと龍淵洞窟(ヨンヨン)があります。安全のため必ずヘルメットを着用しなければなりません。洞窟の中は外よりも気温が低いため夏でも長袖の服を着ていくことをおすすめします。

　龍淵洞窟の入り口には「韓国で最も高い場所にある洞窟、標高920m」と書かれた案内板があります。太白は都市全体が全国で最も高い場所に位置しているため、すべてが「全国で最も高い場所」にある可能性があるのです。洞窟に入って急な階段を下りていくと地下に大きな広場があらわれます。石灰岩は二酸化炭素を含んだ水によって溶ける性質があるた

左：龍淵洞窟／右：ジョーズの頭

め、地下水により石灰岩が長時間かけて溶けた結果、このような空間が作られたのです。

「ジョーズの頭」と呼ばれる見事な柱もあります。鍾乳洞の内部には鍾乳石、石筍、石柱が生成されています。珊瑚状の生成物もあります。どこも写真を撮りたくなる風景ばかりです。しかし、フラッシュは禁物です。鍾乳洞の中を光で照らしてはいけません。洞窟内部の生成物が汚染されて変色し、保存状態が毀損される可能性があるため格別な注意が必要なのです。

それでは、洛東江の水源に行ってみましょう。漢江とは異なり洛東江の水源は太白市の中心にある大きな蓮池です。しかし洛東江の水源については議論の余地があります。太白市では1486年に発刊された『東国輿地勝覧』「三陟都護府」編の内容を根拠に黄池蓮池が洛東江の源だと考え、石碑を建てて「洛東江1300里ここから始まる」と刻んでいます。

しかしこの事実に疑問を持つ地理学者たちがいました。彼らは黄池蓮

鍾乳洞の二次生成物

鍾乳石：洞窟の天井から地下水が落下した際、溶けていた炭酸カルシウム（石灰岩の成分）が蓄積されて下方に成長する地形
石筍：鍾乳石とは異なり地面に落下した地下水の炭酸カルシウム成分が蓄積されて上に向かって成長する地形
石柱：鍾乳石は下方に、石筍は上方に成長し互いが連結した地形
洞窟珊瑚：鍾乳洞の内部でも比較的水の落下が少ない乾燥した場所で珊瑚状に成長する地形

洛東江の水源はどこでしょう？

洛東江の水源については論争が繰り広げられています。江原道太白市では『東国輿地勝覧』を根拠に「黄池蓮池」が水源だと主張しています。しかし地理学者のオ・セチャン、イ・ヒョンソクは黄池から直線距離で6.5kmほど離れた咸白山銀臺峰の「ノドル泉」（ソドル泉または銀臺泉とも言う）が水源だと主張しています。現在ではこちらの見解が有力です。ノドル泉から湧き出る水は少なくありませんが、地下に流れるためノドル泉から下方に3～4km離れた「龍沼（ヨンソ）」を水源だとする意見もあります。龍沼の水は黄池川の上流を形成しています。そうかと思えば太白山頂から100mあまり離れた萬景寺（マンギョンサ）の「龍井（ヨンジョン）」が水源だと言う人もいます。龍井は韓国名水100選のひとつで洛東江の水源といわれている泉の中で一番高い場所にあります。黄池蓮池は太白を取り囲む山々から流れる水が地面に染み込み再び湧き出る場所です。標高700mに位置し、周長が100mの上池、50mの中池、30mの下池で構成されています。一日5000tの水が湧き出し、常に15度を維持する澄んだ水です。昔から「天の川」と呼ばれ神秘的な池として認識されています。

池より標高の高い地域を踏査した結果、咸白山銀臺峰（ウンデボン）の「ノドル泉」が洛東江の源にあたると発表しました。現在、洛東江の水源として最も有力な場所です。そのため黄池蓮池は象徴的な洛東江の水源と見るほうが正しいでしょう。

黄池蓮池の水は太白市を南北に流れる黄池川（ファンジチョン）と合流して南側に流れ洛

黄池蓮池

求門沼

東江を形成します。この水が太白市を離れる前に興味深い景観を作り出しました。

　岩に穴が開いているのが見えますか？　低い場所へ流れようとする水の力が、前方を塞ぐ大きな岩の山を浸食し、穴を開けました。前方に形成された深い池は求門沼（クムンソ）です。川の水が山を貫いて流れていくため、貫くという意味で「トゥルネ」とも呼ばれています。

　太白が以前は韓国の代表的な石炭生産都市であっただけに、太白の渓流は黒いという言葉まであったといいます。その後1989年の石炭産業合理化政策により炭鉱は閉山に追い込まれ鉱山労働者は職を失いました。

　太白市民は彼らの過去を再び輝かせるために観光資源として活用しました。代表的なのは石炭博物館です。博物館に行くと高い建物が見えます。立坑から石炭を引き上げていた機械です。石炭産業合理化政策により閉山した鉱業所で、実際に使用されていた表札も保存されています。江原道には170個もあり全国で最多となっています。

　石炭博物館の見どころは坑道体験です。エレベーターで下りると坑道

石炭産業合理化政策とは？

1980年代後半まで韓国の家庭では主な燃料として石炭で作った練炭を使っていましたが、所得水準が高くなり経済が発展すると不便な石炭より石油を使用するようになりました。石炭の消費が減少すると同時に石炭の採掘費用は高くなり鉱山労働者の賃金も上昇しました。1989年になると政府は炭鉱の数を減らすことで石炭の供給を減らし、閉山によって被害が生じた地域は都市開発を通じて発展を図ると決めました。これを石炭産業合理化政策と呼びます。1989年から2009年までに全国340あまりの炭鉱が閉山し、地域別では江原道が最も多く170か所でした。かつて太白は640万トンの石炭を生産し全国石炭生産量の30％を占めていましたが、石炭産業合理化政策により50あまりの鉱山が閉山し、急激な人口減少と地方衰退に見舞われました。1995年12月30日「閉山地域開発支援に関する特別法」が制定され、炭鉱地域総合開発が始まりました。この時から太白市は「21世紀　高原レジャー・スポーツ都市　新太白建設」というスローガンのもと炭鉱のイメージを捨てて観光都市に姿を変えました。

での様子を再現しています。坑木を運搬する姿や採炭する姿、火薬取扱所、坑内事務所も見ることができます。さらに朝鮮時代にも石炭を採掘していたことがわかります。

　現在は太白で鉱山労働者を見かけることは難しくなりましたが、炭鉱が栄えていた頃、鉱山労働者たちに人気のメニューはムルタッカルビでし

石炭博物館内部

左：ムルタッカルビ／右：上長洞壁画村

た。よく知られているタッカルビは炒めて食べますが、ムルタッカルビは煮て食べます。一日中、埃を吸い込みながら働く鉱山労働者らにとって炒め物は喉を通りにくかったため、タッカルビにスープを加えて食べるようになったのがムルタッカルビです。食堂によって調味料や野菜を変えて個性を出していたそうです。

　かつて太白の炭鉱が栄えていた頃に、鉱山労働者が住んでいた場所はどのように変化したのでしょうか。跡形もない所もあれば何人かの住民が暮らしている場所もあります。改装して観光客が訪れる村に変身したケースもあります。そのひとつが「上長洞壁画村（サンジャンドン）」です。ここは最大の民営炭鉱であった咸太炭鉱（ハムテ）と東海産業（トンヘ）で働いていた鉱山労働者約4000人が住んでいた鉱山社宅村でした。石炭を運ぶ文曲駅（ムンゴク）の近くにある村で居酒

第3部　春川　太白　旌善　江陵

石炭博物館内部

173

鉄岩炭鉱歴史村

屋や食堂が並んでいましたが、閉山後には物寂しい場所になってしまいました。2001年から「炭鉱物語村作り」事業を推進し、各家に壁画を描きました。炭鉱と鉱山労働者をテーマに描かれた絵と文章を眺めながら村を散策できるように作られています。どこか胸が痛む壁画もいくつかあります。

　鉄岩駅(チョラム)の近くにある鉄岩炭鉱歴史村は長い論争の末に保存が決まった場所です。この地域が栄えていた時期に共に繁栄した商店街を保存してあります。一見、古い昔の街ですが、丁寧に見て回れば有益な時間を過ごすことができます。看板と建物は当時のままで、内部はギャラリーや美術

左：鉄岩駅頭選炭場／右：カササギ足の建物

子供を背負った妻が仕事に行く夫を見送っているオブジェ

館として活用されているため、時間をかけて一軒一軒回ってみるのも面白いでしょう。

　鉄岩炭鉱歴史村には現在も稼働中の鉄岩駅頭選炭場があります。採掘された石炭を選別し加工する施設で1939年に建設された韓国最初で最後の選炭場です。登録文化財第21号に指定されているとても古い施設です。

　この歴史村にはユニークな建物があります。カササギ足の建物です。1960〜70年代、店に客があふれて席が不足したため建物の後方にある鉄岩川に木や鉄筋の柱を立てて空間を広げました。後方には子供を背負った妻が仕事に行く夫を見送っているオブジェがあり、物寂しい景観にぬくもりを与えています。この場所を有意義に保存しようとした誰かの努力のたまものでしょう。

　太白は思ったより見どころが多かったでしょう。夏に訪れても冬に訪れても後悔しない異色で美しい高原都市、夏は暑さを避けて、冬は雪を楽しみながら、ここでしかできない体験を存分に味わうことのできる魅力的な都市になっています。

旌善
炭鉱都市から観光都市へ

　アリアリランスリスリラン～。「アリラン」［朝鮮民謡］の一小節です。「アリラン」を聞くと物悲しいながらも、うきうきした気持ちになります。ところで「アリラン」の起源はどこでしょう？

　答えを言う前に質問です。テットン（大金）の語源を知っていますか？　テットンとは元々、いかだを売って稼いだお金のことです。江原道の北漢江や南漢江に沿って漢陽までいかだを運んで売り、大金を稼いだためテットンとの言葉ができたのです。アリランの話の途中でテットンの話をした理由を説明しましょう。

　大金を稼ぐためにいかだに乗って漢陽に下った筏師が歌っていた曲が「アリラン」でした。その歌が全国に広がったのです。そのため地域によってさまざまなアリランがありますが、元祖アリランは江原道、その中でも旌善から始まったというのが定説です。皆さんにとって最も聞きなれたアリランはきっと「旌善アリラン」でしょう。

　最近はいかだを売って大金を稼ぐ代わりに、カジノで一攫千金を狙う人が旌善に集まっています。

　詳しいことは旌善を巡りながら話しましょう。

左：「アリラン」の石碑／右：鉱山の最も奥にある場所

塞翁が馬の都市、舎北と古汗

　人生に紆余曲折があるように都市の歴史にも紆余曲折の多い場所があります。「禍を転じて福と為す」や「塞翁が馬」のような場所があるということです。江原道旌善がまさにそのような地域です。
　鉱山の最も奥にある場所に行ってみましょう。ここは坑道がしっかりと造られていない状態で穴を掘って入っていく場所なので、坑道を支えながら作業をしなければなりませんでした。そのため、トンネルが崩れて生命を落とす危険がありました。当然避けるべき場所ですが、高額な手当を求めて命がけで作業をしていたのです。お金が底を尽き定職にも就いていなければ生活のためにどんなことでもするでしょう。旌善はそんな話の多い地域なのです。
　この地域と「塞翁が馬」はどのような関係があるのでしょうか？　九折羊腸という言葉はご存じですか？ 9回曲がった羊の腸みたいという意味で、曲がりくねった険しい山道を意味します。旌善には九切里（クジョルリ）という村があります。その次の村がない谷の端にある村、すなわち行き止まりの村のことです。村の地名からも想像できますね。
　1974年、九切里にも列車が走るようになりました。こんな谷間の村に

九切里

列車が通るのはもちろん石炭のためです。しかし30年後の2004年、運行が中止されました。石炭の生産が終了したため運行する必要がなくなったのです。韓国最後のピドゥルギ号［各駅停車］の運行でした。

　村がなくなるかと思われましたが、国内初のレールバイクが開通し大転換期を迎えました。今では多くの場所で見かけるため珍しくありませんが、当時は初めてだったため話題になりました。国内旅行ブームが追い風となり閉山村はユニークな観光地に変わりました。さらにアウラジ、旌善アリラン、旌善五日市など地域特性と一致し、塞翁が馬の地域になったのです。

左：レールバイク／右：列車を使用したバッタをかたどったカフェ

現在は樹木が茂っている場所も、以前は炭鉱から出る廃石が積まれていました。多勢の鉱山労働者が暮らしていて、非常に劣悪な環境でした。村が行き止まりにあるだけでなく、人生の行き止まりに直面している人たちがたくさん集まっていたのです。現在は列車を使用したバッタをかたどったカフェや汽車型ペンションなど、列車をテーマにして地域活性化を図っています。

次は、舎北に行ってみましょう。舎北に到着して最初に目に入るのは「勝率99％の秘法を伝授します」という賭博勧奨の広告です。でもそんな秘法があれば他人には教えないはずでしょう。舎北とその隣の古汗はカジノが有名な場所です。昔の写真を見ると、カジノが作られた当初は「家庭の幸せは賭けるな！」「賭博はあなたと家庭を壊します！」のような賭博を警戒する横断幕がかかっていましたが、今は推奨する時代になってしまいました。

鉱山労働者の絵と共に「私は産業戦士鉱山労働者だった」と書かれた建物があります。誰の作品かはわかりませんが、鉱山労働者としてのプライドが感じられる絵と文です。このように強調しているということは、鉱山労働者が産業戦士として冷遇されていた証でもあります。昔から鉱山労働者に対する社会的認識は非常に低かったと言えるでしょう。

舎北にはかつての国内最大規模の民営炭鉱である東原炭座がありました。この鉱山のおかげで舎北の人口は5万人を超えました。谷間にある小さな町が、面ではなく邑になったほどです。隣町の古汗も邑になったので鉱山にどれほど多くの人が集まっていたかがわかるでしょう。旌善郡庁がある旌善邑より舎北や古汗の人口のほうが多かったそうです。

当時の石炭には大きく分けて3種類ありました。練炭として使っていた無煙炭、国内にはないため輸入に依存していた歴青炭、そして褐炭です。東原炭座は無煙炭を掘る炭鉱でした。

しかし時代の変化によりエネルギー資源も練炭から石油に変わりました。すでに炭鉱ではたくさんの人が働いていましたが、エネルギー資源が石油に変わったことで石炭の需要は減少し続けました。継続的な採掘の

ためにはさらに地下深くに降りていかなければならず、採掘コストが高くなり炭鉱を維持する採算性が日に日に悪化していきました。民心を考慮して政府が財政支援を行いましたが、すでに石油の便利さが知られていたため需要の回復は限定的だったのです。低価格を維持しようとする政府の強力な政策により値上げも不可能でした。結局1989年に石炭産業合理化政策が施行されました。

　1989年に政府は炭鉱の数を減らして石炭の供給を減少させ、閉山により被害を受けた地域は都市開発を通じて発展を図ると決定しました。こうして財政支援による効果がなくなったため採算性の低い鉱山が閉山され、多くの鉱山労働者が炭鉱を去っていきました。それに伴い舎北と古汗も衰退の一途をたどったのです。

　閉山地域支援事業のひとつがカジノの設立でした。複数の支援事業がありましたが、カジノが最も代表的な事業でした。韓国にあるカジノはすべて外国人専用であったため、この地に韓国人も利用できるカジノを有する江原ランドが建設されたのです。

　江原ランドの前方に真っ黒な石が積まれていますが、これは採炭した中から不純物を集めて積み上げた廃石の山です。その上に江原ランドが建っています。まるでこの地域の時代の変遷を見ているようです。地下から地上へ、そして華麗な建物へ。

左：鉱山労働者としてのプライドが感じられる絵と文／中央：東原炭座／右：江原ランド

炭鉱は閉山しましたが、当時の施設と物品は展示場と体験コースで利用されています。トロッコに乗って地下に行くこともできます。昔の写真と見比べると今とは明らかに異なるとわかるでしょう。閉山直前の最も衰退していた時期でも、どこか活気があるように見え、マンションも残っています。鉱山には多くの人が集まりましたが、小さな谷間には家を建てる場所が不足していました。都心のマンションに比べると規模はとても小さいですが、都心よりマンションの比率が高かったようです。現在は鉱山労働者がいなくなったためマンションは取り壊されました。撤去前の写真に写る鉱山労働者の活気に満ちた姿がなつかしいですね。

　舎北の町の真ん中にはレールが敷かれていますが、列車が通るには幅が狭く見えます。これは鉱山を行き来していたトロッコのレールです。レールバイクのようなトロッコを設置しようとして失敗しましたが、この地域の特徴を表しています。トロッコを押しているオブジェもあります。

　ここには質屋や宿泊施設がたくさんあります。江原ランドができる前にはなかった施設です。江原ランドはホテル、リゾート、スキー場、ゴルフ場を運営しており、現在も拡張中です。

　江原ランドは閉山地域の開発と観光産業育成のために誕生しました。しかしオープン以降、お金を失った人々が賭博の借金を悲観して自殺や詐欺、窃盗を行うなど、毎年マイナス効果が増加しています。地域経済を活

左、中央：展示場になった炭鉱施設／右：撤去前のマンション

左：トロッコのレールが敷かれている舎北邑内／右：トロッコを押しているオブジェ

性化するために開発した場所が、むしろ経済を疲弊させているとして問題にもなっているのです。

環境に優しい旌善の観光地

　旌善にはススキ野原が有名なミンドゥン山があり、秋になるとたくさんの人が訪れますが、ススキだけ見て帰るのはもったいないほどです。ススキ野原も美しいですが、他にも見どころがたくさんあります。

　ミンドゥン山は標高1117mで頂上に樹木がないため、まさしくはげ山(ミンドゥン)と言います。まず、ミンドゥン山駅に行ってみましょう。この鉄道は無煙炭やセメントなど各種資源を運ぶ国家の重要な産業鉄道でした。同年8月までは駅名が甑山駅(チュンサン)でしたが、旌善の観光産業の比重が大きくなり2009年9月にミンドゥンサン駅へ改称しました。餘糧駅(ヨリャン)がアウラジ駅に改称されたのも同じ理由です。駅のホームにススキが植えてあるのも一種のコンセプトなのでしょう。

　駅にA-trainの案内板が立っています。A-trainは旌善アリラン列車とも呼ばれており、ソウルから旌善のアウラジ駅まで運行する韓国鉄道公社の4番目の観光列車です。Aはアリラン（Arirang）、驚くほど素晴らしい（Amazing/

Ace)、冒険（Adventure）を意味します。列車のシンボルは高い山と川、トンネルを連想させます。旌善のイメージにぴったりですね。すべての客室に開閉式の大きな窓と座りやすい上質な椅子が設置されていて鉄道旅行の醍醐味を満喫できます。

　ミンドゥン山に登ると水たまりがいくつか見えます。ここは石灰岩地域で、石灰岩は雨水に溶けてなくなる特徴があります。特に割れ目のある部分に雨水が集まり、その周りが溶けて水たまりができるのです。これをドリーネと言います。案内板に8個のくぼみがあると書いてあります。すなわちここにドリーネがたくさんあることを意味し、水が浸み込んだ場所をシンクホールと言います。浸み込んだ水は地中の石灰岩を溶かしながら、さらに深い場所へと流れていきます。その過程で鍾乳洞が造られ鍾乳石や石筍が生じるのです。もちろんこの辺りには洞窟もみられます。

　出入りできるように造られた洞窟は限られています。代表的なのは画岩洞窟です。ここは鍾乳洞としての特徴を持っていますが、元々は金を採掘するための金鉱でした。画岩洞窟では金を採掘、精錬する過程や金と関連した多様な展示物を見ることができるので、一種の金のテーマパークのような場所といえます。

　さらに鍾乳石と石筍を見ることができる鍾乳洞でもあり、あちこちに大きくて見事な鍾乳石がたくさんあります。地下深くにこのように大きな空間があるなんて考えてみると本当に不思議ですね。水が作り上げた壮

左：A-trainの案内板／右：ミンドゥン山のドリーネ

画岩洞窟

観な風景なのです。石灰岩と雨が合わさるとこのようなことが起こるのです。案内板に石花と書いてありますが、石が花のような形になっているものを指しています。本物の植物ではありませんが、洞窟の壁や天井に形成され、洞窟をさらに美しく彩る神秘的な生成物です。洞窟珊瑚というものもありました。

　この鍾乳洞の水はどこに流れていくのでしょう。旌善を代表する川である東江(トンガン)を見てみましょう。近くで見ても素敵ですが、遠くから眺める東江も風情があります。東江はかつてアウラジからソウルまでいかだを運搬するなど、交通手段として利用されていましたが、1957年に太白線に列車が開通したことで水運機能を失い、訪れる人がいなくなりました。

左:石花／右:洞窟珊瑚

画岩洞窟の水がどこに流れていくのか説明はまだでしたね。東江の周りには石灰岩でできた絶壁が多く、よく見ると白色の部分があります。これは鍾乳洞を流れていた水が外に流れ出る際にできたものです。高い山の中のどこかを流れて抜け出たのでしょう。山の中では水がどのように流れるのか知ることは簡単ではありません。鍾乳洞はくねくねと曲がっているのが特徴なのでとりわけわかりにくいのです。

　東江は本当に美しく、川の近くには険しい山が広がっていて絶景です。ところが以前、このような美しい場所が水没しかけたことがありました。洪水を防ぐことを目的として東江にダムを作ろうとしたのですが、多数の環境団体の反対により計画は撤回されました。

　ここは洪水が深刻な地域で、洪水時には絶壁の上にある案内板の高さまで水に浸かるほどです。東江ダムの建設が取り消された後も、2002年ルーサー、2003年マエミーなどの大型台風により洪水が起こりました。しかし東江ダムの建設が撤回されたおかげで、今でも美しい自然を見ることができるのです。さらに東江はラフティングが有名で、ラフティングが初めて本格的に導入された場所でもあります。

　ダム建設に関する議論が起こったことで、東江が広く知られるようになりました。2000年代前後にラフティング探訪客が急増し無分別な開発が行われ保全対策が急務との問題が提起されました。これにより環境部は2001年に東江一帯を自然休養地に指定、2002年8月には旌善郡の広河橋（クァンハギョ）

左：石灰岩でできた絶壁／中央：洪水の水位表示／右：東江

東江ダムの建設計画

東江ダム建設計画は、1990年の洪水で住民160人余りが亡くなった後、盧泰愚元大統領の指示で始まりました。1996年2月に旧建設交通部がダム事業の基本計画を確定すると、環境団体と地域住民、政府の葛藤が本格化しました。韓国の環境保護運動団体である環境連合は「カワウソとヤガタニゴイ、カワアイサの生息地を壊してはならない。石灰岩の地盤が崩れれば大事故が起こるだろう」とダム建設を警戒しました。政府はこれに反論し、双方の意見が激しく対立しました。1999年9月に金大中元大統領が「個人的には東江ダムの建設に反対する」と明らかにしたことが撤回のきっかけとなり、2006年6月ダム建設は白紙になりました。しかし現在も東江の開発に対する議論は続いています。

から寧越郡ソプセまで46kmに及ぶ東江の水面と生態的価値が高い東江流域の国有地2000万坪を「生態系保全地域」に指定しました。東江流域には天然記念物10種を含む1840種の動物と956種の植物が生息し、鍾乳洞71か所と50もの砂浜、蛇行する川があり、国内最高の生態系保護地域として評価されています。

　自然保全のために努力した団体のひとつが韓国ナショナルトラストです。この運動は市民の自発的な寄付や寄贈を通じて保存価値が高い自然環境や文化遺産を確保し、市民の所有物として永久に保存し管理する市民運動を意味します。韓国ナショナルトラストは2004年6月、市民の寄付金で提場村の一部地域を確保し保全しています。2005年には市民の寄付金で「ストローベイル」工法を利用した環境に優しい生態建築物である「東江舍廊」を建設し韓国ナショナルトラスト東江事務所として運営しています。

　韓国も自然を守り自然とひとつになる国に向かっています。環境に対する認識自体が大きく進歩しており、美しい旌善の東江を見れば、その成果を実感できるでしょう。

江陵
コーヒー好き憧れの土地

　世界市場で石油に次ぎ2番目に多く取引されている原材料は何でしょう？　ヒントは世界中の人々に水の次によく飲まれているもの。もうおわかりですよね。答えはコーヒーです。

　冒頭からコーヒーの話をしたのでコーヒーを飲みたくなったのではないですか？　今回の目的地はコーヒー祭りが開かれ、コーヒー好きが聖地巡礼のように訪れる場所です。コーヒー通りと鏡浦^{キョンポ}湖を中心にロマンチックでおしゃれな街、2017年に今年の観光都市に選ばれた江陵^{カンヌン}を巡りましょう。

江陵のコーヒー文化の景観

　江陵といえば東海に広がるビーチが有名です。まずは安木(アンモク)海岸に行きましょう。最初に目に入るのは心が晴れるような海です。次に見えるのが刺身店、食堂、民宿など海の近くならどこにでもある店、そしてカフェがあり、またカフェ、またまたカフェ。ここにはコーヒー通りがあります。

　江陵と言えば無形文化遺産に選ばれた江陵端午祭(カンヌンタノジェ)や烏竹軒(オジュッコン)、船橋荘(ソンギョジャン)などの歴史遺跡が有名なので、コーヒーは意外でしょう。実は江陵市は1000年前からお茶で有名な場所でした。南項津(ナムハンジン)側にある「寒松亭(ハンソンジョン)」という東屋の近くにお茶文化の遺跡が残っています。江原道の谷間から流れてくるきれいな水と海辺の素晴らしい景観が合わさりお茶の味をさらに高めたのではないでしょうか。お茶の味は雰囲気が重要だと言いますから。コーヒーもお茶の一種だと考えればそれほど意外ではないですね。

　安木海岸はバスが一日に数回しか停まらない小さくて静かな漁村でした。静かなビーチでお散歩デートを楽しみたい恋人たちが噂を聞いて訪れていた場所です。コーヒー自動販売機でコーヒーを買って砂浜に座り、

左：安木海岸／右：コーヒー通り

1徐3朴

バリスタ（barista）はイタリア語で「バールで作る人」という意味で主にコーヒーを淹れる専門家を指します。韓国のコーヒー業界で認められているバリスタ第1世代を、彼らの名字を取って「1徐3朴」と呼びます。1徐は1980年代ドリップコーヒー業界の先駆者ソ・ジョンダル、3朴は1990年代コーヒーロースターと抽出の専門家であるパク・ウォンジュン、パク・サンホン、パク・イチュ（朴利秋）です。

おしゃべりしながら飲めば、まるで映画の一場面のようです。実際にコーヒー自販機のコーヒーの味もこの場所をコーヒー通りにするのに貢献しました。一般的なコーヒー自販機は、コーヒー、砂糖、クリームを混ぜてブラックコーヒー、甘いコーヒー、ミルクコーヒーを提供します。ここの自販機では基本材料以外にも黄な粉やミスッカル［穀物を粉末状にした韓国の伝統食品］などの特別な材料を加えた多様なコーヒーを提供しているため、小銭数枚で海を眺めながら美味しいコーヒーを味わうことができます。

「1徐3朴」という言葉を聞いたことがありますか？　韓国のバリスタ第1世代の通称です。3朴の一人、朴利秋代表が運営するカフェ「ボヘミアン」は江陵にあります。Coffee Schoolという看板も立っていて、その名の通り教育の場としても使われています。ここでは生豆を大型ロースターで焙

左：安木海岸のコーヒー自販機／右：カフェ「ボヘミアン」

第3部　春川　太白　旌善　江陵

煎してハンドドリップでコーヒーを淹れるすべての過程を学ぶことができ、朴利秋代表のコーヒー人生物語も聞くことができます。店名のボヘミアンは放浪民を意味し、コーヒーを通じて得た幸福が一か所にとどまるのではなく、あちこちに広がることを望んで付けたそうです。

コーヒーは赤道を中心に形成されたコーヒーベルトに属する50カ国以上で生産されています。各生産地域の気候や土壌、耕作方法、収穫方法、加工処理過程がコーヒー農場によって異なるため、コーヒーの味と香りに違いが出るのです。

カフェ「TERAROSA」にも行ってみましょう。ここには韓国人初のグリーンビーンバイヤーがいます。グリーンビーンバイヤーとは世界中のコーヒー生産地と農場を訪ねて、品質の良いコーヒーを探す人のことです。彼らが最高品質のコーヒー豆を仕入れているため世界で認められたコーヒーを江陵で味わうことができるのです。江陵がコーヒー都市の地位を確立するのにTERAROSAのグリーンビーンバイヤーの活躍が大きな影響を与えたといいます。

TERAROSAに行くとコーヒーロースターを見ることができます。コーヒーロースターとは生豆を焙煎するための機械です。元々この場所はカフェではなく仕入れた生豆を煎ってコーヒーを製造する工場でした。TERAROSAではコーヒーの製造、販売、試飲はもちろん、コーヒー教室

左：TERAROSA／右：コーヒーロースター

を開いて後進の育成まで行っています。温室には木が一本生えていますが、なんとコーヒーノキです。コーヒーをテーマにした文化的空間を作る意図でコーヒーノキを植えたそうです。

　余談ですがテラロッサ（terra rossa）は基盤岩が石灰岩の地域で現れる赤色の土壌を指す用語だそうです。ところで韓国でもコーヒーを栽培していることを知っていますか？　先ほども述べましたがコーヒーは赤道付近の北回帰線と南回帰線との間に形成されたコーヒーベルトで栽培されているため、江陵の気候とは合いません。そのため江陵のコーヒー農場では温室で栽培しています。COFFEE CUPPER旺山店ではコーヒー農場とコーヒー博物館を運営しており、コーヒー作り体験もできます。コーヒー農場では毎年5～6月頃にコーヒーの木祭りを開催していて、2015年に6回目を迎えました。10月には江陵市主催のコーヒー祭りが安木コーヒー通りで開催されます。どちらの祭りでもコーヒーに関するさまざまな体験ができます。

　大関嶺雪花祭りや保寧マッドフェスティバルなど成功した祭りは、その地域の地理的環境をうまく反映しています。コーヒーの主な原産地でない江陵でコーヒー祭りが開かれるのは不思議ですが、それくらい地域性を上手に生かしたと言えるでしょう。

　静かな安木海岸にある自販機のコーヒーから始まり、コーヒー関連の従

左：コーヒーノキ／中央：コーヒー農場／右：コーヒー博物館

事者らの努力でコーヒー農場、博物館、カフェなど、コーヒー文化が形成され、江陵の新たな地域的特性を生み出しました。鏡浦湖と東海の素晴らしい風景によりコーヒーの香りが一層深まります。

鏡浦湖を中心とした観光産業

　コーヒー通りも有名ですが、江陵と聞いて最初に思い浮かぶ場所はカモメが悠々と飛び交い白い砂浜の広がる鏡浦台(キョンポデ)でしょう。江陵市を代表する観光資源についての意識調査の結果を見ると毎回、鏡浦海と鏡浦海水浴場、鏡浦台と鏡浦湖、端午祭の順になっています。鏡浦台が江陵市を代表する観光地の役割を担っていることがわかるでしょう。鏡浦海水浴場は江陵市の海水浴場の中で訪れる客が最も多い東海岸最大の海水浴場です。

　鏡浦台と鏡浦海水浴場は混同して話されることが多いと思います。鏡浦台は鏡浦湖を含む一帯の景色を意味する用語として使われることもありますが、厳密にいうと鏡浦湖の周辺に建てられた楼閣を称する用語です。鏡浦湖の前に広がる砂浜海岸を鏡浦海水浴場と呼んでいます。

　鏡浦海水浴場には砂が非常に多いことが知られています。海水浴場と

鏡浦海水浴場

して利用する砂浜を地理用語では「さひん」と読みます。さひんは砂が波によって陸地側に積み上げて作られたものです。さひんの主な構成物質である砂が東海側に豊富に供給されるため、特に東海側に砂浜海岸が発達しています。

　学生時代の地理の授業で「傾動地形」という用語を学んだことを覚えていますか？　東側に偏って非対称に隆起して形成された東高西低の地形のことです。東海に流れる河川の長さは、黄海に流れる河川より短く傾斜が急なため比較的大きい砂が東海に排出されます。太白山地の金剛山（クムガンサン）、雪岳山（ソラクサン）は基盤岩が花崗岩です。花崗岩は風化を経て石英、長石、雲母などの微粒子になり、これがさひんを構成する三要素です。このように作られた砂が河川によって海に流れ、再び波により海岸に押し寄せられ広い砂浜を作ります。

　だからといって東海側のすべてが砂浜海岸というわけではありません。江陵地域を境に北側は元山（ウォンサン）地方まで砂浜海岸ですが、南側は浜崖のような岩石海岸です。これは基盤岩の違いによるものです。江陵の北側には花崗岩、南側には堆積岩が分布しています。花崗岩は物理的に強い岩石ですが、一旦風化が始まると解体・後退が早く、傾斜が低くなります。一方で堆積岩は激しく風化されても垂直節理が発達していれば絶壁が発達します。したがって花崗岩地帯は大部分が海岸と離れて高い山地が発達し、海岸に至ってはゆるやかな斜面が続きました。堆積岩地帯は高い山地

傾動地形

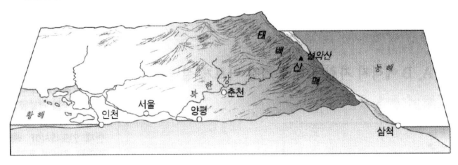

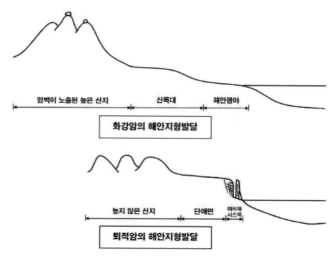

基盤岩の違いによって異なる海岸地形

が発達していませんが、海岸に至っては絶壁が形成されたのです。

　海岸の向かい側には広い湖があります。鏡のように澄んだ湖という意味で「鏡浦湖」という名前が付きました。東海岸の金剛山の端に位置した三日浦(サミルポ)をはじめ花津浦(ファジンポ)、青草湖(チョンチョホ)、永郎湖(ヨンランホ)、鏡浦湖など東海岸に発達した湖はすべてラグーンです。

　これらは自然にできた湖で、地球の気温変化による海面上昇に大きな影響を受けました。今から約1万2000年前には現在より気温も海面も低く、この時期を最終氷期と言います。以後、地球の気温が上昇したことで海面も上昇しました。東海岸もやはり海面が上昇し沈水する過程で山地の末端部の谷の奥深くまで海水が押し寄せて狭い湾を形成し、のこぎりの歯のような複雑な海岸線ができました。背後の山地から河川を通じて運搬、堆積された砂は海岸に沿って平行に流れる沿岸流と波の作用で湾の入り口に形成される長い砂の堆積地形である砂州をつくります。砂州が成長し続けると湾口を塞ぎ海と隔離された湖が形成されます。

　湾口が塞がっていると河川から供給された堆積物が徐々に積もり、湖自体が埋まることもあります。するとラグーンは沼地や沖積平野に変化し

鏡浦湖

ます。このような現象により東海岸の海岸線は単調な形状になっているのです。

　鏡浦湖の周辺には船橋荘があります。船橋荘とは舟橋の家という意味で、約150年前に前庭が鏡浦湖だった頃、湖の上に舟を並べて橋を作り行き来する家だったためそう呼ばれました。当時より湖が埋まったため、現在は湖から遠く離れていますが、鏡浦湖もいつかはすべて埋まってしまうかもしれません。

　きっと江陵市が放っておかないでしょう。1910年頃には湖の面積が今の1.8倍程度でした。その後、堆積物で埋められた場所を農耕地として利

左：オニバス湿地／右：鏡浦台

烏竹軒

用していましたが、2005年から堆積された土をかき出してオニバス湿地復元事業を実施し、湿地に復元しました。農耕地として利用していた場所を再び湿地として復元したというのは、湿地だった頃のほうがメリットが大きかったことを意味します。江陵市は鏡浦湖とその周辺の観光資源を利用して観光都市のイメージをアピールしようと努力しています。春には鏡浦湖の周りで桜祭りも開催されています。

左：鏡浦台から眺める鏡浦湖／中央：烏竹軒の竹／右：船橋荘

鏡浦台から眺める湖の風景もまた壮観です。鏡浦台は朝鮮時代の詩歌文学の大家松江・鄭澈[松江は号]が『関東別曲』で関東八景の一番だと歌った場所です。東屋からは鏡浦湖を前面に見渡すことができ、東海も遠方に眺めることができます。周りにある大きな松の木と調和した景色は実に素晴らしいものです。

　この楼閣は高麗の末に印月寺跡に建てられたもので、中宗[第11代国王、在位1506-1544]の時に現在の場所に移転されました。景色がとても素敵で多くの文人の詩文に頻繁に登場する題材でした。楼閣の中にもいくつかの詩文が掲げられています。鏡浦湖を眺めながら心身修養すれば文学的なインスピレーションがわいたことでしょう。ここは東海岸で一番の月見の名所だとも言われており、夜になると複数の月を同時に見ることができるのです。空に浮かぶ月、東海に照らされる月、鏡浦湖に映る月、杯と恋人の瞳に映る月まで。とてもロマンチックですよね。

　鏡浦湖が今より広かった頃、船で渡って行き来していた舟橋の家という意味を持つ船橋荘は、正門が付いたヘンランチェ(使用人の住居)と母屋、サランチェ[居間、客をもてなす場所]、離れ及び東屋まで完璧に備えた朝鮮の支配階級の邸宅です。趣があるためロケ地として人気で、映画『食客』、ドラマ『宮～Love in Palace』、『ファン・ジニ』がここで撮影されました。

　最後に烏竹軒に寄ってみましょう。ここは韓民族の母と称えられる申師任堂が民族の師匠である栗谷・李珥[栗谷は号]を産んだ場所で、江陵の代表的な人文観光資源です。カラスのように黒い竹が生えていることから烏竹軒との名前が付きました。李珥の父である李元秀はソウルにいましたが、申師任堂は結婚後も親孝行を忘れず一人暮らしの母の世話をするため江陵で過ごし、烏竹軒で李珥を産みました。

　素晴らしい景色を楽しんだあとは、近くの豆腐屋さんでお腹を満たしましょう。海水で味付けして作った草堂豆腐の味は江陵旅行の醍醐味です。天の恵みである自然を観光資源として活用し、コーヒー都市を開拓して全国の観光客を引き寄せる江陵の歩みは、これからがさらに楽しみです。

第**4**部

世宗・忠清道

世宗
自然との調和を目指す
行政中心複合都市

　南アメリカのブラジル、中央アジアのカザフスタン、西アフリカのナイジェリア、この3カ国の共通点は何だと思いますか？　この章で紹介する世宗市と関連付けて考えてみましょう。ブラジル、カザフスタン、ナイジェリアは比較的最近首都を移転させた国です。広い面積に比べて首都が辺境にあったため地域間の均衡ある発展が難しいことから、国土の中心に新都市を建設し首都を移転させたのです。3カ国の新首都建設事業は成功だったのかもしれません。どのような事業にも長所と短所があり、地域変化を評価するには長い時間が必要なため、今の時点で断定することは難しいでしょう。

　この3カ国以外にもマレーシアやスリランカ、ミャンマー、コートジボワールもさまざまな理由により首都を移転しました。マレーシアやスリランカの新首都は広大です。

　韓国でも長い議論の末に大規模地域開発を通じて世宗特別自治市が誕生しました。国務総理以下、各行政機関が移転した行政中心複合都市です。成果を評価するにはまだ時間が必要ですが、世宗市の歴史的意義と地理的特性については調べてみる価値があるでしょう。

郷校

都市発達の歴史を持つ燕岐郡

　世宗市探訪は郷校(ヒャンギョ)がある全義面(チョニミョン)から始めましょう。郷校は歴史的・教育的意味だけでなく地理的な意味でも重要です。郷校があるということは朝鮮時代、府牧郡県に該当する中心地だったことを意味します。郷校の設置と運営は朝鮮時代の憲法に該当する『経国大典』に明文化してあり、郷校の盛衰を人事考課に反映するほど重要視していました。

　現在は全義面という面単位の村ですが、以前は全義県の中心地でした。全義が大きな地域であったことは「全義 李氏」の本貫［家系上の始祖の出身地］であることからもわかります。姓氏の本貫もやはり郷校と似たような地理的意味を持っています。姓氏の本貫は高麗時代、郷校は朝鮮時代までさかのぼるため、郷校や本貫があるということは、少なくとも朝鮮時代以前から存在した行政区域の中心地域だったと言えます。

　釜山(プサン)、大田(テジョン)、群山(グンサン)、木浦(モクポ)は大きくて歴史のある都市ですが、郷校と本貫はありません。すなわちこれらの都市は約100年前の開化期前後に発展し始めたことを意味します。

釜山に本貫があるという話は聞いたことがないでしょう。釜山は東莱の小さな入り江である富山浦（または釜山浦）が大きくなり現在の釜山広域市になりました。その後、隣接する東莱郡と機張郡を編入して東莱郷校と機張郷校を持つことになりました。懐徳と鎮岑の間の広い野原であった大田も発展してこのふたつの地域を吸収したため、町はずれに懐徳郷校と鎮岑郷校があります。多様な地域変化があったという地理的証拠です。ここ世宗市も鳥致院が発展するにつれて燕岐と全義の発展は止まってしまいました。

　郷校や本貫がある地域は背山臨水［背後に山があり前方に水を見下ろす地形のこと］の伝統的な集落の立地になっています。全義郷校がある全義面の中心地を見ると前方には鳥川が、両側にはトクヒョン川と北岩川があり、三方面に水が流れています。背後は雲住山の麓です。どんなに大きな洪水が起きても水に浸かることのない地形です。

　以前は中心地域であった全義面を歩いてみると、都市の発展が止まってしまったことがすぐにわかります。地域の中心地が鳥致院に移転したことでさびれてしまったのです。それでも全義郷校の近くに比べると栄えているといえるでしょう。

　次は世宗市を成していたふたつの村の中で南に位置する燕岐郡を見て回りましょう。ここも南向きの背山臨水の条件を備えています。『大東輿

第4部　世宗　論山　保寧　堤川

全義郷校

205

全義李氏の本貫

地図』や『湖西邑誌』に登場する昔の地図を見るとさらに正確に背山臨水の立地を確認できます。

　燕岐郷校の目の前を燕岐川が流れ、この川を境に新都市と旧都市に分かれています。燕岐川は美湖江へ、美湖江は錦江へ流入します。背山臨水の立地というと前方に大きな川があると考えるでしょう。しかし、ソウルを見ても、西大門は漢江ではなく清渓川の側に位置しています。清渓川―中浪川―漢江の順に流入するため、一般的に大きい川の支流に立地すると見るのが正しいでしょう。

左：全義面／右：『大東輿地図』の背山臨水の立地

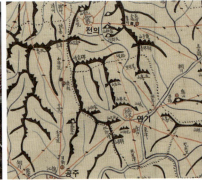

燕岐郷校

　良い立地は下流から上流に逆流する場所に位置します。大きい川の本流と逆流する支流に位置するとメリットがあります。韓国は夏場の梅雨と台風の影響で大きな川が氾濫する危険性が大きいため、大きな川が氾濫しても浸水被害にあわないようにした祖先の知恵だったのでしょう。風水を迷信のように扱う人もいますが、あちこち踏査してみると、祖先が数千年この土地で暮らしながら得た知恵だとわかります。

　燕岐郷校は夏または秋に行くとイチョウとの調和が見事です。郷校や書院（ソウォン）の近くにはイチョウがたくさんあります。孔子が弟子を教育した場所を杏壇［学問を教える場所。孔子が学問を講じた壇の周りにイチョウがあったという故事に由来する］と言うため、朝鮮時代の教育を担当した郷校、書院、成均館［高麗末期と朝鮮時代の最高教育機関］を杏壇と呼び、周辺にイチョウを植えたのです。

　次は芙江ナル（プガン）［ナルは「渡船場」の意］へ行ってみましょう。ここは20世紀初めまで黄海から上がってくる塩、塩辛、干物の集散地でした。金砂が輝き、砂利とポプラが調和する美しい場所でしたが、産業化が進みこの美しい風景は失われてしまいました。

　以前は今よりも水量が多く川幅も広かったため数十隻の船がやって来て海産物と塩を流通させていました。

　しかし芙江ナルの上流に錦江最大の大清（テチョン）ダムが建設されたため、水量が少なくなってしまいました。大清ダムは大田と清州（チョンジュ）に生活用水と工業

第4部　世宗 論山 保寧 堤川

207

郷校の地理的意味

郷校は朝鮮時代の公立の中高一貫校に該当します。朝鮮時代の基本法典である『経国大典』に郷校の設置と運営についての条文があります。郷校の盛衰が役人の勤務成績にも影響を与えたため、最善を尽くして運営していたことでしょう。古い郷校を新築して移転した地域もあります。郷校があった村は校洞(キョドン)、校里(キョリ)、校村里(キョチョンリ)、明倫洞(ミョンリュンドン)と呼ばれました。全義郷校は粛宗(スクチョン)［第19代国王、在位1674-1720］の時に東校里(トンキョリ)から西側の邑内里(ウプネリ)に移転されました。日本統治時代の朝鮮の行政区域の統廃合［1914年］以降も郷校は儒林や宗親会［同性同貫の親族の集まりのこと］によって管理されてきました。安山(アンサン)郷校、始興(シフン)郷校のように大韓帝国末期以降の混沌の時期になくなった郷校もあります。大都市の中ではソウルの陽川(ヤンチョン)郷校、仁川の富平(プピョン)郷校、釜山の東莱郷校、大田の懐徳郷校、大邱の玄風(ヒョンプン)郷校のように過去行政区域の中心地と類推できる郷校もあります。

用水を供給するため放流量自体が少なく、芙江ナルは昔の輝きを失い多少うら寂しくなってしまいました。

　ところでポプラはどこに行ってしまったのでしょう？　河川が周期的に氾濫することで、上流の砂利と砂を供給する必要がありますが、大清ダムがそれを塞いでいます。さらに工事を行い、川をまっすぐにして堤防を作ったことで水際を好むポプラは枯れてしまったのです。

　芙江ナルの周辺には商人や住民で賑わう浦口集落がありました。クドゥルギ村が市場の中心でしたが、100年で跡形もなく消えてしまいました。

左：芙江ナル／右：大清ダム

芙江薬水

京釜線が通るようになり芙江駅が作られ、中心地が駅前に移転してしまったためです。

　有名な芙江薬水に行ってみましょう。都市では日常的にミネラルウォーターを飲むようになり、湧き水文化は消えかかっていますが、ここには今でも素晴らしい湧き水があります。しかし芙江薬水には複雑な事情がありました。以前は椒井薬水と共に忠清北道を代表する湧き水で、全盛期は水を飲んで胃腸疾患を治そうとする人々で門前市を成しました。

　現在はきれいに整備されているにもかかわらず、物寂しい雰囲気が漂っています。2004年に飲用不可判定が出たため人々に忘れられてしまったのです。しばらくそのまま放置されていましたが、芙江薬水の思い出を忘れられない人々がきれいに整備しました。大腸菌や鉛などの有害成分は検出されませんでしたが、フッ素や鉄分が多いため一日の摂取量を制限することを条件に再開しました。しかし2014年の再検査の結果、フッ素と濁度が基準値を超えたため再び飲用不可判定を受けました。前方には大きい道路が通り、後方には登山路が開設されたため水質に問題が生じたのではないでしょうか。庶民の思い出の場所なだけに少し残念ですね。

　次は芙江駅を紹介します。道路、鉄道、港湾の交通の長所と短所を簡単に整理してみましょう。道路を使う場合は初期費用が少なくドアtoド

第4部　世宗　論山　保寧　堤川

209

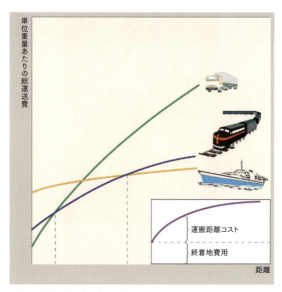

道路、鉄道、港湾の交通比較

アが長所で、短所は多くの荷物を運べないことです。港湾は多くの貨物を運ぶことができますが、基盤施設の建設費が膨大で内陸に運ぶためには追加で別の交通手段が必要になります。鉄道の長所と短所はこのふたつの中間です。一番の長所は時間が決まっている点と天気の影響を受けない点です。芙江ナルは冬には凍り、夏には洪水が起こるため本来の機能を果たせない日が多かったのですが、芙江駅はいつでも定刻に汽車が発着しました。このような理由から芙江駅は大田、鳥致院、清州間で物流機能を特化させて駅を維持しています。近くには貨物会社、物流会社、コンテナ基地などがたくさんあり、交通に便利な工業立地だと言えますね。

KTXの開通後、芙江駅のような小さな駅は昔のピドゥルギ号に該当するムグンファ号の普通列車だけが停車する駅になってしまいました。芙江駅は幸いにも物流機能だけは残りましたが、全義駅は簡易駅レベルです。電車で2駅行くと鳥致院駅がありますが、地域の中心地の移動の代表的な事例がまさに鳥致院でしょう。

朝鮮時代から日本統治時代になり、多くの地域の中心地が変わりました

が、その理由のひとつが鉄道の発達です。

　錦江流域の都市発達を例にとってみましょう。錦江は韓国最大の穀倉地帯を流れ、河川を利用した運送機能まで担当していました。錦江流域の最大の市場は江景(カンギョン)市場で、平壌(ピョンヤン)、大邱(テグ)と並ぶ朝鮮の三大市場でした。しかし大田で京釜線と湖南(ホナム)線の鉄道が分岐するようになると、広い野原であった大田が急成長し、江景の商業機能と公州(コンジュ)の行政機能を吸収してしまいました。

　中間規模の都市移動は鳥致院が代表的です。鳥致院駅が京釜線と忠北(チュンブク)線の分岐駅になったため燕岐郡の機能が燕岐郷校のある燕岐里から鳥致院里に移動しました。さらに細かい中心地の移動の事例は先ほど見た芙江ナルから芙江駅への集落移動です。

　鳥致院駅を出ると正面は東側です。市街地が鳥川と美湖江の氾濫原に入ったため堤防を築いてあります。のちに桜を植え、鳥致院の名所になりました。東向きが氾濫原だというのは伝統的な集落の立地とは異なります。これは鉄道の特徴と関係があります。道路とは異なり鉄道は地形の高低、すなわち起伏が激しい場所ではなく平坦な場所を好みます。特に鉄道の分岐点は広い平地が必要なため公州より大田、全義や燕岐より鳥致院が選ばれたのです。

左:芙江駅／右:鳥致院駅

大韓民国の新たな
中心地になった幸福都市

　行政都市と聞いて期待して行くと、少し失望する場所が世宗市です。実際には一般的な新都市の印象が強いでしょう。大田や清州近郊に新都市として衛星都市を造成したような雰囲気です。遷都に近い新首都計画が部分的な行政中心都市で終わってしまったのにはさまざまな事情がありました。

　過去に政府が、ソウルが軍事境界線とあまりにも近いという安全保障上の理由で、ソウルの移転を計画したことがありました。しかし、より現実的な理由は国土の不均衡発展のためです。韓国の首都圏の過密は深刻なレベルで、国土面積の約12％であるソウル、京畿(キョンギ)、仁川(インチョン)に人口全体の約50％が住んでいます。世界最大都市圏である東京の28％やニューヨークの8％と比較してもとんでもない集中ぶりです。そのため首都圏の機能を地方に分散させようという大統領の公約に共感する人が一定数いました。

　しかし反対派の主張も理にかなっています。行政首都建設が大統領選挙で急に争点となりバラマキ政策との非難や、行政首都だと言っても実際

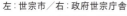
左：世宗市／右：政府世宗庁舎

には遷都であるため国民投票が必要との主張、費用が天文学的な数字になるがそれほどの投資価値があるのかとの反論などもありました。朝鮮半島が統一された後の状況まで考慮すべきとの意見も出ました。

　結局この問題は憲法裁判所までいくことになり、その過程で慣習憲法の話が出ました。2004年の判決で憲法上の明文規定はないが、長い慣行により成立する不文憲法に該当すると公表しました。そのため政府の行政首都推進計画は中断され、国土の均衡ある発展のための行政中心複合都市建設に縮小して進行されることになったのです。

慣習憲法に対する議論の争点の整理

はい	争点	いいえ
憲法典にすべて記録することは不可能なため不文憲法が必要	慣習憲法は存在するのか？	民法とは異なり憲法に慣習憲法の規定はない
ソウルという名称と600年間首都としての地位を保っている	「ソウル＝首都」は慣習憲法か？	国民が強制力のある法規範だと確信していると見ることは難しい
慣習憲法は成文憲法と同等の地位と効力を持っている	慣習憲法は憲法改正手続きを経るべきか？	国民的合意や国会による立法で可能

　行政複合都市の中心は東側に位置する政府世宗庁舎で、2012年から2014年までに15の中央行政機関と20の所属機関が移転しました。

　ミルマル展望台から見下ろすと世宗庁舎の建物はまるで一匹の龍のように見えます。龍の頭に該当する1棟には国務総理室があり、展望台から近い側が15棟で文化体育観光部があります。個別に見ると建物が15棟ありますが、すべて繋がったひとつの建物と言えるでしょう。建物の間を河川が流れ、道路も通る膨大なスケールです。屋上には約3.5kmにわたる壮

左：国土の不均衡発展。首都圏の面積が国土の12%／右：ミルマル展望台

大な庭園がありますが、訪問するには事前予約が必要です。

　南東側を除いて世宗市の大部分はマンションが立ち並んでいます。転勤になった公務員とその家族以外にも大田や清州、公州から引っ越してくることを期待しています。実際に家賃を安くするために大田市から世宗市に引っ越してくる人もいるそうです。世宗市庁から大田広域市庁までの距離は約20kmで車で30分あれば行くことができます。公共交通機関を利用すると大田の地下鉄の終着駅である盤石(パンソク)駅まで15分で到着できるため、十分に生活圏に入ります。東南側は大田、北東側は清州、南西側は公州と隣接しています。公州市内からも約10kmなので20分ほどで通勤が可能です。

　政府世宗庁舎のみで世宗市が自足都市［自給自足が可能な都市。該当地域内で住居だけでなく業務、教育、余暇、ショッピングなどすべてのことが可能なこと］として発展できるかは現段階では定かではありません。自足都市になるためには、時間が必要でしょう。多くの専門家は「世宗市の発展のためには行政機関だ

けでなく、大学と研究機関、先端産業など企業の誘致が必要だ。済州レベルの自治を保障しなければならず、交通と環境を改善してブランド都市として建設すべきだ」と述べています。これらの作業が十分に成されなければ、大田や清州の衛星都市として編入される水準になる恐れもあります。

　ここで世宗市の特徴を挙げてみましょう。第1は、世宗大王［第4代国王、在位1418-1450］から都市の名前を取っているため、ハングルが都市生活に染み込んでいることです。よくよく見ると歩道ブロックにハングルがあります。アルム洞、トダム洞、ハンソル洞など行政洞の地名、チョッマウル、カジェマウル、トレムマウルなど団地の名前、ボラム路、ハンヌリ大通りなど道路の名前まですべて、漢字語ではなくハングルの名前になっています。幼稚園、小・中・高校の名前もほとんどがハングルです。小学校では各クラスをガオン組、ナレ組、ダソム組、ラオン組、マル組、ピッソル組などと呼んでいます。

　第2の特徴は環境に優しい都市を作ろうと努力している点です。新都市を中心に広がる緑地帯とその両側のアパート団地の間に、西側には済川、東側には防築川（パンチュクチョン）が流れ、風の通り道が作られています。このふたつの河川と錦江が合流する地点の北側には世宗湖水公園があります。山林庁では2017年までに国立樹木園と山林博物館を造成予定です［2020年に国立世宗樹木園が開園］。

ハングルの歩道ブロック

さらに徒歩と自転車で生活できるように都市施設を配置してありますが、実際は駐車の問題が深刻です。大通りは取り締まりがあるため路上駐車する人は少ないようですが、裏道は路上駐車により歩行が困難なほどです。なるべく車での移動を減らし徒歩や自転車を活用した街づくりを推進しようという趣旨は良いのですが、現実的には車なしで生活することは難しいからでしょう。世宗市の条例では新都市全体の面積の0.65％を駐車場として確保するように定めましたが、実際に供給された面積は0.27％でした。駐車場が不足している上に市民意識も高くないため、新都市初期に起こる過渡現象が深刻なレベルで現れたのです。

　それでも街路網と公共交通機関は新都市らしく造られています。特に世宗市が誇る交通体系をBRT (Bus Rapid Transit) と言い、地上を走る地下鉄だと考えれば理解しやすいと思います。地下鉄を建設するほど人口が多くない世宗市にとって最適な公共交通機関だと言えるでしょう。ソウルのバス専用レーンと似ていますが、世宗市では一般バスは専用レーンで運行することができず、BRTバスのみ走行可能な点がソウルと異なります。ソウルではバス停にバスが並んでいることがあるため、それを防ぐための措置でしょう。もうひとつはバス優先信号制を採用していることです。交差点ではBRTバスを優先させます。建設費が少なくて済み、KTX五松駅（オソン）から世宗市を通り大田の地下鉄盤石駅まで48分で到着できます。世宗市

左：環境に優しい都市／右：深刻な駐車場問題

からは五松駅や盤石駅まで20分ほどです。

　世宗湖水公園を歩いていると本を開いた形の変わった建物が目に入ります。多様な本が揃う国立世宗図書館です。湖水公園とともに世宗市民の立派な憩いの場になっています。

　錦江と錦江最大の支流である美湖江が合流する地点に位置する合江里（ハプガンリ）は世宗新都市造成工事の最終地区です。住民が立ち去って、宅地開発を延期している地域です。漢江の二水頭（トゥムルモリ）（両水里（ヤンスリ）とも言う）や坡州の交河新都市（キョハ）のように、合江里という地名自体が河川の合流地点を意味します。

　錦江（別名、湖江）の南側を湖南地方、西側を湖西地方と呼びますが、錦江は流れがゆっくりして広いため「江」と「湖」を一緒に使用しています。村の名前は合江里ですが書院の名前は合湖書院（ハプホ）です。書院は先賢を祀り教育を行う場所で、先ほど見た全義や燕岐の郷校と機能や目的はほぼ同じです。郷校は国家が設立した官学で、現在でいう国公立中高等学校です。一方で書院は地方儒林が設立した私学で、私立中高等学校に該当します。地理的な差異もあります。公立学校に該当する郷校は使道〔朝鮮時代に中央政府から郡や県に派遣されていた地方官〕がいる府牧郡県の中心地に位置していますが、私立学校である書院は山水が秀麗な場所に位置する場合がほとんどです。そのため全義郷校と燕岐郷校は邑内に、合湖書院は錦江と美湖江の合流地点に建てられています。屏山書院（ピョンサン）、紹修書院（ソス）、陶山書院（トサン）など有

第4部　世宗　論山　保寧　堤川

左：BRT交通体系／右：国立世宗図書館

217

国立地理研究院　宇宙測地観測センター

世宗市を歩いていると新都市の東側の山頂に展望台のような電波望遠鏡が見えます。地理学を拡張させた天体観測、測地、測量について、多様な展示と体験を通じて学ぶことができます。平日10時から17時まで無料で開放しています。子どもと一緒に訪れるのに最適な場所です。

名な書院のほとんどが景色の良い河川沿いの山麓や渓谷に位置していたことからもわかるでしょう。

　合湖書院は高麗時代の儒学者である安 珦(アン・ヒャン)を祀っている場所です。合江里も順興安氏(スンフンアンシ)[慶尚北道(キョンサンブクド)、栄州市、順興面(ヨンジュ)が本貫の韓国の姓]の単姓村です。書院と郷校の配置は似ていますが、書院は前方には教育のための建物、後方には祭祀を行うための建物があります。世宗新都市が建設されても合湖書院の場所は変えずに市街地を配置するそうです。

　合湖書院の近くに教科書博物館があります。国定教科書から社名を変えた大韓教科書が現在は民営化され教科書を専門的に作成するMiraeN出版社になりました。教科書博物館はMiraeNが運営しています。博物館に

左：合江里／右：合湖書院

教科書博物館

は国内で発行された歴代の教科書、北朝鮮と各国の教科書、懐かしい昔の教室を再現した常設展示場、さらに1980年代ソウルにあった国定教科書時代の印刷機を展示した部屋もあります。常設プログラム、土曜プログラムなど多様な体験活動ができるスペースもあって、昔の地理の本や地図など多様な教科書も見ることもできます。このように色々と立ち寄ってみると世宗市は本当に見どころ満載の都市です。

　世宗市が直面している問題については相変わらず議論が続いていますが、解決方法を模索しています。最大の問題は鳥致院を中心とする旧燕岐郡地域と新都市と呼ばれる地域との差が大きいことです。新都市の過渡期と考えるには、お互いが別個の地域と認識するなど地域によってはっきりと差が出ています。鳥致院の住民にとって世宗市の話は自分事とは思えず、世宗市の住民も鳥致院の住民と自分たちを区別しているようです。世宗市の持続的な発展のためには、ふたつの地域間の物理的結合だけでなく心の統合的な発展も深く考慮すべきでしょう。

第4部　世宗　論山　保寧　堤川

論山
再スタートをきる場所

　軍隊を終えた男性の中には論山^{ノンサン}に特別な感情を持つ人が多いようです。論山訓練所の前で涙を流す両親、恋人と別れた時の寂しさ、友人が歌ってくれた『二等兵の手紙』メロディー、家族の視野から外れた途端に豹変する助教の恐ろしい目……。とにかく忘れられない思い出が詰まった場所です。

　軍隊のせいで論山に対して不安ないしは否定的な印象を持っている方々にも、今回の旅行を通して、再スタートをきる論山の魅力を知ってもらえたら幸いです。論山は思ったより歴史スポットやユニークな食べ物が豊富な地域です。

　まずは近代文化遺産地で塩辛の産地でもある論山市の江景邑^{カンギョンウプ}に行ってみましょう。

① 論山訓練所
② 江景駅
③ 江景塩辛展示館
④ 玉女峰
⑤ 江景閘門
⑥ 江景歴史博物館
⑦ 江景労働組合
⑧ 江景塩辛団地
⑨ 南一堂韓薬房
⑩ 江景商業高校
⑪ 大田地方検察庁
　 論山地区
⑫ 大田地方裁判所
　 論山支院

221

江景の繁栄と近代文化遺産

　江景は論山市に属する邑です。江景が論山に属しているのではなく、近くの市くらいに思っている人が意外と多く、むしろ江景のほうが大きい都市ではないのかと聞き返す人もいます。過去には江景が大きな市場だったからでしょう。朝鮮後期の三大市場と言えば、平壌と大邱そして江景でした。朝鮮二大港口にも元山(ウォンサン)と共に江景が挙げられていました。このような歴史的背景が残っていたためかもしれません。

　江景と言えば塩辛が有名です。江景に来たら絶対に食べてほしいのが塩辛定食です。たらこの塩辛、エビの塩辛、タコの塩辛、タチウオの内臓の塩辛、エラの塩辛、数の子の塩辛など何でもあります。おかずで出てくるイシモチも塩漬けしたものです。

　江景塩辛展示館に行くと、なぜ江景で塩辛が有名なのかを知ることができます。展示館は船の形をしていて、海ではなく陸地に向いているのが印象的です。

　過去には船が通ることのできる河川が重要でした。今で言えば高速道路です。最も速い交通手段であり交通路だったのです。錦江は韓国の歴

左：江景塩辛展示館／右：塩辛展示館展望台から眺める錦江

江景塩辛と塩辛定食

江景に行ったら塩辛定食がおすすめです。塩辛を売っている店は多くありますが、塩辛定食を食べられる食堂を探すのは意外と大変です。江景の街を歩いているとあちこちで観光バスを見かけるでしょう。江景は観光や食事をして一泊する場所ではなく、さっと立ち寄って塩辛を買う場所というイメージが強いためです。江景がもっと多くの人に知られれば塩辛定食を提供する食堂も増えることでしょう。

史において重要な河川のひとつです。非常に大きい河川で大きな船の出入りが可能です。黄海は潮汐の差が大きいことで有名で、満潮の時は海水が河川をさかのぼるため、船が内陸に移動しやすくなります。記録によると錦江の場合、海水が扶余の窺岩面(ブヨ　キュアムミョン)まで上がり、船は現在の世宗市の芙江面まで達したそうです。

そのため錦江に沿って多くの港ができて、その中でも朝鮮後期最大の港は江景浦でした。錦江の流れが南東方向から南西方向に急激に変わる場所、錦江をさかのぼる船頭の立場では南東方向から北西方向に方向を変

江景塩辛通り

える場所に江景が位置しています。さらに論山川と江景川が合流する場所でもあります。論山川と江景川も船が出入りできるため、誰が見ても朝鮮半島南側の最高の交通の要衝だったと思うわけです。

　当然、交通の要衝には人が集まり、人が集まる場所には市場が形成されます。海や川でとれた水産物と湖南平野の穀物がここに集まっていました。米を400石を載せた大きな船が行き来していたことからも、朝鮮時代、江景が賑わっていた様子を想像できるでしょう。

　この場所で塩辛、すなわち塩漬けが有名になったのは大きな市場があったためです。水産物は保存方法が重要です。水産物を長期間、腐らせずに保存するために自然と塩漬けをするようになり、塩辛が江景の名物になりました。

　錦江に沿って進む航路をたどって江景市場が開かれていた玉女峰（オンニョボン）に行って……おっと、その前に江景塩辛展示場に立ち寄りましょう。展示場のある場所には以前、細長い建物がありました。地元の人の中には灯台と言う人や、水位を表示して記録するための施設だと言う人もいます。灯台の場合は多くの船が行き来していた証拠になります。どちらにしても、その存在自体が江景と錦江が交通の中心地だったことを意味するものです。

　展示場を通り過ぎて川に沿って進んでいくと西倉橋（ソチャンギョ）という橋があり、前方には江景閘門（こうもん）があります。この川筋が江景川と合流し錦江に抜け、さら

左：江景閘門／右：狼煙台

左：玉女峰／右：解潮文

に進むと江景塩辛通りです。後ほど紹介しますが、旧江景労働組合の建物や銀行などの近代建築物もこの川に沿って建てられています。

　閘門は日本統治時代に造られました。当時、閘門があったのは仁川とここだけでした。水位が異なる場合、閘門を通じて江景の中心に船が入ってきました。錦江本流とここの水位を調節して船を通航させる役割を果たしていたのです。江景の人々がどれほど潮汐に敏感だったか間接的に知ることができるでしょう。

　閘門の横には玉女峰に登る階段があります。階段を登ると江景だけでなく錦江と論山川が一望できます。狼煙台(のろし)もあります。平坦な場所に玉女峰だけがポコッと突き出ていて、まるで海面に浮かぶ島のようです。このような地形をインゼルベルクと呼びます。花崗岩の差別浸食によって形成されました。周辺の岩には多くのひびや割れ目が入っていますが、ここはひびや割れ目が少ないため長期間残っているのです。

　ここには江景を理解する重要なキーワードである「潮汐」のハイライトがあります。解潮文すなわち潮汐を説明する岩刻文です。潮汐の発生原因や水位の変化を記録した最初の説明文です。潮汐がそれほど重要だったということでしょう。潮汐に身を任せた船がここまで上がってこられたおかげで大きな市場が形成され、塩漬けの技術が発展しました。潮汐が江景を作ったといっても過言ではないのです。

第4部　世宗 論山 保寧 堤川

玉女峰は日本統治時代に江景神社があった場所です。朝鮮後期と同じく日本統治時代にも賑わっていたことがわかります。日本人だけでなく中国人も多く、多様な外国の文物が入ってきました。韓国最初のバプテスト教会の礼拝所もあり、キリスト教の聖地として受け入れられました。人々がここを小さな日本と呼ぶほど、近代文化遺産が多い場所として有名です。近代文化遺産と聞いて最初に思い浮かぶのは錦江の下流にある群山(グンサン)だと思いますが、江景も引けを取ることはありません。

　どんな近代文化遺産があるのでしょうか。江景は商業の中心地だったため経済と商業関連の建物が多いのです。韓一(ハンイル)銀行江景支店は、独立後、塩辛貯蔵倉庫として使われていましたが、現在は江景歴史博物館として活用されています。

　江景労働組合の建物も日本統治時代の建物で、昔は2階建てでした。当時は建物の近くまで船が行き来していました。ここでは群山労働組合より先にできた忠清(チュンチョン)地域最初の労働組合です。この場所が特に意味深いのは日本統治時代に日本に商圏を奪われないように行商人から大商人、資本家らが集まり団結していた場所で、抗日運動の本拠地の役割を担っていたためです。

　本町通りも歩いてみましょう。本町通りとは日本統治時代の中心地、繁華街を意味します。今で言えばソウルの明洞(ミョンドン)のような場所です。以前は栄えていましたが、現在は江景が造成した近代文化遺産通りにも入ってい

左：バプテスト教会の礼拝所／中央：旧韓一銀行江景支店（江景歴史博物館）／右：江景労働組合の建物

左：南一堂韓薬房／右：江景商業高等学校の校長官舎

ません。本町通りを中心に近代文化遺産通りを作ればさらに良かったのではないかと思います。

　この通りの真ん中に南一堂韓薬房(ナミルダン ハ ニャッパン)があります。1920年代、ここが好況だった頃から現在まで唯一残っている建物です。韓屋のようですが日本式建築様式が織り込まれた建物で貴重な近代建築物です。

　江景の人々の誇りである江景商業高等学校もあります。正門を入った左側に校長官舎として利用されていた建物がありますが、どう見ても日本式の建物です。急勾配の屋根、迷路のような廊下、個人の住宅では見かけない玄関ポーチ［建物の入り口の屋根］が特徴です。江景邑も群山のようにこの場所を近代文化遺産の中心地として積極的に宣伝しています。幸か不幸か、この地域が開発されなかったために日本式の建物が残り、重要な

左：論山警察署の駐車場の船／右：大田地方検察庁（論山支庁）

財産になりました。江景は近代文化遺産と塩辛通りを中心に再スタートをきったのです。
　論山の政治経済の中心地は論山市に移りましたが、検察庁と裁判所、論山警察署は江景邑に残りました。これらの機関は江景が繋栄していた証と言えますが、以前から移転に関する話が出ています。警察署の駐車場には船が停まっています。船が内陸まで入ってきたことを見せているのでしょうか？　面白くてクスクスと笑ってしまいました。

論山市と錬武邑の成長

　賑わっていた江景がなぜ江景市ではなく江景邑として残ったのでしょうか。その理由は交通の中心が水運から鉄道や道路などの陸運に代わったためです。1905年に京釜線が開通したことで、群山と江景を通じて世宗市芙江に供給していた水産物を仁川と釜山から運ぶことができるようになりました。公州と清州も江景の商圏から分離されました。わざわざ船に乗って江景に行く理由がなくなったためです。
　そのうえ1911年に、公州—論山—全州(チョンジュ)—木浦をつなぐ道路が江景を避けるように建設されました。数年後には湖南線が開通し、貨物も人も鉄道

左：論山訓練所／中央：アンニョン峠／右：ペンションの看板

で行き来できるようになり、水運の役割が大幅に減少しました。相対的に大田と鳥致院が栄えて論山内でも汽車が通る論山市が新しい中心地になりました。

　極めつけは朝鮮戦争時に公共機関が集まっていた江景が集中砲撃を受けたことです。さらに1990年に錦江河口堰が完工し錦江を通じた船の入港が不可能になりました。そのため陸上での交通の便利な場所に中心地が移っていきました。

　では次は男性読者の思い出または恐怖心を刺激する論山訓練所がある錬武邑(ヨンムウプ)に行ってみましょう。論山訓練所は朝鮮戦争時、陸軍第2訓練所という名前で創設され、時の大統領李承晩(イスンマン)が錬武台と名付けました。その頃は陸軍訓練所が7つありましたが、現在はひとつしかないため陸軍第2訓練所ではなく陸軍訓練所に改名されました。この場所が錬武邑になったのは錬武場があったためです。

　錬武邑では入隊する人と見送りに来た人による独特な景観が生まれました。入隊日である毎週月曜日と木曜日は人が集まり騒がしくなりますが、他の曜日は閑散としています。

　入隊日には一帯が戦場を彷彿とさせます。両親や友人らが入隊前に美味しいものを食べさせようとするため食堂は大忙しで、駐車する場所を探すのも一苦労です。周辺には入隊時や外出時に利用するペンションもあ

第4部　世宗 論山 保寧 堤川

左：錬武台／右：塔亭貯水池の階伯将軍のオブジェ

229

りました。

　アンニョン峠は9つの道［京畿道、江原道、忠清北道、忠清南道、全羅北道、全羅南道、慶尚北道、慶尚北道、済州特別自治道］から息子が集まる場所であるため、以前は九子谷と呼ばれていたそうです。今日、アンニョン峠は全国から集まった青年の安寧を願って「アンニョン（お元気で）」と見送る場所になりました。しばしこの土地の軍人の安寧を願いましょう。

　錬武台の入り口には戦車の模型と塔が配置され、錬武台駅もあります。この駅は一般市民が利用する駅ではなく、教育を終えた軍人が帰る時に利用する駅なのです。

　黄山伐という言葉を聞いたことがあるでしょうか。百済の階伯将軍が死闘を繰り広げ、新羅と最後の一戦を交えた場所です。黄山伐がまさに論山です。正確には論山塔亭貯水池の東側です。百済と新羅、黄山伐で対決した階伯と金官昌の魂が宿るこの場所で、彼らの精神を胸に刻んで国を守るようにと、この場所に陸軍訓練所が創設されたのかもしれません。

　論山は「再スタートをきる場所」です。江景は近代文化遺産と塩辛で観光を盛り上げようとしています。この土地の若者が国のために献身し「これからが本番だ！」と気合を入れる場所でもあります。論山の新たなスタートが、より良い結果を生むように期待しながら見守ることにしましょう。

保寧
マッドフェスティバルと
火力発電

　黄海の海岸沿いには干潟が多く、規模において世界3大干潟に入ります。そのため保寧^{ポリョン}マッドフェスティバルは有名になって、多くの外国人が訪れる世界的なフェスティバルに成長しました。賑やかなビーチで青春とフェスティバルを満喫できるため大人気です。

　保寧はマッドフェスティバルの開催地として有名ですが、海産物やそれと関連する祭り、廃鉱を利用した冷風浴場、大規模火力発電所など見どころがたくさんあります。特に夏の保寧は熱と涼を同時に楽しめるユニークな旅行先といえます。

　ではこれから保寧旅行に出かけましょう。

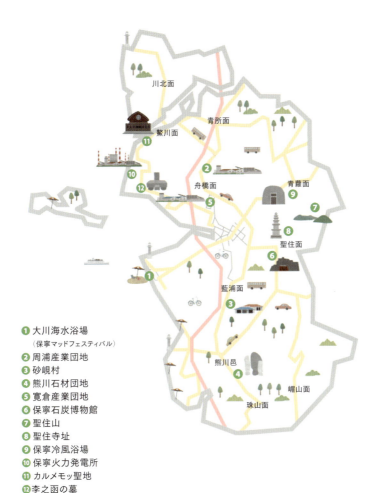

- ❶ 大川海水浴場
  （保寧マッドフェスティバル）
- ❷ 周浦産業団地
- ❸ 砂峴村
- ❹ 熊川石材団地
- ❺ 寛倉産業団地
- ❻ 保寧石炭博物館
- ❼ 聖住山
- ❽ 聖住寺址
- ❾ 保寧冷風浴場
- ❿ 保寧火力発電所
- ⓫ カルメモッ聖地
- ⓬ 李之函の墓

マッドフェスティバル

世界的なマッドフェスティバルに参加しよう

　首都圏から西海岸高速道路に乗るとすぐに保寧に到着します。マッド（泥）フェスティバル期間には多くの人が集まり、会場に入るために早朝から行列ができています。干潟の泥の上で楽しく遊ぶことができるため老若男女問わず、カップルも家族連れも訪れます。大勢の外国人が訪れるフェスティバルでもあります。2014年の保寧マッドフェスティバルの参加者は約330万人で、その中で外国人は約28万人にも達しました。規模面では世界10大祭典と言っても過言ではないでしょう。世界の多数のメディアでも紹介されました。
　韓国の他の地域の祭りは見物や食べ物が主であるのに対し、マッドフェスティバルは自ら体験ができるため人々を惹きつけるのではないでしょうか。スペインのトマト祭り、ドイツのオクトーバーフェスト［ビール祭り］、ブラジルのリオのカーニバルなど世界的に有名な祭りを見ると、参加者が一緒になって楽しく遊んでいる姿が印象的です。保寧マッドフェスティバルも年齢や性別、国籍を問わず、まるで一瞬で友達になったかのように

マッドフェスティバルの参加者

共に楽しむことができます。

　参考までに紹介しますと、祭りの起源は神聖な宗教儀式の場合が多く、ヨーロッパや南米のカーニバルも神をたたえる儀式として始まりました。自分が信仰する神のために楽しく歌って踊る行為でしたが、現在は遊戯的側面だけが残ったと言えるでしょう。

　韓国の祭りのほとんどはマッドフェスティバルほど成功できていないのが現実です。毎年、文化体育観光部が40の地域の祭りを選んで支援金を交付し奨励しているにもかかわらず、予算不足を訴えたり、形式的に行うだけの地域がほとんどです。成功事例をそのまま真似したため似たり寄ったりになり価値が下落した祭りもあります。

　そのような点からも保寧マッドフェスティバルの成功は良いお手本になるでしょう。地域の祭りを成功させるにはどうすればよいのでしょうか。まず祭りの本質を考える必要があります。祭りは地域の宣伝効果もあるため、その地域を代表するテーマを中心にして、住民と共に行うことが重要です。祭りを通じて住民の和合と仲間意識、プライドを高め、伝統文化を継承する必要があります。

　次に、祭りによって地域に利益をもたらすことと雇用創出の観点も大切です。収益のない祭りは持続していくことが難しいからです。しかし商業的な面だけが浮き彫りになったり金儲けの手段に転落してしまうと、こ

左：マッドフェスティバルの泥相撲／右：地域住民と共に行う祭り

の場合もやはり祭りの維持や発展が難しくなります。住民も観光客も関心を持たない祭りになってしまうでしょう。結局、短期間の利益だけを求めていては祭りの発展は難しいと言えます。むしろ住民と共に祭りを開催し、その利益を住民に還元すれば祭りがさらに活性化され、それに伴って経済的な効果も上昇すると考えるのが正しいでしょう。

　保寧マッドフェスティバルも有名になってから、あまりにも商業的に変わったのではないかと懸念される部分があります。しかし今も住民が積極的に参加しているため、将来性があると言えるでしょう。

　マッドフェスティバルに使われる泥はすべて大川海水浴場のものです。干潟の泥は肌に良いため、化粧品にも利用されています。単に人間の肌にだけ良いのではなく干潟の効能は無限です。

　干潟は陸地からの汚染物質を浄化します。日本で行われた研究結果によると10km²の干潟は人口10万人ほどの都市から出る汚染物質を浄化する下水処理場に匹敵するそうです。これは本当に驚きですね。干潟に住む多様な微生物が汚染物質を分解して浄化しているからです。

　また、干潟は海辺に住んでいる多様な魚介類と海洋生物に生息地を提供しています。さらに洪水による水の流れを緩和し、台風と津波が発生した場合には緩衝する役割を果たし、陸地の被害を減少させる機能まであります。

> ## 忠清南道の海産物祭り
>
> 忠清南道では多様な海産物が獲れることから、海産物と関連するさまざまな祭りが開催されます。春と秋に集中していますが、春には保寧武昌浦チュクミ（イイダコ）祭り、唐津長古項生しらす祭り、洪城南塘港トリガイ祭り、唐津漢津アサリ祭り、保寧鰲川港タイラギ祭りが有名です。秋には洪城南塘港大海老祭り及びコノシロ祭り、舒川洪元港自然産コノシロ・ワタリガニ祭り、安眠島大海老祭りなども有名です。祭り期間に訪れると新鮮で美味しい旬の海産物を味わうことができます。

これほど重要な干潟が大規模干拓事業や海洋汚染によって破壊され続けていることは非常に残念です。私たちみんなで干潟を保存する努力をするべきではないでしょうか。

　保寧マッドフェスティバルが開催されるマッド広場に行くと、マッド化粧品の宣伝が大々的に行われています。今ではマッド化粧品が保寧の特産品になったと言えるほどです。肌に良い保寧のマッドを原料にしたマッド化粧品は海外にも輸出されており、マッドフェスティバルと共に急速に成長しています。

　保寧マッド化粧品の生産工場は周浦産業1団地にあります。このように原料の産地に生産工場が立地する工業を「原料指向型工業」と言います。

左：マッド化粧品／右：マッド化粧品生産工場

第4部　世宗　論山　保寧　堤川

237

一般的に原料指向型工業は輸送費において原料の輸送費が占める比重が高く、原料の体積や重量が大きい場合、変質しやすい場合が該当します。セメント工業と缶詰工業が代表的な事例に当たります。

マッド（泥）も原料の産地で製品を作ってから輸送するほうが便利なため、産地である保寧に生産工場があるのです。

では反対に工場が市場に立地する場合を考えてみましょう。製品を作ると体積や重量が増加したり変質しやすくなる場合がこれに該当し、家具、飲料水、製菓及び製パンが代表的です。敷地が安い場所や交通が便利な場所にだけ工場が立地するわけではないのです。工場の立地に影響を与えるものは多様で、集積指向型工業や労働力指向型工業もあります。集積指向型工業は関連企業や系列化された組み立て工場が近くに集まって立地しており、自動車工業や石油化学工業が代表的な事例です。労働力指向型工業は労働力の比重が高く、主に繊維や靴の製造業で、人件費が安い場所を求めて中国や東南アジアなどの海外に工場を移転させています。

保寧の伝統工芸品として有名なものに、藍浦面（ナムポミョン）から名前を取った藍浦硯があります。古くから保寧の聖住山（ソンジュサン）一帯では藍浦烏石という黒みを帯びた高級石材が多く採れました。烏石で作った硯の色は高級感があり、墨を磨りやすいため全国的に有名になりました。青蘿面（チョンラミョン）の藍浦硯展示館や熊川（ウンチョン）石文化公園に行くと真価を確認することができます。

左：藍浦硯展示館／右：熊川石材団地

左：砂峴村葡萄畑／右：砂峴ワイン工場

　ここで問題です。藍浦硯と石工品は先ほど述べた工業立地のどれに該当するでしょう？　正解は原料指向型工業です。石材は特性上、原料が非常に重く体積が大きいため原料の産地に工場が立地することになります。保寧の熊川地域には、ここで採掘した石材を利用して碑石などを加工する大規模石材団地が位置しています。

　熊川石材団地は入り口からずらっと石材工場が並んでいます。市内全体が石材団地だといっても過言ではないほどです。60余りの石材工場で大規模に碑石や彫像を作り、藍浦烏石から藍浦硯や熊川彫刻硯を手作業で作ったりもしています。

　保寧市内から熊川石材団地に行く途中にある藍浦面砂峴村（サヒョンマウル）は葡萄で有名な場所です。砂壌土で栽培した葡萄は他の地域の葡萄より糖度が高くなります。1980年代末から始め、今では村全体で葡萄を栽培しワイン工場もできました。

　保寧は西海岸高速道路と鉄道の開通により交通が急速に発達し、2000年代に入ってから製造業の成長の勢いが際立っています。特に周浦面と舟橋面（チュギョミョン）一帯に周浦産業団地、寛倉（クァンチャン）産業団地などの大規模産業団地が造成されました。

　寛倉産業団地には自動車工場と部品工場のほかに電機関連企業など多くの企業が入居しています。自動車及び部品工場は蔚山（ウルサン）広域市と平沢（ピョンテク）市

第4部　世宗　論山　保寧　堤川

239

藍浦烏石

藍浦烏石とは保寧の聖住山一帯で採れる黒色の烏石と青色の青石を総称する言葉です。烏石はカラスのように真っ黒で硬く、青石は青色で烏石より若干軟らかいのが特徴です。中生代の湖沼堆積層が隆起して形成され、頁岩層（けつがん）が青石、砂岩層が烏石になりました。藍浦硯は烏石の中でも白雲上石という硬い石を使います。水が染み込みにくいため硯に打って付けです。1990年代序盤から中国産烏石に押されて藍浦烏石を手に入れることが難しくなり烏石関連産業は衰退しました。しかし2015年に入って聖住山一帯で大規模烏石が発見されたことで石材産業が再び活気を取り戻しました。

が有名ですが、保寧も急速に成長しています。近くに自動車関連に特化した大学があるため、さらに発展する可能性が高いと言えます。自動車関連産業は集積指向型工業であるため、のちに関連企業が入居してくる可能性も高いでしょう。また、近隣に保寧火力発電所があるため電力供給も容易です。さらに鉄道駅と西海岸高速道路のおかげで交通も便利です。保寧は忠清南道に位置する都市です。忠清南道は首都圏と隣接しているという特殊性と、西海岸高速道路や鉄道などの陸運だけでなく西海岸の海運も発達しているため、最近では首都圏の多くの工場が移転してきています。保寧はその代表的な地域といえるでしょう。

寛倉産業団地

近隣の周浦産業団地は1団地と2団地に分かれていますが、どちらも農工団地を中心に造成されています。主にマッド化粧品生産工場のような地域の特性を生かした工場が多く立地しています。

保寧炭鉱の変化と火力発電の成長

　炭鉱は主に江原道(カンウォンド)にあると思うでしょうが、保寧にもありました。保寧の炭田は江原道の太白(テベク)、舎北(サブク)、旌善(チョンソン)地域の炭田とは若干異なります。石炭が作られた時期が違うのです。

　私たちが知っている石炭は練炭の原料である無煙炭です。主に古生代平安系地層に埋蔵されています。このような地層が江原道に多く分布しているため江原道の太白、舎北、旌善には炭田がたくさんありました。

　保寧の炭田はこれより遅い中生代大同系地層に埋蔵されている石炭です。参考までに、石炭は新生代地層からも産出されます。北朝鮮に位置する阿吾地(アオジ)炭鉱では新生代第三紀に埋蔵された褐炭という石炭が多く生産されました。保寧の場合は中生代地層で作られた石炭が多く埋蔵されており、これを採掘するためにたくさんの炭鉱ができました。

左：保寧石炭博物館／右：炭鉱マンション

中生代大同系地層

中生代大同系地層はジュラ紀に形成された地層です。朝鮮半島では中生代に大宝造山運動が激しく起こり、この時、地殻の割れ目である構造線に沿って大規模な花崗岩が貫入しました。そのため中生代に形成された地層には花崗岩が分布しています。地殻運動から外れた一部地域では陸成層が形成され、これが大同系地層です。保寧をはじめとする忠清南道の一部にある大同系地層には石炭が分布しています。同時期に形成された湖沼堆積層である慶尚盆地からは恐竜の化石が発見されました。

　その中でも聖住炭鉱が最も有名で、ここで生産された石炭は舒川火力発電所に供給されました。しかし韓国の大部分の炭鉱のように石炭産業合理化政策以降、1990年代に閉山になりました。その後、韓国初の石炭博物館である保寧石炭博物館が多くの人の寄付によって作られました。

　博物館は元々あった炭鉱の上に建てられているため、とても涼しくエアコンは必要ありません。博物館の前には聖住炭鉱村がありました。炭鉱で働く人が定着できるように、政府が建てた賃貸マンションがあり、炭鉱マンションと呼ばれていました。今は小さな村ですが、1980年代には保寧市内よりも人口が多かったそうです。

　藍浦駅周辺に行くと当時石炭を運んでいた鉄道の路線が残っています。

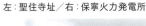

左：聖住寺址／右：保寧火力発電所

聖住炭鉱村や藍浦駅の鉄道路線から、当時この地域の炭鉱がどれほど活性化していたのか推測することができます。

　この近くには統一新羅時代の遺跡地である聖住寺址(ソンジュサジ)があることも覚えておくとよいでしょう。現在は寺跡に石塔と浮図だけが残っていますが、以前は大きな寺院で僧侶が2000人も住んでいたそうです。ここにある国宝第8号保寧聖住寺址朗慧和尚塔碑(ナンヘファサン)もやはり藍浦烏石で作られています。

　保寧は石炭博物館以外にも廃鉱を利用した観光地が多くあり、中でも廃鉱洞窟を利用した冷風浴場が有名です。洞窟の中には涼しい風が吹いていて、常に約12度を維持しているため、マッシュルームを栽培して地域特産物として開発したり、ワインの熟成や多様な食材を貯蔵する場所としても利用されています。夏場に行くととても涼しく感じるでしょう。

　保寧市は石炭産業合理化政策以降、閉山による急激な人口流出を防ぐため、代案として早くから観光産業を活性化されました。廃鉱を利用した観光商品の開発と保寧マッドフェスティバルが代表的です。そのおかげで、同じく炭鉱だった太白市の現在の人口が5万人に満たないのに対し、保寧市の場合は11万人の人口を維持しています［原書刊行時］。

　他の農山漁村地域と比べると成功したと言えるでしょう。現在も観光産業活性化と産業団地開発、保寧火力発電所の増設により人口が少しずつ増えています。地域特有の状況を自らうまく活用して問題を解決して

第4部　世宗　論山　保寧　堤川

左：冷風浴場／右：冷風浴場トンネル

いるのです。

　保寧には大規模火力発電所があります。火力発電所は電力消費が多い地域に立地します。保寧は首都圏に隣接しているため火力発電所で生産した電気は主に首都圏と中部地域に供給されます。火力発電所内には保寧火力本部がエネルギーと電気について広報するために作った保寧エネルギーワールドがあり、誰でも見学することが可能です。

　火力発電所は主に化石燃料である石炭や石油、天然ガスなどを使用するため、大気汚染物質が大量に発生します。短期間で安く建設することができる長所がある一方で、大気汚染物質を排出するうえに、化石燃料を輸入に依存している韓国の立場では燃料費が過剰に上昇し続ける短所があります。周辺に天然ガス貯蔵所を建設しており、石炭と石油に比べて大気汚染物質排出が少ない天然ガスの比重が増加する傾向にあります。

　近隣に新保寧火力発電所を建設中で、忠清南道地域では火力発電所が増加しています。近くの舒川にも大規模火力発電所があります。韓国の場合、人口増加や産業発展により電力消費量が急増しており、特に首都圏の電力消費量はさらに増加する傾向にあります。最近は原子力発電所の稼働が一時的に停止する頻度が増えているため、火力発電所を増設しているのでしょう。

　なぜ首都圏ではなく保寧に発電所を作るのでしょうか。首都圏に発電

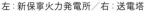
左：新保寧火力発電所／右：送電塔

左：李之菡の墓／右：カルメモッ聖地

所を建設する敷地を確保することが難しいうえに、燃料を輸入に頼る韓国の場合、港湾のある海岸沿いに立地するほうが有利だからです。ここには原料輸送用大型船舶11万トンが接岸できる港湾施設があります。

しかし電力を首都圏に送電するためには多くの送電塔を建設しなければなりません。密陽送電塔問題を見ても解決が簡単ではないとわかるでしょう。保寧は人口が密集した地域と離れているため問題が少ないほうですが、忠清南道の唐津と泰安では送電塔問題による葛藤が深刻です。

火力発電所の近くには遺跡が多くあります。丙寅教獄［1866年に起きたキリスト教徒大量虐殺事件］の時、5人の聖人が殉教したカトリックカルメモッ聖地と『土亭秘訣』［生年月日で1年の運勢を占う本］で有名な李之菡の墓があります。火力発電所を見学する際に、合わせて立ち寄ってみてください。

情熱的な祭りと火力発電所、爽やかな海と冷風浴場、熱と涼が共存する都市、保寧を紹介しました。多くの遺跡があり、同時に新たな変化も感じることができる魅力的な都市であることが伝わったでしょうか。

第4部 世宗 論山 保寧 堤川

245

堤川
韓方の息づくスローシティ

　世界の人口74億人［2024年現在82億人］を同じ地域に1m間隔で集めた場合、どれくらいの面積が必要だと思いますか。中国の国土ぐらいでしょうか。実は忠清北道の面積で十分なのです。韓国の9つの道の中で済州特別自治道を除くと最も小さい道である忠清北道に74億人が入るなんて不思議だと思いませんか。忠清北道の面積は約7433㎢なので計算上では十分に可能だと言えます。

　今回は忠清北道の都市を巡ります。忠清北道と聞いて忠清南道の北側だと思ったのなら不合格！　忠清北道は忠清南道の東側に位置しています。今回の旅行先は忠清北道の堤川です。堤川は2016年今年の観光都市に選ばれました。内陸交通の中心地であり歴史文化の都市、さらに自然治癒の都市でもある堤川で心身を癒やすことにいたしましょう。

- ❶ 堤川駅
- ❷ 朴達峠
- ❸ 天登山
- ❹ 侍郎山
- ❺ 舟論聖地
- ❻ 義林池
- ❼ 清風湖
- ❽ 忠州湖
- ❾ 清風文化財団地
- ❿ 堤川薬令市場
- ⓫ 堤川韓方エキスポ公園
- ⓬ 明岩山菜健康村
- ⓭ 校里村
- ⓮ ウェソル峰

内陸交通の中心地であり
歴史文化の都市

　堤川市を地図で探すと内陸にあるとわかるでしょう。忠清北道は韓国で唯一海と接していない内陸地域です。その中でも堤川市は忠清北道北部の高い山に囲まれた浸食盆地に位置しています。

　これだけ聞くと他の地域との交通が非常に不便だと思うでしょう。しかしそんなことはありません。2013年から韓国鉄道公社が特別製作し運行している中部内陸観光列車のおかげで簡単に行くことができます。別名O-train［2020年8月2日に運行終了］とV-trainです。中部内陸循環列車（O-train）はソウルと水原から出発し、堤川を中心にして中央線、嶺東線、太白線区間を循環する路線列車です。もちろん中心の駅は堤川駅です。白頭大幹峡谷列車（V-train）のVはValley（谷）の略で白頭大幹の峡谷の形を意味しています。清涼里駅からアウラジ駅区間を走る旌善アリラン列車（A-train）も堤川駅を通るため列車で簡単に行くことができる場所です。

　中部内陸観光列車は中央線、太白線、忠北線として利用されていた路線の名称を変えたものです。その中でも堤川駅は中央線と太白線、忠北線が合流する重要な駅になり、内陸交通の要の都市として発展してきました。韓国鉄道公社忠北本部が堤川にあることからも、この地域の鉄道需要

左：O-trainとV-train／右：韓国鉄道公社忠北本部

248

左：堤川駅／右：堤川観光マイレージ旅行ガイドブック

が高かったことがわかるでしょう。

　鉄道の利用客が多い理由は何でしょう。中部内陸鉄道路線は、当初は旅客輸送よりはセメント、石炭、木材を運搬するための産業鉄道として開発された路線です。セメントの原料である石灰岩は丹陽、堤川、寧越にかけて広く分布しており、全国のセメントの需要の約半分を堤川と寧越で生産していました。セメントは輸送費が高いためセメント工場は中央線や太白線などの鉄道の周辺に建てられました。旌善や太白で生産された無煙炭もやはり中央線と太白線を利用して輸送したため、この地域で鉄道が発達しました。

　かつて産業用として使用されていた鉄道路線が現在は名前を変えて観光目的で使われています。産業の移り変わりによって交通施設の主要活動内容が変化したと言えるでしょう。

　堤川市に旅行する際は堤川旅行アプリを活用してみましょう。堤川市の代表的な観光地を訪れることでマイレージが貯まり、加盟店で利用することができます。まず堤川の観光案内所でカードをもらい、スマホで堤川旅行アプリをダウンロードして会員登録した後、カードを登録します。観光地でクイズを解くなどしてマイレージを貯め、マイレージが3000点以上になるとカードが使えます。スマホを持っていない場合は、観光案内所でスタンプラリー台紙をもらい、観光地でスタンプを押してから観光案内所に戻りギフトカードを受け取り、加盟店で使用しましょう。観光案内所

に「堤川観光マイレージ旅行ガイドブック」があるので参考にすると役に立つでしょう。

　スタンプやマイレージを貯めて使えるほど堤川に観光地が多いのかと疑問に思う人もいると思いますが、実は歴史と物語のある観光地がたくさんあります。堤川市のキャラクターを見てください。誰だかわかりますか？　ヒントはこの歌です。『天登山〜朴達峠を泣いて越えるあなた〜』。正解は「泣いて越える朴達峠」に出てくるパクダルとクムボンです。

　朴達峠を越えてみたくなりますね。パクダルとクムボンの切ない恋物語が伝えられている朴達峠は堤川市鳳陽邑と白雲面を繋ぐ峠道です。

　朴達峠がある山は天登山ではなく標高691mの侍郎山です。天登山は南西方向に8kmほど離れたタリッ峠と連結した山です。堤川には「〜峠」と呼ばれる道が多く、「峠」は道ができていて越えられる山の最も高い所を意味します。堤川は山に囲まれた盆地に位置しているため峠にまつわる伝説が多いのでしょう。

　堤川で有名な歴史の名所といえば韓国のカトリックの歴史において重要な意味を持つ舟論聖地です。一年中カトリック教徒と観光客が訪れる場所です。辛酉教獄［1801年に起きたキリスト教弾圧事件］の時に黄嗣永が土窟に隠れて過ごしながら迫害状況と海外に助けを求める内容の帛書を書いて北京の司教に送ろうとしたことが発覚し、ここで殉教しました。迫害を避けて来た人々が農業を行いオンギ（甕器）を焼いて生計を立てながら信仰共同体を形成した場所でもあります。村が位置する渓谷が船の底に似

左：パクダルとクムボン／中央：朴達峠／右：舟論聖地

パクダルとクムボン

慶 尚道の士人パクダルが科挙〔中国や朝鮮半島で行われていた官吏登用試験〕のために漢 陽に向かう途中で平 洞村に一泊します。彼はこの村に住むクムボンに一目ぼれし二人は恋に落ちました。科挙に合格したら結婚しようと約束しパクダルは漢陽に向かいます。クムボンは毎日パクダルが首席で合格することを願っていましたが、彼からの便りはなく、心を痛めた彼女は恨みを抱いたまま亡くなってしまいます。一方、漢陽に到着したパクダルは科挙の準備をせずにクムボンのことを想っていたため試験に落ちてしまいます。故郷に帰る日をずるずると延ばした後、やっとクムボンを訪ねましたがすでに葬式の3日後でした。パクダルが号泣しながら峠を見つめると踊っているクムボンの姿がありました。パクダルは嬉しくなって彼女に駆け寄り抱き寄せましたが、幻想だったため彼は崖から落ちて死んでしまいました。

ているため舟論と呼ばれました。この場所に韓国初の弟子輩出のための「聖ヨセフ神学校」を復元し、韓国最初の留学生であり金大建神父に続いて2番目の神父になった崔良業神父の銅像も建てられています。

義林池も名所のひとつで、堤川10景の第1景です。三韓時代〔1〜300年の間の時代。学者によって原三国時代、三国時代前期など異なる名称を使う場合が多い〕に作られた貯水池で、韓国で最も古い水利施設の中で貯水池の姿を備えている唯一の場所です。堤川の歴史的・産業的な根がどれほど深いか雄弁に物語っているようです。土手に生えている松と柳の木は樹齢200〜300年だそう

左：黄嗣永土窟／中央：義林池／右：清風湖

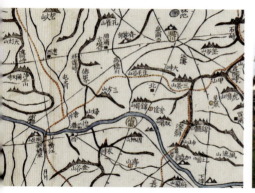

左：『大東輿地図』の南漢江／右：清風文化財団地

です。2006年には大韓民国指定名勝第20号に指定され、堤川市では義林池の名所化事業を推進しています。

　忠清北道には海がありませんが、堤川にはまるで海に来たかと思う場所があります。1985年に忠州多目的ダムが完工したことで作られた淡水湖である清風湖です。堤川は四方を山に囲まれた山間部ですが、真ん中に南漢江が貫流し古代から重要な交通の役割をしてきました。なかでも清風は南漢江の河港として非常に重要な場所でした。

『大東輿地図』を見ると南漢江が2筋あり、堤川のはるか上方まで2筋の表示があります。これは水運活動、すなわち船が行き来していた河川を意味します。高麗末から朝鮮初期、南海に倭寇が出没し海路が閉ざされると嶺南地方の租税は鳥嶺や竹嶺の陸路を通って白頭大幹を越えた後、忠州付近の南漢江水運を利用してソウルまで運搬されました。

　忠州ダム建設後、南漢江の水運機能はなくなりました。ダムが建設されたためというよりは、陸上の鉄道交通が開通し河川の水運機能が衰退したとみるのが適切でしょう。現在、忠州湖には観光船が運航しています。忠州ダム渡船場から堤川の月岳渡船場、清風渡船場、丹陽の長淮渡船場、新丹陽渡船場まで客船が運航されています。

　清風湖ほどの大きい湖ができる過程で水没地域が生じたため、湖の周辺に清風文化財団地を作り水没地域の文化財を集めて展示しています。文

化財だけでなく古家を復元したものもあります。毎年夏には清風湖畔に設置された舞台で堤川国際音楽映画祭が開催されています。

自然治癒のスローシティ

　堤川の伝統市場では多くの商店で薬草を売っています。堤川薬令市場は大邱、全州と共に朝鮮時代から続く全国3大薬令市場です。堤川が内陸交通の要地であったため、多くの郷土薬材の生産地と隣接できる利点により薬剤取引が発達しました。今でも京東市場やソウル薬令市場を始め堤川、大邱、永川が、取引量が多い薬材市場です。堤川の代表的な医者に、許浚と肩を並べた李公沂がいます。彼と息子は医官として従一品〔朝鮮王朝時代の官職、上から二番目の地位〕にまでなった代表的な人物です。

　毎年秋になると堤川の韓方エキスポ公園で韓方バイオ博覧会が開催されます。堤川の韓方産業及び韓医学の文化と歴史を伝えるお祭りです。韓方にんにく、韓方韓牛、薬草など韓方関連の食品も集まります。韓方生命科学館では、「健康を探す旅」をテーマに、4D映像や多様な韓方体験を通じて私たちの体、病気の歴史、韓医学の原理と診断及び治療法について学ぶことができます。伝統医学について知ることのできる多様な科学体験活動も行い、韓医学の伝統と原理を世界に広めています。

第4部　世宗　論山　保寧　堤川

左：堤川薬令市場／中央：韓方生命科学館／右：韓方名医村

薬草探究館、醗酵博物館、薬草ハーブ展示場にも立ち寄ってみてください。エキスポ公園では訪問客を対象に多様な体験プログラムを用意しています。薬草解説者も配置し、韓方文化と伝統医学の大切さを伝えています。公園もきれいに造られているため子どもを連れてきて遊ぶのにぴったりです。

　堤川に来たからには、明岩山菜健康村団地内に造成された韓方名医村にも行ってみましょう。住民が採取した各種山菜で作ったおいしい料理を味わうことができます。さらに常駐している韓方関連医療陣が病気の診断と診療、処方まで行ってくれます。

　病気の人が治療を受けに来るだけでなく、各種韓方関連体験プログラムに参加したい場合は10人以上から予約が可能です。宿泊施設もあり、自然の中で休養することで健康になるウェルビーイング療法が可能です。

　朝鮮時代に日本の使臣が上京した道のりや穀物の運搬路として使われていた道が現在の中央線の鉄道路線と一致します。尚州、聞慶、忠州を繋ぐ嶺南大路のことです。ところが世宗大王の時に慶州、安東、永川を経て丹陽と堤川を通るように修正されました。それほど堤川が陸路としても重要な役割をしてきたということでしょう。

　清風湖の美しい景観を眺めながら歩くチャドゥラクキルトレッキングコースもまたヒーリングに最適です。チャドゥラクキルとは「低い山のふもとの斜面にできた細い道」という意味です。1985年の忠州ダム建設によりできた清風湖を取り囲む山間の村を見て回る道です。小さな山道コースから浄芳寺コース、オルムコル生態コース、そして薬草コースま

左：薬草ハーブ展示場／中央：エキスポ公園の迷路／右：チャドゥラクキルトレッキングコース

左：ウェソル峰／中央：スローシティ水山面／右：スローシティのロゴ

で7つのコースがあり総58kmになります。清風湖を利用した約4kmの航路区間もあります。水運交通として利用されていた南漢江の流れが湖に変わり、湖の周辺を歩く陸上トレッキングコースを作ったのです。

　交通路は常に速く移動することだけを意味しているわけではありません。チャドゥラクキルのようなトレッキングコースでは癒やしと余裕を感じることができます。第1コースの校里村（キョリマウル）から始まる小さな山道コースを2kmほど歩くとウェソル峰に到着します。ここから見下ろす清風湖の風景はとても印象的です。

　スローシティのロゴを知っていますか？　スローの象徴であるかたつむりが村を背中に載せています。母親が子どもをおぶって育てるようにかたつむりが象徴する自然が人間を育てるという意味が込められています。スローシティに指定された堤川の水山面（ス サンミョン）にこのロゴが描かれています。ファストフードに反対するスローフード運動から始まり、地域の自然生態と伝統を保存しながらスローの美学を実践する「スローシティ運動」に発展しました。

　堤川の水山面と朴達峠が2012年10月にスローシティに指定され、スローシティ国際連盟加盟都市になりました。ここの風景はとても穏やかです。余裕をもってスローに過ごすことでしばし忘れて生活していた大切なものを取り戻すことが可能になります。

　堤川は天の恵みである自然に寄りかかり、ゆっくり歩きながら趣きと香りを感じられる都市、韓方を通じて疲れた心身を回復できる治癒の都市、心の奥深くにスローな余裕と真の幸福を与えてくれる都市です。

第4部　世宗　論山　保寧　堤川

255

第 **5** 部

全羅道

群山
歴史の濁流を渡り
西海岸時代へ

　群山は、韓国では学生時代に習った蔡萬植の小説『濁流』を通じて広く知られた都市です。小説の中で群山は、日本統治時代の抑圧と朝鮮人の苦しみをひとつ残らず宿す場所として描かれています。蔡萬植関連の地域も多く、蔡萬植文学館や生家なども訪れることができますし、「濁流コース」という旅行ルートも作られています。蔡萬植はエッセイ『砧打ちの音』の中の「錦江滄浪うねる群山港の今日」で、実際に群山を旅行する経路も紹介してくれています。文学が好きな読者なら、作家がおすすめするコースを回ってみるのも有意義なことでしょう。

　蔡萬植の文章に込められた過去の群山と現在の群山を比べてみると、私たちが立って歩いている道の上で、過去の群山が話しかけてくるような気がします。群山はそれこそ歴史の濁流を渡ってきた都市でもあります。それでは群山がどんな都市なのか、一度探訪してみましょう。群山は全北特別自治道ですが、まずは忠清南道の舒川から出発しようと思います。その理由は行ってみればわかるはずです。

1. 錦江河口堰
2. 蔡萬植文学館
3. 鎮浦詩碑公園
4. 錦江生態公園
5. 臨陂駅舎
6. 鉢山里遺跡
7. 群山近代歴史博物館
8. 近代文化通り（旧朝鮮銀行群山支店・群山税関）
9. 月明公園（蔡萬植記念碑）
10. 東国寺
11. 群山港
12. 海望窟
13. 新萬金防潮堤

歴史の濁流を渡ってきた都市

　舒川の錦江河口堰から探訪を始めることにします。なぜ群山の話をするためにここに来たのかって？　それは、群山が錦江河口に発展した都市だからです。この錦江を挟んで忠清南道舒川郡長項邑と全北特別自治道群山市が向かい合っているのです。その昔、河口堰がなかった頃は、長項の住民と群山の住民が船に乗って互いに行き来していました。

　蔡萬植の小説には、主人公が錦江を定期的に運航する連絡船に乗って群山に到着する場面があります。日本統治時代にも錦江を定期的に往来する連絡船が運営されていました。群山で獲れた水産物も連絡船を利用して、忠清南道の内陸地方まで運搬されました。学生たちも船に乗って群山の学校まで通いました。交通渋滞もありませんし、15分しかかからなかったので、交通手段としてはぴったりでした。

　1934年から運行された長項―群山間の航路が、2009年10月31日に最後の運航を終えました。河口堰が建設されて道路と鉄道が通過するようになり、長項線と群山線が連結されたからです。その過程で新たに群山駅と長項駅が誕生すると、航路には以前ほどの乗客はいなくなって、結局は経済的な理由で閉鎖されました。

　錦江水運は、日本統治時代に京釜線という鉄道が開通して、群山から錦江上流へ繋いでいた船便が縮小され、群山と長項だけを行き来するようになりました。さらに、川を中心に暮らしていた祖先たちとは違い、今は忠清南道と全北特別自治道という人為的な行政区域になり、長項と群山地域の住民たちは昔のように頻繁に行き来することはなくなりました。学校も学区という人為的区分ができて、もう忠清南道から全北特別自治道に通うことができなくなりました。

　西海岸高速道路が開通すると、舒川と群山にそれぞれインターチェンジができたため、錦江河口堰を往来する車もめっきり減りました。長項に住

左:錦江河口堰／中央:蔡萬植文学館／右:河口堰と生態学習場

　む人も、今では目の前の群山ではなく、遠い舒川まで行くようになり、群山の人々も長項を身近に感じなくなりました。それで昔を思い出して、わざわざ舒川から河口堰を渡って群山に行こうと思ったのです。

　河口堰の向かい側、群山側に蔡萬植文学館と錦江生態公園、渡り鳥展望台、鎮浦大捷碑、鎮浦詩碑公園があります。鎮浦とは何かですって？鎮浦大捷って聞いたことありますか？　高麗末期、鎮浦で崔茂宣が火砲を使って倭寇を撃退した戦いです。この鎮浦が群山なのです。それで群山のあちこちで鎮浦という名称に接することができます。

　蔡萬植文学館は入場料が無料で、解説員がしっかり解説してくれます。施設もきれいに維持されています。作家・蔡萬植に対する強い誇りが感じられます。

　河口堰を往来すると、臨陂駅舎に行く道、と書かれた案内板が見えます。現在の群山は、以前の臨陂県と沃溝県を中心に形成されています。ですから臨陂駅舎も群山では意味深い場所です。臨陂駅舎はきれいでよく整備されていますが、今では使用されていません。群山線と長項線が連結すると、多くの駅が廃駅になりました。全州から益山を経由して群山に至る群山線のいくつかの駅も廃駅になりました。無人駅だった臨陂駅も廃駅になったのです。しかし日本統治時代には、臨陂駅は重要な駅のひとつでした。元々この地域は平野が広がっていました。それで日本統治時代には湖南平野で産出した米を、汽車で群山港へ運んだのです。臨陂駅も米を運び出した場所のひとつでした。展示室として使っている客車があるので、立ち寄ってみると面白いでしょう。

群山に入る前に、途中にある鉢山里(パルサンニ)遺跡も一度見てみましょう。鉢山里遺跡は鉢山小学校の裏にあります。なので、平日は生徒たちの勉強の邪魔にならないように、静かに通らなければなりません。昔、この地域の農場主だった嶋谷八十八(やそや)が、他の地域から引っ越してきました。日本統治時代に嶋谷が所蔵した遺物が、解放後にもここに残ったのです。

　日本統治時代、群山の日本人地主たちは、小さな金庫から2～3階規模の倉庫建物まで、韓国各地で略奪した文化財や金塊などを個人的に所蔵していました。そのため、群山のあちこちで日本人地主や資産家が残した日本式建物や、とても堅固な倉庫をたくさん見ることができます。金庫の名前を付けたカフェなどもあります。

　朝鮮戦争当時は、北朝鮮軍がこの倉庫に韓国の人々を監禁していたそうです。鉄門や鉄窓まであって、監獄と変わりません。朝鮮総督府さえ問題視するほど、度が過ぎた収奪をした日本人もいたといいます。群山に住んでいた日本人の中には、解放後に自分の財産がもったいなくて韓国に帰化するほど必死になった者もいたというのですから、あきれてしまいます。

　この辺りは周辺すべてが平野です。ものすごい広さです。それで、米や野の漢字が入っている地名が多いのです。日本統治時代、群山には大きな精米所が12か所もありました。そこに集まった米が全部日本に搬出されて、当時の農民たちは米を見ることもできませんでした。農地と米は日本人が占有していたため、日本人農場主の家や倉庫の痕跡が多く残っているのです。その中のひとつが全国最大規模の個人農場を所有した熊本利平の別荘で、韓国では李永春(イヨンチュン)の家屋として知られています。どれだけ大

左：臨陂駅舎／中央：嶋谷金庫／右：嶋谷金庫の鉄窓

左：群山近代歴史博物館／右：旧群山税関

きかったかというと、熊本農場には鉄道まで開設されていたほどでした。

　さあ、それでは群山に入りましょう。群山近代歴史博物館があった場所は、元々は長項─群山間を往来する船が到着する港でした。群山を訪れた人々の旅行出発点です。少し歩いていくと旧群山税関が見えます。1900年代に建てられ、日本統治時代から最近まで税関として使われました。レンガまで輸入して建てられたもので、西洋建築様式が導入された初期に造られたソウル駅や韓国銀行［現貨幣博物館］のような様式の建物です。近代初期の建築様式を見ることができる、いい資料でもあります。群山港が日本統治時代にどのようなポジションを占めていたかを教えてくれる歴史的建物でもありますね。

　朝鮮時代、仙遊島にあった鎮を沃溝の北側に移すと、仙遊島は昔の群山という意味の古群山となり、今の群山地域には群山鎮が設置されました。沃溝県は、のちに群山と分離されたり再び統合したりと、行政区域の改編が多かった地域です。

　特に群山周辺は、行政区域の変化が頻繁にありました。開港後、各国の居留地が設置されて、現在の月明（ウォルミョン）公園は各国公園と呼ばれていました。日韓併合後、群山はのんびりした漁村から、瞬く間に湖南で随一の港になりました。そのため、税関が設置されたのです。群山は1910年に沃溝府から群山府へと行政区域が改編されました。1914年の行政区域改編当時、全国12の府の中で京城（キョンソン）府、大邱（テグ）府、平壌（ピョンヤン）府以外はすべて港町でした。当時の日本がどれほど熱心に収奪を行っていたかがわかりますね。

第5部　群山　金堤　珍島　順天　求礼

日本の行政区域統廃合

日本は、1914年に行政区域を統廃合しました。1910年にすでに13道12府317郡に行政区域を改編したのですが、1914年には全国を13道12府220郡に改編しました。当時の12府は「京城府、仁川府、木浦府、大邱府、釜山府、馬山府、平壌府、鎮南浦府、新義州府、元山府、清津府、群山府」で、道庁所在地の3か所を除けば、すべて港町でした。

　港に物資を運ぶために、道路や鉄道を整備する必要がありました。群山は日本の立場からすると非常に重要な地域なので、日韓併合前に韓国初の新作路である全州―群山間の道路を開通します。工事が始まるにあたり、韓国の人々は土地を奪われたのも同然でした。国に力がないせいで国民がひどい苦痛を受けたのです。

　全州―群山間の道路の桜はとてもきれいです。もちろん日本もその当時に桜を植えましたが、桜の寿命は60年ほどですから、当時のものが今まで残っているのではありません。今、全群街道で見ることができる桜は、1975年に道費や国庫、市・郡費に加えて、在日同胞が700万ウォンを寄付して植えたものだそうです。群山には桜の木があちこちにあって、花が咲くころに訪れると壮観です。5月にはコンダン麦祭りもありますので、その時期に訪れるのもいいと思います。

　群山にもスタンプツアーがあります。しっかり持ち歩くといろいろと役に立ちます。スタンプカードを持って、博物館から立ち寄ってみましょ

新作路

「自動車が通れる大きな道」という辞書的な意味を持っています。日本が朝鮮を強制併合する過程で、港と内陸都市を結ぶために作った道路です。以前の朝鮮には自動車が通るほどの広い道路はなかったことを強調しようと、日本が新しく作った道であるとアピールするために、新作路と呼んだといいます。

群山の有名な食べ物、大麦まんじゅう

もち麦は地理的表示保護制度に登録された農産物でもあります。群山は全国で2番目に麦栽培面積が広い所です。南部地方なので、稲作が終わって、秋から翌年の春まで二毛作で麦栽培をします。真冬の青い麦畑も一見の価値がありますし、麦で作ったパンもおすすめです。主にもち麦を栽培する群山で、有機農業で栽培した大麦を使って作った食品を売るパン屋があります。映画にも登場した店でもあります。大麦を使って作ったまんじゅうを売っているのですが、とても美味しいです。

う。見るもの、体験するものがたくさんあります。日本統治時代の韓国人の生活の様子では、初めて見るものもあります。韓国の人々が暮らしていた掘っ建て小屋の模型を見ると、どれだけ大変な生活だったかわかるでしょう。群山は特に、日本人に平地を明け渡して、韓国人は山地に挟まれた貧民街の狭い家で暮らしていたという記録があります。

博物館の近くには見どころがいっぱいです。「米」に、貯蔵する意味の「蔵」を使った地名の蔵米洞もあります。漢字そのままで、米を貯蔵していた地域です。すぐ横に港があるので、米の貯蔵所が必要だったのです。今は米を保管していた倉庫を改造して、ギャラリーにしている所もあります。群山市内には日本統治時代に建てられた建物がとてもたくさん残っています。一部は放置されたままになっていて、一部は改造して使われています。日本様式で建てられたゲストハウスもあります。

旧朝鮮銀行の群山支店でもスタンプを押せます。床のタッチスクリーンを通して、その時代に戻ったような気分になれます。不二農村家屋の写真や模型も見ることができます。韓国の農村は背後に低い山があり、山を背景に家屋が1か所に集まって村が作られ、村の前に農耕地や小さな河川が配置されている背山臨水型の集村ですが、群山の農家は家屋がまばらに分布する散村に近いのです。散村はそれぞれの家が自身の農地と近く、農地管理に有利です。共同作業が多い米作りは集村が有利ですが、農耕地の

左：掘っ建て小屋模型／右：蔵米ギャラリー

　規模が大きくなると、効率的な管理がしづらくなります。だから日本の立場からすれば、韓国の農民を土地と少しでも近くに住まわせて、最大限の労働力を投入できるようにしたかったのです。結局そこには、韓国の農民たちの労働力を最大限搾り取る日本の意図が込められていたのです。
　蔡萬植小説碑も必ず立ち寄ってみてください。彫刻像が建てられていますが、蔡萬植の小説の登場人物を描写したものだそうです。月明公園には蔡萬植記念碑もありますし、久弟道探訪支援センターもあります。群山散策旅行コースである久弟道は、あちこち曲がって、木が生い茂る道を自由に歩くという意味があります。
　『濁流』に出てくる米豆場碑もあります。米豆場は米穀取引の際、現実の米穀取引を目的にするのではなく、米穀の往来相場を利用して、約束だけで売買する投機行為を行います。米豆に従事する人を「米豆屋」、「米豆人」と呼び、米豆人が集まって取引する場所を「米豆場」と呼びました。

左：旧朝鮮銀行群山支店／中央：蔡萬植小説碑／右：不二農村家屋模型

左：米豆場碑／中央：濱海園／右：浮桟橋埠頭の浮桟橋と威鳳艦

聞こえはいいですが、相場による取引なので、実際には米豆場は投機場でした。韓国の資産家は破産寸前に陥って、地主たちにも土地を奪われるなど、身を滅ぼす人たちが続出したといいます。つまり米豆場も日本による朝鮮土地収奪方法の一種だったのです。

　浮桟橋埠頭にも行ってみましょう。仁川や群山は潮差が大きいため、引き潮の時に船を接岸するのは大変です。そのため特別な港湾施設が必要でした。それが浮桟橋埠頭です。韓国で収奪した米は群山港から日本へ搬出されましたが、潮差の大きい群山で引き潮の時にも安定して船を接岸するために、浮桟橋埠頭（接岸橋）を作りました。浮桟橋埠頭の拡張工事着工式には、朝鮮総督まで出席するほどでした。これもまた収奪の道具だったのです。1934年に4基の浮桟橋埠頭施設が完工したのち、群山港の米搬出量が200万石を超えるようになったのですから。

　濱海園にも行きましょう。濱海園は中国料理店です。外から見ると小さく見えますが、中はとても広いです。開業から70年を超える、群山で最も歴史のある中国料理店です。群山は元々、チャンポンが有名な店が多いです。チャンポンは、長崎に住んでいた福建省出身の華僑が、貧しくて食べるものがない華僑たちのために、安くてお腹がいっぱいになるように作ったのが起源だそうです。日本と交流が多い港町なので、群山にも伝わってきたのでしょう。

　長崎ちゃんぽんは白いスープが特徴ですが、韓国のチャンポンは赤いのです。1960年代から70年代まで、華僑の財産所有が制限されていたため、華僑の一部が海外に逃げてしまい、代わりに韓国人が中国料理店を経営す

ることになったのです。そして、韓国人の口に合うように唐辛子を使い始めたのです。チャンポンの韓国化ですね。華僑の財産所有制限により、世界中で唯一韓国だけはチャイナタウンがない国でした。華僑の立場からすれば、ひどい民族差別だったわけです。それが最近は、地方自治団体で観光目的にチャイナタウンを作ろうとしているのですから、これもまた隔世の感を禁じ得ません。

ハブ都市を夢見る群山

　群山はパン屋が有名です。特に、群山の名所である李盛堂は、日本統治時代に日本人が運営していて、解放後に韓国人によって再開された店です。日本はパンを軍用食にするつもりで導入したそうです。慣れないイーストの匂いのせいで、最初はあまり人気がありませんでした。そこで日本人になじみのある、酒に用いる麹を醗酵させてあんこを入れたパンを作り、旋風を巻き起こしたのです。今でも酒を入れて醗酵させたあんぱんを作るパン屋が、日本にはあるそうです。中国から来た小豆と、西洋から来たイーストの代わりに麹で醗酵させたあんぱんは、代表的な和魂洋才の例だといえます。とんかつもそうですね。だから、ソウル南山の近くの「王トンカツ」が有名なように、群山のとんかつも広く名が知られています。

　ところで、李盛堂は韓国で最も歴史がある老舗の雰囲気というだけで有名なわけではありません。群山は、土着のパン屋がフランチャイズのパン屋と競争して、唯一生き残った場所だそうです。フランチャイズ店が登場した時も、IMF経済危機の時も、このパン屋は危機を脱するために小麦粉で作っていたあんぱんを米粉に変えて、さらに野菜パンを作るなど新しい試みを通じて変化を図りました。その結果、危機を乗り越えることができたのです。群山には日本統治時代から多くのパン屋があり、解放後もそれは変わりませんでしたが、現在はほとんど残っていないそうです。そん

左:李盛堂／中央:佐川コーヒー／右:佐川庭園

な中でも生き残ったなんて、本当にすごいことですよね。このパン屋はソウルのある百貨店に支店を開きましたが、そこでもあんぱんが店頭に並ぶ時間には、長蛇の列ができます。

　近くにある佐川コーヒーというカフェ［現在の店名はカフェ永和洞］は、日本人の蔵の名前から取りました。カフェの隣に日本式庭園も見えます。2階建ての建物が蔵で、カフェと同じ名前の金庫は家の中にあって見ることができません。日本式庭園がきれいに保存されているこの家は、増築と改造をしたせいで登録文化財に指定されることなく、建物の補修を個人でしなければならなくなりました。

　東国寺（トングクサ）は日本の寺です。群山のあちこちに残っている日本統治時代の痕跡のひとつです。解放後も日本式の寺が他にもいくつかありましたが、東国寺だけが残りました。東国寺も撤去の危機はありましたが、住職の努力で紆余曲折の末に残ることになったのです。朝鮮総督府の建物撤去をめぐって混乱も多かったのですが、群山は統治時代の痕跡を残すことで、

第5部　群山　金堤　珍島　順天　求礼

和魂洋才

和魂は日本の伝統的な精神を、洋才は西洋の技術を指します。日本のそれを魂と、西洋のそれを才としたのです。近代化時代の日本のスローガンですが、技術と精神の領域を区分した近代化の方法です。同じ東アジアの中国には中体西用、朝鮮は東道西器論がありますが、3つの国すべてが、近代精神は受け入れることなく、外形だけ取り入れようとしたので、真の近代化には限界がありました。

左：東国寺／右：日本から持ち込み植えた東国寺の竹

　観光客を呼び寄せているのです。日本の僧侶たちが建てた懺謝文碑もあります。日本人の中には、正しい日韓関係確立のために努力した人もたくさんいました。東国寺の裏の竹は日本から持ってきて植えたものなので、少し雰囲気が違います。

　今は犬小屋が置いてあるところが、日本人将兵の遺骨安置室があった場所です。1960年代に解体して、遺骨は錦江に撒いたそうです。当時、日本のメディアでも報道されました。あとでそのことを知った遺族の中には、遺骨の代わりに東国寺の庭の土を持っていく人もいたそうです。遺族にとってはとても悲しいことだったでしょう。遺骨を別の場所に安置して、日本人や世界中の人々に帝国主義の惨状を見せつける現場として開発したならどうだっただろう、と考えたりします。

　群山の古い日本式住宅には、その家で生まれた日本人が時々遊びにきたりもするそうです。幼い頃の実家ですから特別な意味があるでしょう。

　群山には、朝鮮戦争の時に船に乗って、ここから越南した避難民も多いといいます。戦争中には、遊郭だった建物が避難民収容所の役割も果たしました。現在、その場所には華僑学校があります。火災で昔の姿は失われましたが、資料には市場に遊郭の痕跡も残っているとあります。遊郭は解放後も残っていましたが、女性団体の要求で撤去され、そこで働いていた女性たちは開福洞（ケボク）に移っていったそうです。

　開福洞は、娼婦を監禁して営業をしている際に火災で死傷者を出した、

開福洞火災の現場です。事件以降、市民団体は被害者のための追悼式を開き、火災現場を女性人権教育の場として活用しようと努力しています。群山市も開福洞を芸術家の町に変貌させようと努めています。

　実は、開福洞火災事件も統治時代の痛手だと言えます。統治時代に日本は朝鮮半島の主要都市に遊郭を作り、体を売る日本の女性たちを朝鮮に入れました。日本政府は遊郭を設置・運営して、強制的に朝鮮や東アジアの女性たちを戦地に引き連れまわし、言葉では言い表せないほどの苦痛を与えたのです。日本軍の慰安婦問題の真実が明白であっても、日本政府は政府が介入したことではないとしらを切っているのですから、実に嘆かわしいことです［慰安婦についての日本政府の見解は外務省HPを参照のこと］。

　次は海望窟(ヘマングル)を見てみましょう。群山港と群山市内を繋ぐために統治時代に作られたこのトンネルで、建設当時、朝鮮人の労働者をとんでもなく搾取していたといいます。工事の途中で亡くなった朝鮮人労働者も多いようです。統治時代、日本人は群山市内に定着しようとしたため、朝鮮人は丘の上や山の中腹、群山郊外に生活基盤を移すことになりました。そうして作られた町のひとつが海望洞ですが、再開発によってまた生活基盤を失った人々が去ることになりました。海望洞の人々は、解放後も変わったことは何もない、という気持ちかもしれません。

　持たざる者にとって、再開発とは生活基盤を一挙に失ってしまうものです。しかし、建物の所有者や外部の視線から見ると、環境が整い家賃も上がるので利益になるのでしょう。以前からいる住民の生活基盤だという

左：海望窟／右：群山の貧民街

認識と配慮が必要だったのではないでしょうか。

　さて、群山の新しい未来となる場所を見に行きましょうか。海望洞の向かいに水産物総合センターがあります。そこに行くと建設中の橋脚が見えます。それが冬柏大橋です［2018年12月に開通］。長項から群山の海望洞側に架けられる橋です。この橋のおかげで水産市場はさらに活気づきました。カラアカシタビラメという魚がよく獲れるのですが、群山の人々がこれを食べ始めるようになったのは、統治時代に日本人が食べなかったため、朝鮮人の取り分になったからだそうです。高級な魚は日本人が全部持っていき、朝鮮人は日本人が食べない魚だけ食べていたのです。魚を干すのも、その時代から始まったそうです。

　新萬金産業団地も見えますね。群長国家産業団地もかなり広いですが、ここはもっと広いのです。風力発電機も見えます。普通は山の上にあるものですが、ここは珍しく海岸にあります。実は海岸地域も常に風が吹いているので、風力発電には有利なのです。サイズもとんでもなく大きいものです。

　最後に寄るのは新萬金防潮堤です。防潮堤の長さがとても長いのです。世界最長の33.9kmで、2010年8月2日にギネス世界記録に登録されました。排水閘門を見ると、とてつもない規模です。排水閘門を通じて海から陸地に、陸地から海に水が出入りします。風力発電機が見える場所が加力排水閘門で、もう一方に新侍排水閘門があります。

　新萬金という名称は、全国最大の穀倉地帯である萬頃平野と金堤平野を合わせて、新しい土地が生まれるという意味です。全北特別自治道金堤

左：群山水産物総合センター／中央：魚干しの様子／右：風力発電機と現代造船所

左：新侍排水閘門／右：加力排水閘門

　市の金堤萬頃平野は、以前から金萬（クムマン）平野と呼ばれていましたが、新萬金はこの「金萬」を「萬金」に変えて、「新」をつけました。事業の主体だった全北特別自治道が、肥沃な平野を新たに作る意思を込めたのです。

　休耕地が増加する状況で、干拓で農耕地を作るのは一見無理なことです。干潟も消えて、埋め立てのために多くの山地も消えることになります。新萬金事業初期には、周辺の山地が消えて村の人々の反発も激しくなり、洞祭［村を守る神を祀る祭事］も行われたりしました。干潟も消えて海岸線も単調になると、海洋の生態系にも大きな影響を及ぼす恐れがありますが、人口は多くて国土は狭いという考えから、干拓事業によって得られる新しい国土にだけ神経を注いでいたのです。環境団体の反発も強烈でした。これは今後の課題でしょう。新萬金防潮堤の周辺地域をどのように活用し、環境も保護して地域住民のためにもなれるのか。その方法を探さなければなりません。

　統治時代の建物を復元させて多くの人々が群山を訪れていますが、歴史を忘れて、ただ映画の中の一場面、または行列に並んで名物を食べる食べ歩きが魅力の町程度に陥ってしまっては残念です。「歴史は流れていった過去ではなく、私たちの未来を映す鏡である」。博物館の通りの標示板に書かれていたこの文章のように、過去を通して未来を考えることができる、そんな群山になるといいですね。群山市のスローガンはドリーム・ハブですが、本当に西海岸時代の夢が叶うハブ都市になることを祈っています。

第5部　群山　金堤　珍島　順天　求礼

金 堤

農業の過去と未来を担う稲の村

　2015年にコメ市場が完全に開放されました。農村や農民たちがさらに大変になるのに、この危機をどうやって乗り切るか本当に心配です。「工業が発達しなければ途上国になれないし、農業が発達しなければ先進国になれない」という言葉がありますが、それこそ韓国の農業が深刻な危機に直面したと言わざるを得ません。

　フランス、ドイツなどの先進国は、食料自給率を上げるために農業の発達に大変力を注いでいます。しかし韓国の食料自給率は、2012年基準で23.6％に過ぎません。他の先進国に比べると途方もなく低い水準です。気候変動や自然災害はさらに激しくなると予想されるのに、食料主権はもちろん、食料安全保障さえ守るのが難しい状況です。

　農業を救うための方法のひとつ、家族農業を保護しようとする国が増えています。韓国も家族農業保護のために努力しています。家族農業とは、その地域に居住しながら比較的小規模で農業をしている農家のことをいいます。相反する概念は企業農業で、他所の地の社長が社員を雇って大規模な農業をする形態です。

　韓国で最も多く米を生産している都市である金堤に行って、韓国の農業と家族農業について調べてみましょう。

韓国の農業と農耕文化の中心

　韓国の国土の70％が山地です。どこに行っても各地域に裏山がある国です。そんな韓国で唯一地平線を見ることができる場所が金堤です。北には萬頃江、南には東津江が流れるその間に、広々とした金堤萬頃平野があるからです。湖南平野の中心でもあり、韓国で最も米の生産量の多い地方でもあります。米と麦の生産量は韓国第1位なのです。東津江と萬頃江が海と出合う場所であり、広い萬頃平野をもつ農業中心地です。東には795ｍの母岳山がそびえ立っています。西側から海、田野、山が交わる、まさしくすべて取りそろった土地といえます。

　しかし、1987年の大統領選挙公約で掲げられ、1990年から始まって現在も進行中の新萬金干拓事業の中心地になり、内陸都市へと変わってきています。広い平野と干潟が調和する土地だったらもっとよかったかもしれませんが、自治体と政府と住民たちが全北特別自治道地域の発展のためになるよう、協力しているそうです。

　金堤に行くと、本当に四方どこを見ても田んぼが果てしなく広がっています。金堤がこのように平坦な地形になった過程を調べてみましょうか？中生代ジュラ紀に大宝花崗岩が大規模に貫入しました。金堤はその大宝花崗岩が多い地域です。花崗岩が深層風化して長い間浸食された結果、現在の非常に広い平野が作られたのです。新生代に朝鮮半島の北東部が大きく隆起しましたが、西南部はそれほどではありませんでした。以後、海水面が上昇して沖積地が発達しました。金堤の本流河川である萬頃江、東津江とその支流の芙蓉川、斗月川、新坪川などの周辺に沖積地が広く発達することで、金堤が韓国最大の沖積地になったのです。そのため、ところどころに低い丘陵地が残っていて、河川周辺には沖積地が分布しています。

　ここまで金堤の地形的な要素を見てきたので、次は都市の成長と歴史を

左：碧骨堤／中央：金堤の田地／右：金堤の日本式建物

　見てみましょうか？　日本統治時代の韓国の都市は、伝統都市と植民地型新興都市に分けることができます。全北特別自治道に限定してみると、全州、古阜（井邑）、泰仁が伝統的都市で、群山、益山、金堤、新泰仁などが植民地型都市だと言えるでしょう。植民地型都市は、植民地政策と重なり合って都市に成長したという意味です。金堤は小さな村でしたが、1899年の群山開港、1912年の湖南線開通、そして相次ぐ日本人の移住によって本格的に都市化されました。

　1912年に湖南線が開通して金堤にも駅ができ、その金堤駅の前に日本人村が形成されました。朝鮮人の移住も活発になりました。金堤は最大の米輸出港だった群山に米を集めて送る後背地でした。米などの農業だけでなく精米、醸造などの食品加工業を中心に産業化と都市化が続き、日本統治時代に長きにわたって金堤駅を中心に都市が成長しました。

　日本資本は全北特別自治道地域で農業部門に対する集中的な収奪を行い、金堤は植民地搾取の円滑な遂行のための機能だけが成長したため、朝鮮時代から形成されてきた伝統の商圏は没落して、日本の資本主義商品消費のための新しい商圏の中心地が成長することになりました。このような過程は、統治時代に韓国のほとんどの地方都市が経験した成長過程と類似したものです。

　しかし、それほど賑わっていた金堤駅前が、今では閑散としています。最近、金堤駅がKTXの通過駅になり、さらにひっそりとしてしまいました。釜山や仁川のような植民地型大都市は、解放後にも政府の政策によって特に断絶されることもなく産業都市として成長しましたが、金堤はそう

はいきませんでした。金堤は日本統治時代には日本人が開墾して開発した主要対象地域でした。しかし、解放後の急激な経済開発の時期にも、変わらず農業を担う都市として残ることになり、状況が変わってしまいました。統治時代に急激に開発された金堤の都市形態が、1970年代まで大きな変化もないまま維持されていたほどです。1980年になってやっと都市計画が始まり、金堤駅前の道路が2倍に拡張されました。ようやく金堤駅の道路脇に建てられていた日本式建物も撤去されました。もちろん今でもたくさん残ってはいますが。金堤のこのような姿は、現在の韓国の農業中心地の一般的な姿と見ることができるでしょう。

　金堤には碧骨堤（ピョッコルチェ）という特別な遺跡があります。国家史跡第111号です。百済の時代に作った大きな貯水池です。金堤は韓国の農耕文化の中心地であると同時に、湖南第一の穀倉地帯なのです。

　昔の名前は馬韓時代には辟卑離国（ピョクピリグク）、百済の時は碧骨郡（稲の村）、統一新羅時代には金堤（黄金の田野）でした。すべて稲と関連があります。だから灌漑施設が発達したのです。そのため、ここ扶梁面院坪川（プリャンミョンウォンピョンチョン）の下流に碧骨堤を造成しました。

　碧骨堤団地に行くと、韓屋村が作られています。景観がとても素晴らしいのです。可愛らしいオブジェもたくさんあります。丘が見えるのですが、これが碧骨堤堤防です。国立青少年農生命センター展望台に上がってみると、碧骨堤の厳かな姿を実感することができます。

　碧骨堤堤防は、2.6kmほど残っています。一時は約3.2kmに達したというのですから、とてつもないですね。補修工事に参加した労働者たちが履

左：碧骨堤団地／中央：碧骨堤団地の韓屋村／右：碧骨堤堤防

左：長生渠／右：経蔵渠

いた草履（シン）に付いた土をはたいて集めたもの（トルミ）が山になったことから、その丘をシントルミ山と呼んだという話があります。今はかなり壊された碧骨堤の5つの水門のうち、長生渠、経蔵渠の2つだけが残っています。堤防の内側の広い農耕地が全部貯水池だったのです。

　碧骨堤貯水池は築造された後、1600年もの間、湖南平野に水を引いていました。すると1925年に日本人の地主たちが堤防を灌漑用水路に改造し、貯水池は農耕地として干拓されて、ほとんど壊されてしまいました。その後、発掘と復元を経て、昔の姿を一部取り戻したのです。現在も復元作業は続けられています。1925年に水路に改造された状態のままでほぼ残っており、用水路の機能も果たしているそうです。

　途方もない大きさでしょう？　百済はなにしろ平野が多く、三国の中でも農業に適した場所でした。稲作農業の中心地ということで、「堰」や「堰堤」のような関連施設と農業技術が発達したのです。三湖と呼ばれる金堤の碧骨堤、井邑（古阜）の訥堤、益山の黄登堤がすべて百済地域にありました。

　土軒［土軒は号］朴礎は、碧骨堤を東方巨澤と呼び、星湖［星湖は号］李瀷は國之大湖と呼びました。貯水池はたくさんありましたが、東方の巨大な湖や、国の大きな湖と呼ばれたのは碧骨堤だけでした。碧骨堤の地位がどれほどすごかったのかわかりますね。「国の中の大きな湖」という説明のように、碧骨堤は地域を分ける基準になったこともありました。『正祖実録』などに、湖南の名称の由来は碧骨堤の南側を意味するという記録がありま

第5部　群山　金堤　珍島　順天　求礼

す。

「朝鮮八道が凶年でも湖南が豊年なら生きられる」という話があります。それほどよく肥えた穀倉という象徴的な意味をもつのが湖南ですが、広々とした平野に生命となる水を供給した巨大な貯水池がこの碧骨堤だったのです。百済の時代から日本統治時代に入るまで、朝鮮人が命のように大事に築き、修繕し、使用してきた碧骨堤を見ると、先人らの知恵や苦労が感じられて、深く胸を打ちます。

　金堤地平線祭りの中心地もこの碧骨堤です。6万坪規模に造成された碧骨堤団地を中心に、碧骨堤西側の広い地平線で祭りが開かれます。見逃せないものばかりですが、碧骨堤団地の韓屋村、農耕文化博物館、各種の農耕文化体験施設である国立青少年農生命センターなどがあるので、家族や学校のクラスメイトと行くのもいいでしょう。趙延来(チョジョンネ)アリラン文学館もあります。小説『アリラン』の舞台の中心がこの金堤萬頃平野なのです。平和で豊かな農村で伝統の農耕文化が息づく現場を体験することができます。10月初旬に開かれるので、是非訪ねてみてください。

　金堤地平線祭りは、祭事が備えるべき美徳が存在しています。地域の大切な文化や伝統を共有して広く知り渡らせ、地域性を強化していく祭りです。稲が実っていく田地で、失われつつある農耕文化を体験することは、それこそ十分な経験と教育になるでしょう。

　次に、冒頭でお話しした家族農業について見ていきましょう。韓国の農

左：趙延来アリラン文学館／右：金堤地平線祭り

家は3千坪（1ha）以下の小規模農家が66％以上を占めています。3ha以上は大農家といえますが、9％ほどです。小規模農家はやはり農家所得を保つのが大変なので、経営規模を大きくする努力をしています。

2015年にはコメ市場が完全開放されて、雰囲気もかなり良くなかったようです。関税率は維持してくれますが、当初の輸入米の価格が法外に低く、勝算があるだろうかと懸念されています。米の消費も減っていてあり余る実情のため、稲作農業の比重を減らさなければなりません。

さらに韓国は、高齢者1、2人で農業を行う農家が65％にもなります。農家の84％が後継者がおらず、農家人口は1999年の666万人から2011年には296万人まで減りました。65歳以上の農家人口の比率は急激に増えています。農家の平均所得もまた、都市と比べると60％の水準です。このような指標をみても、韓国農業の未来が危惧される状況なのです。

農家は破産寸前になっても、種をまき、水を引いて生産を続けなければなりませんが、国内外の数千haで大量生産する企業農業に打ち勝つことは容易ではありません。韓国も大規模な企業農場を運営したらどうかって？　大量生産は韓国の環境に有利でもないし、適してもいません。韓国は山が多く四季があるため、こうした多彩な自然環境では多品目の少量生産が適しているのです。

だから農業と環境を活かすためには、結局は家族農業を保護するしかないのです。韓国の農家のほとんどが家族農家です。以前、大企業がトマト農場事業を推進しようとしましたが、市民団体と農家の反対で消えてしまいました。韓国人の情緒に企業農家の進出は問題が多いようです。しかし、家族農家を保護するのも簡単なことではありません。先ほどの各種指標でも見て取れたように後継者がいないので、農地を貸すか辞めてしまうしかありません。それで金堤では最近、積極的に帰農・帰村人口の誘致に力を入れています。

実は、農村の人情も以前とは異なってきています。生き残りが難しいので、情もだんだん薄くなって、なんでも物で解決しようとする物質万能主義が勢力を振るうのは避けられないことでしょう。もちろん、社会が変わ

ったのに農村だけがそのままでいるのは無理ですが、それでもさまざまな家族農家が共同体となる関係を維持する、そんな理想郷を諦めないでほしいと思います。

最近は世界的に、環境や食料問題との関連で家族農業がどれほど重要か気づき、積極的に保護しようとする政府が増えました。2014年は国連が制定した国際家族農業年でした。災害や市場変動のせいで農作物が駄目になる心配がないよう、適切な労働の対価が補償されて生産コストをカバーできるように、国が支援する必要があります。

作物の生産だけでなく、家族農業の技能は本当に大事です。例えば、大企業が金堤にとてつもない広さの土地を買って、5万坪規模のトマト農場を造成し輸出もすると言ったとしましょう。ソウルにいる社長や役員たちが指示を出せば、金堤にいる社員たちが農場で働きます。「種をまいて、芽が出て、花が咲いて、作物が育つ過程を見守りながら幸せを感じる農民」の概念はなくなるでしょう。すべて分業化されるからです。水やり担当、除草剤担当、肥料散布担当などなど。工業がそうだったように、農業でも人間疎外現象が起こるでしょう。そして、私たちの生活とかけ離れていくことになるはずです。農業は生命を扱う仕事なのにもかかわらずそうなのです。

家族農業は、村を作って農村の文化を形成し、風習や伝統を伝承する役割があります。また、家族農業は伝統的な生態や自然を考えて、適切に維持しようとする習性があります。家族農業は米も作り、桑も作り、トックリイチゴもかぼちゃもさつまいもも作る、比較的小規模にさまざまな耕作

左：コメ市場開放反対デモ／中央・右：さまざまな耕作の形態

をします。数千年にわたって伝わってきた知恵と経験で、あれこれ作物を多作して土地を生かしたのです。もし企業農業だったら？ トマトを連作して、生えてきたカビを他の作物によって相殺するのではなく、カビを殺菌してトマトを生産する可能性が大きいのです。企業は利益を追求するため、生態系の多様性を無視しがちです。しかし家族農業なら、他の作物を植える知恵と柔軟性を発揮していくのです。

結局、家族農業は生態系にも文化的にも健康で優秀だということです。経済論理では企業農業が勝るかもしれませんが、その地域の文化や情緒まで考慮して自然と文化、食料の健全な確保を追求する点では、家族農業が優れています。労働集約型の小規模経営は雇用も多く創出します。世界各国が家族農業を保護しようと尽力する理由がこんなにもたくさんあるのです。

希望の中心地
母岳山と周辺の名所

さらに金堤の名所を見て回りましょう。金堤の広大な平野にただひとつ高くそびえている山が母岳山です。伝説がたくさんある山でもあります。母岳山に向かう途中、まず院坪市場に寄ってみることにしましょう。

院坪亀尾卵戦跡地（クミラン）が見えますか？ 金溝院坪（クムグ）での東学農民運動［甲午農民戦争］の集会所で、戦跡地だった場所です。東学農民運動は、当初慶州（キョンジュ）で始まりましたが、金堤院坪で大きく勢力が拡大されました。最後まで日本軍に対立して壊滅したのも、ここ院坪です。ここで市場が開かれます。しかし、正直言って昔の栄光が消えて衰退した姿をしています。

金堤の人口は9万人ほどです。農業が中心で工業が発展しなかったため、人口も減って衰退したように見えます。なにしろ高齢化も深刻で、若者を見かけるのは簡単ではありません。

第
5
部

群山 金堤 珍島 順天 求礼

さあ、母岳山に行ってみましょう。母岳山は金堤と全州にかかる蘆嶺山脈のふもとの山です。この山を境に、西が湖南平野、東が東部山間地域に分けられます。1971年に道立公園に指定されました。昔は「オムメ」、「クンメ」と呼ばれていましたが、2つとも非常に大きな山という意味です。のちに漢字が伝わってきて、「オムメ」を「オモニ（母）山」と意訳して呼び、「クンメ」は「クン」を音訳して「メ」は山と意訳し、「金山」と呼ばれました。母岳山は金堤の広い平野に唯一高くそびえているため、この地域の人々から神聖な場所として扱われています。「偉大な母なる山」と呼ばれながら。

　母岳山は、中生代ジュラ紀に貫入した片麻状花崗岩の岩山です。金が含まれた花崗岩である含金石英脈が多いです。含金石英脈は長い歳月をかけて風化し、近くの河川によって移動したり堆積したりしながら、母岳山周辺に有名な砂金産地を残しました。そのため母岳山の周りには金に関連した地名が多いのです。金堤、金溝、金川。つまり金が出る堤防、金が出る溝、金が出る川という意味です。この地域で1900年代初めに砂金採取が始まり、一時はゴールドラッシュが起こったこともあったそうです。関連するサービス業もブームになりました。日本統治時代に本格的な金鉱産業が始まると、国内の金生産量の30％を占めるほどの好景気になりましたが、解放後、生産量が激減して命脈が絶たれ、今も衰退しています。

　母岳山は、よく弥勒信仰の本拠地、新興宗教の聖地と呼ばれます。仏教が伝わる前から神仙思想が根づいた聖山として崇められました。そんな力を信じる人々が多いからか、母岳山は鶏龍山とともに、いろんな土着

左：亀尾卵戦跡地／中央：東学農民運動の激戦地／右：母岳山

左：銅谷薬房／右：金山寺

宗教が生まれる場所、道を極める人が修練する霊験あらたかな山として知られています。

　弥勒信仰は、混濁した末の世を救う弥勒仏を信じて待った信仰です。百済遺民として差別や収奪に苦しめられたこの地域の人々は、苦痛から救ってくれる英雄を待ちながら、地上のユートピアが現れるよう祈りました。弥勒信仰は社会の混乱期や激動期に高まり、抑圧された被支配層や疎外された階層が信奉しました。ここが一種の希望の中心地だったというわけです。国内で最も広い平野と大きな湖があり、秋には黄金の野が揺れても、常に収奪と圧迫に困窮した人生を生きた金堤の人々には、それ以上に切実だったのかもしれません。

　だから甄萱（キョンフォン）も母岳山のある全州を都にして後百済を建国し、鄭汝立（チョン・ヨリプ）は母岳山のふもとで新しい世を夢見て勢力を集めたのです。全琫準（チョン・ボンジュン）の東学農民軍は、母岳山のすそ野にある金溝、院坪で勢力を大きく広げました。新しい世の中を夢見る人々や先駆者たちが、弥勒と神山が合する黄金の平原にそびえ立つ山に集まったのです。

　この地域のそんな気風が、朝鮮時代末には開闢（かいびゃく）思想へと続きます。母岳山は古い時代（先天時代）が終わり、新しい時代（後天時代）が開かれたという後天開闢思想が始まって広がっていく拠点となりました。東学農民運動が院坪市場で壊滅した後、母岳山にまた甑山（チュンサン）［甑山は号］姜一淳（カンイルスン）という人

第5部　群山　金堤　珍島　順天　求礼

285

物が出現しました。

　東学農民運動の失敗後、挫折した民衆には新しい精神的な安息の場が必要でした。甑山は母岳山の東側にある大源寺で悟りをひらき、西側の帝妃山のふもとの銅谷という村に場所を決めて、9年もの間、教理を説きました。甑山の死後、甑山道の数多くの宗派が生まれました。現在も母岳山のふもとだけで甑山教の教派が35以上もあるそうです。

　甑山が新しい世を説いた金山面のクリッコルです。主に銅谷薬房で教理を説いたといいます。クリッコル周辺には甑山が教理を説いた場所、暮らした場所、遺体が安置された場所が散在しています。そのため、母岳山のクリッコル一帯を甑山教の聖地と呼ぶのでしょう。

　母岳山の一番の名所は金山寺です。敷地がとても広く、大きな建物が立ち並んでいて、威容を誇っています。本堂である金山寺弥勒堂は非常に有名ですが、これは韓国で唯一の三層法堂です。各層には大慈寶殿、龍華之會、弥勒殿と扁額が付いていますが、すべて弥勒殿を指す表現になっています。

　外から見ると3層の建物ですが、中は1層になっています。巨大な弥勒立像があり、高さはなんと12mです。金山寺は新羅仏教の主流だった教宗系統の法相宗の中心寺院で、法相宗が弥勒信仰を基盤とする宗派のため、釈迦牟尼仏を奉る大雄殿より弥勒仏を奉る弥勒殿が寺の中心です。すな

左：金山寺弥勒殿／右：弥勒立像

金堤地平線祭り

わち弥勒信仰の中心寺院というわけです。

　金山寺は後百済を建国した甄萱が、彼の息子たちによって幽閉された寺です。結局は金山寺に幽閉されたなんて皮肉ですね。

　ぱあっと開けた平野と優れた水利遺跡の碧骨堤、そして弥勒信仰を保持した母岳山まで、金堤を巡ってきました。いろんなテーマを扱いましたが、直接金堤を訪ねて一つひとつ回りながら、さらに深く考える時間を過ごすのもいいと思います。もちろん金堤地平線祭りも忘れずに。

第5部　群山　金堤　珍島　順天　求礼

珍島
神秘的な潮流と芸術の都市

　2015年現在、韓国映画で歴代観客動員数の1位は『鳴梁』［2023年現在も1位。邦題『バトル・オーシャン海上決戦』］です。李舜臣将軍の知略とカリスマ性によって、朝鮮水軍が日本水軍を撃退した場面が痛快な映画です。映画の中で主に扱われている海戦は、タイトルからもわかるように、鳴梁海戦です。たった12隻の艦船で133隻の日本船を相手に勝利した記念碑的海戦でした。その舞台となった鳴梁は、どこにあるのでしょうか？

　鳴梁は、韓国の最西南端に位置する全羅南道珍島郡と海南郡の間にある海峡です。鳴梁海峡でも、最も狭いところは約300ｍしかありません。こうした狭い海峡は、少ない兵力の軍隊が大勢の敵軍を相手するのに最適な地形条件となります。だから李舜臣将軍が鳴梁を戦略的要衝の地と定めたのです。

　戦略的要衝の地に決めたのには、狭い海峡以外にも決定的な地理的要因がありました。映画にも登場しましたが、覚えていますか？答えは鳴梁がある珍島に行って、直接確認することにしましょう。

不思議な潮流が起こる宝船の島

　ソウルから西海岸高速道路に乗って、5時間ほどで珍島に着くことができます。珍島に入る関門が珍島大橋で、この下を流れる海峡が鳴梁海峡です。珍島大橋の形がオリンピック大橋と似てますよね？　そうです。珍島大橋はオリンピック大橋と同様、韓国で初めての斜張橋です。珍島郡は1970年代まで船でしか行くことができない島でした。1984年に珍島大橋が開通して陸地と繋がったのです。珍島大橋のおかげで陸地とのアクセスが良くなり、珍島郡は本格的に発展することになりました。

　大橋の下、鳴梁海峡の流れは激しいことで知られています。鳴梁海峡は純韓国語で「ウルトルモク」と言います。引き潮の時に、水の流れが川岸にぶつかって派手な鳴き声を出すことから、このような名前がつきました。強い風も吹かないのにこうした現象が起こるのは、潮流のせいです。ウルトルモクは韓国で最も速い潮流が流れる場所なのです。

　韓国の西海岸は潮流が激しいのですが、特にウルトルモクは独特な海底地形のせいで、水の勢いがひときわ強くなっています。まず満潮時に南海の海水が狭いウルトルモクに一気に押し寄せてきて、黄海に抜けていきます。大量の海水が狭い海峡を抜けようとするので、どうしても速い流れになってしまいます。さらにウルトルモクの海底には数十個の暗礁があり、

左：珍島大橋／右：ウルトルモクの水流

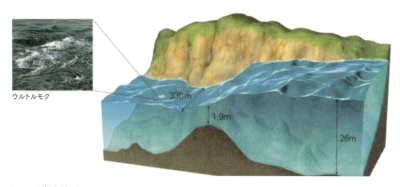

ウルトルモク海底地形

水が暗礁にぶつかって方向が定まらずに渦巻いたりします。李舜臣将軍は、こんな潮流の動きを完璧に知っていたので、日本水軍を鳴梁海峡におびき寄せたのでしょう。

　狭い海峡という地形的な特徴、激しい潮流の流れ、そして1日に2度、潮流の流れが変わる時間まで正確に把握していた李舜臣将軍は、最適な戦略で、客観的に見れば劣勢な状況を圧倒的な勝利に変えたのです。考えるだけでも本当にしびれますね。こんなウルトルモクと珍島大橋を一緒に眺めるには、珍島タワーに上がるのをおすすめします。珍島タワーのすぐ横にはウルトルモク海洋エネルギー公園が位置しています。海を利用したエネルギー発電には3つほど種類がありますが、それは潮力発電、潮流発電、波力発電です。だとしたら、ここウルトルモクに潮流発電所があるだろうことは予想できますね？

　海洋エネルギーは、化石燃料を代替できるエネルギー資源として脚光を浴びています。特に3面が海に囲まれ、干満差が大きい韓国の西海岸は海洋エネルギーを利用するのに非常に有利です。潮流発電は簡単にいうと、海水の流れでタービンを回してエネルギーを生み出す発電方式なので、当然流れが速いほど効率がよくなります。そんな最適な場所が、ここウルトルモクなのです。

　潮流発電が持つ長所は、他の水力発電や潮力発電とは異なり、ダムや防

第5部　群山　金堤　珍島　順天　求礼

291

海洋発電エネルギーの方式

潮力発電：潮汐現象によって生じるエネルギーを電力に変える発電方式です。満潮の時に流入してくる海水を高い位置の貯水池に溜め、干潮時に放水して発電機を回します。韓国には始華湖(シファ)に潮力発電所があります。

潮流発電：流れの速い潮流の海域に、ダムや防波堤なしで潮流を利用して、海中のタービンを回す発電方式です。ウルトルモク潮流発電所が代表的です。

波力発電：波のエネルギーを利用する発電方式です。波による海水の上下運動で生じるエネルギーで空気の流れを作ってタービンを回します。

波堤が必要ないことです。そのため費用も抑えられて、船舶の動きの制約も少なく済みます。また障害物が少ないので、魚類の移動が自由で環境にやさしいと言えます。

　ただし、ウルトルモクの発電所は、まだ試験潮流発電所です。本来は400世帯余りが1年間使用できる規模（1000kW）の電力を生産する計画でしたが、設備施設の故障が多く事業の経済性が低いうえに、周辺の景観を阻害するなどの理由で自治体とのもつれが生じて、まだ不十分な状態のようです。自然の条件は整っています。発電技術が不足しているのです。韓国は化石燃料を利用した発電技術は非常に優れていますが、代替エネルギーについての研究は先進国に比べて遅れています。将来的には必ずエネルギー戦争が起こると予想されるので、力を入れなければならない分野でしょう。持続可能な発電のために、環境にやさしい再生可能エネルギーをどれだけ活用できるかが極めて重要となります。

左：珍島タワー／中央：ウルトルモク海洋エネルギー公園／右：ウルトルモク試験潮流発電所

左：嘉界海岸／中央：神秘の海割れ祭り／右：ポンおばあさんの像

　さあ、それでは嘉界(カゲ)海岸に行ってみましょう。聖書に出てくる「モーセの奇跡」を知っていますか？　モーセと彼についてきたイスラエル民族が約束の地に行く途中で、彼らの神であるエホバが海を割った話です。それと似たような現象が、珍島にも現れます。ここ嘉界海岸です。海の真ん中を人々が歩いて行くのが見えます。珍島神秘の海割れといいます。海のトンボロ現象です。実はこのような現象は、韓国西海岸の10か所以上で見ることができます。

　干満差が大きい日には、引き潮で海水が減少する時に海底が露出して、砂丘が現れます。この砂丘を地理用語で砂州といいます。この砂州が近くの島と繋がったものが陸繋砂州です。陸繋砂州によって陸地と繋がった島を陸繋島といいます。嘉界海岸から遠くに見える島が、まさに陸繋島の「茅島(モド)」です。1年に30〜40日ほど、このような現象が起こります。

　毎年3〜5月の最も潮差が大きい時期に、3日間にわたって神秘の海割れ祭りが開催されます。珍島郡で最大のお祭りといえるでしょう。お祭りの由来が一風変わっています。本格的に外部に知られるようになったきっかけは、1975年に駐韓フランス大使だったランディが珍島を訪れた際、海水が割れる現象を見て、モーセの奇跡を見たとフランスの新聞に寄稿したのです。おかげで世界的に有名になりました。

　神秘の海割れの場所に行くと、おばあさんと虎の像があります。ポンおばあさんの像です。神秘の海割れと関連して、ポンおばあさんの伝説が語り継がれています。昔々、この地域に虎が頻繁に現れるので村人たちは茅島に避難しましたが、ポンおばあさんだけが取り残されてしまいました。

第5部　群山　金堤　珍島　順天　求礼

> ### 珍島の味自慢、珍島わかめ
>
>
>
> わかめがよく育つには、水深が深くて波が強くなければなりません。珍島は朝鮮半島の最西南端に位置して、波や潮流が強い外洋の清浄地域が多いそうです。このような地域環境に打ち勝って海底の上にそびえる多くの岩間で、珍島の天然岩わかめはその価値を主張しています。珍島わかめは朝鮮時代から、代表的な献上品のひとつでした。中宗(チュンジョン)の時代に発刊された『新増東国輿地勝覧』にも、珍島の特産品の中で最高なものとして、わかめが選ばれています。「珍島藿(かく)」とも呼ばれる珍島わかめは、娘を持つ母親が嫁入り道具として用意するほど有名だそうです。

ポンおばあさんは離ればなれになった家族に会いたくて龍王様に祈ると、龍王様がその願いを聞き入れて、翌日に海を割って道を作ったそうです。この話が風習として残り、今のお祭りに昇華されたのです。神秘的な自然現象と民俗文化がひとつになって、地域のお祭りを作り出したというわけです。全羅南道は、この神秘の海割れがユネスコ世界文化遺産として登録されるよう努力しています。

絵画と歌、民俗が生きる珍島

　全羅道旅行といえば、なんといってもお膳の脚が折れるほどたくさんのおかずが出てくる定食が欠かせません。やはり食道楽は旅行で重要ですから。しかし、食べ物がすべてだと思わないでください。実は全羅道は伝統文化と芸術が息づく地域なのです。特に珍島郡は芸郷と呼ばれています。それで次の旅行地に、珍島美術の本山といえる雲林山房(ウルリムサンバン)を選択しました。

　美しくて古風な空間です。なんだか心が静まって、一幅の風景画を見ているような気持ちになります。雲林山房は朝鮮時代の東洋画の一派であ

左：雲林山房／右：小痴許錬の絵

る南宗画の大家、小痴[小痴は号]許錬が暮らして絵を描いていた所です。その子孫が代々作り上げてきた、とても大きな画室なのです。

　というわけで、雲林山房には木、花、池、草ぶき屋根の家などが美しい姿を誇っています。珍島は地理的な特性上、陸地と遠くない島です。そのため、特に高級官吏や名声のある士大夫に人気の流刑地でした。だから適切な文化的背景を作ることができたのでしょう。晩年の小痴許錬は、この島という属性と距離を置いた隔離の空間に引きこもって、悠々自適な人生を土台にして美しい美術作品を描きました。

　島という孤立した空間が、美術家たちには創作に最適だったのでしょう。山水画を描くためには、心身共に平穏で無為自然の心構えが必要ですから。

　雲林山房の美術館では毎週土曜日、地域の作家が描いた絵画をオークションにかける「南道美術銀行土曜オークション」が開催されます。面白いイベントなので、一度寄ってみてください。オークションに参加しなくても見学することができます。

　今度は珍島アリラン村に行ってみましょうか？　その前に、イム・グォンテク監督の映画『西便制』[邦題:『風の丘を越えて』]を見たことあるか、尋ねなければいけませんね。映画の中で、石垣の道で主人公の一行が歌を歌う場面があります。「アリ〜アリラン　スリ〜スリラン　アラリガナンネ〜　ア〜リラン　ウ〜ウ〜　アラリガ〜ナンネ」。この民謡のタイトルはなんでしょう？　そうです。「珍島アリラン」です。

第5部　群山　金堤　珍島　順天　求礼

南宗画

南宗画は、中国の山水画の特色をもつ東洋画の一派です。南宗画が本格的に伝わってきた朝鮮後期には、韓国の勝景を画幅に収めた真景山水画や、主に庶民階層の生活を描写した風俗画が多く描かれていたそうです。このように韓国情緒や自意識の表現と言える美術傾向と、さらに中国絵画の伝統を反映する南宗画が着実に広がったのです。南宗画の特徴は、自然を直接見て描くのではなく、その美しさを心にしまった後に描くのだそうです。

珍島アリラン村には、アリラン体験館があります。建物の形がチャング[砂時計型の韓国伝統打楽器]に似ています。体験館に行くと「珍島アリラン」について深く知ることができます。「珍島アリラン」は島地域の女性の生活と密接に関係しているのですが、それは陸地の他のアリランとは違って、主に女性たちが作って歌った歌だからです。だから「アリラン節」という別名もあります。「珍島アリラン」の歌詞は、義理の父母の権威に対する否定、儒教的社会の秩序に対する逸脱行為、夫の無能力への批判などが主な内容になっています。「珍島アリラン」が開化期の時代に活発に伝承されたのは、地理的に島という孤立した空間で抑圧されてきた女性たちの恨(ハン)が歌詞にしっかり込められているからでもあります。体験館の中には、実際に「珍島アリラン」を歌ってみることができる場所もあるので、

左：南道伝統美術館／右：鳥島碇舟歌

アリラン体験館

思う存分自慢の歌声を試してみてください。

　次は船に乗って鳥島(チョド)という島に行ってみます。ここでは全羅南道無形文化財のひとつである「鳥島碇舟歌」の痕跡に出会えます。碇舟とは、朝鮮時代に碇網でイシモチを獲った漁船のことです。碇舟歌はこの舟で網を扱いながら歌う漁労謡です。地域ごとにいろんな碇舟歌が歌われましたが、今日まで受け継がれているのは鳥島だけです。

　昔から鳥島周辺では魚がたくさん獲れました。鳥島一帯は黄海と南海の分岐点に位置しており、夏には黒潮暖流、冬には西海岸の中国遼東半島や鴨緑江一帯に源を発する沿岸の寒流が海岸線に沿って南下して、豊かな漁場を作ります。そんな位置にあるため、鳥島の住民は自然に漁業に従事するようになります。

　もちろん現在は、碇舟でイシモチを獲る方法は消えてしまいました。漁業の現代化や収益面から養殖業が優位なこともありますが、決定的な理由は他にあります。統治時代、日本の漁師の朝鮮進出によって韓国の漁場が侵食されたのですが、鳥島周辺の漁場も同様でした。植民地支配構造の中で、外部の意図によって韓国の伝統漁業の相当部分が解体されました。ですから、悲しい歴史の一場面でもあるのです。

　珍島はこのように、美術や音楽などの芸術の香りが濃い所です。美味しい食べ物を味わいながら、同時に歴史と芸郷に心ゆくまで酔うことができます。こんなに素敵な場所が、この地にはいくつもあるのです。

第5部　群山　金堤　珍島　順天　求礼

順天
世界的注目を集める生態都市

　順天と言ったら何を思い浮かべますか？　自信たっぷりにコチュジャンと叫んだなら、スンチャンと間違えてますよ。食べ物の話が出てきたので、順天のもっとも有名な食べ物を教えてあげましょう。それはハイガイとマテガイです。だったらハイガイが旬の季節じゃなければ行く必要ないって？　とんでもありません。順天は自然と風景だけ見に行っても十分な価値がある所です。とりわけ順天湾の価値はとてつもありません。大韓民国の代表的な生態都市、順天を象徴する場所ですから。順天湾湿地で自然を見れば、おのずと心が癒やされるヒーリング効果を経験できます。国際庭園博覧会も開かれて、さらに見るものが盛り沢山になりました。

　順天湾がどれほど価値があるかと言えば、順天湾湿地がラムサール条約［1971年にイランのラムサールで開催された国際会議で採択された、湿地に関する条約］に登録されて、世界的な関心と保護を受けているほどです。さあ、生態首都の順天、この順天の生態都心である順天湾を旅する生態観光に出かけることにいたしましょう。

自然がくれた美しい贈り物

　順天湾国家庭園は、2013年の国際庭園博覧会以降、韓国で最もきれいに整備された庭園になりました。庭園という空間を通して人と自然が調和を保ち、その文化が広がるよう貢献しています。その結果、ここは2015年に国家庭園1号に指定されました。

　庭園は桁外れの広さで、歩いて見るのには優に3、4時間はかかります。ゆっくり庭園を見て回りながら順天湾自然生態公園側に移動するなら、東側からスタートするのがいいでしょう。東門から出発して順天湖庭園、世界庭園、メタセコイア並木道、夢の橋、韓国庭園、順天湾国際湿地センター、スカイキューブ庭園駅、この順路で見て回ります。

　観覧の際は、注意事項をしっかり守ってください。禁煙、禁酒、一部物品の持ち込み禁止、採集不可、通路以外は立ち入り禁止。観覧産業を育成しながら、順天市が庭園の管理を厳しく行っています。自然を保護しながら、その空間を快適に維持することが観光地の本質なので、観光する時は注意事項を守りましょう。

　まずは順天湖庭園です。地形と水がよくマッチしています。順天の実際の地形と水の流れを縮小して表現した空間です。人工的な印象が強くても、眺めはとてもきれいです。ここにある庭園は人工的に作った空間ではありますが、自然そのものの雰囲気を生かすために大変苦労しました。

左：順天湾国家庭園／中央：順天湖庭園／右：ゴカイの散歩道

世界各国の庭園

「ゴカイの散歩道」もあります。実際にゴカイを飼育している所ではなく、ゴカイがくねくね動くさまをテーマにして表現した空間です。このように自然から空間のモチーフを得ようと努力した庭園なのです。

　続いて世界各国の庭園が現れます。中国庭園、タイ庭園、ドイツ庭園など多様です。2013年の順天湾国際庭園博覧会に参加した国が、それぞれ固有の方式で庭園を造りました。国ごとの庭園は広くはありませんが、庭園の様式が違うことが見比べられますし、みんなディテールが生きています。国際庭園博覧会を開催するにあたって、各国の庭園文化に精通した専門家たちが努力した結果だそうです。入り口で申請すれば無料の解説も聞くことができます。

　ところで韓国の庭園は見れないのかですって？　韓国庭園は夢の橋を渡っていくとあります。同じ国の人間だからひいきするわけではありませんが、韓国庭園が一番きれいに見えます。西洋の庭園に比べて、人工的な面も少ないようです。自然をコントロールしようとした西洋と、自然とひとつになろうとした東洋の自然観の違いをかいま見ることができます。

　参与庭園になっている部分もあります。参与庭園は、さまざまな団体が個性を生かして製作した庭園です。庭園文化の拡がりに加えて、各団体を広報するために造成されました。すでに30余りの団体が参加した庭園が造られています。近くには動物園もあり、規模は大きくありませんが可愛い動物がたくさんいます。天気がよければミーアキャットやフェネックが外に出てきたりもします。

　さて、順天湾湿地に行くための下調べとして、国際湿地センターに立ち

左:韓国庭園／中央:参与庭園／右:動物園

　寄ってみましょう。ここのよく整理された資料を見れば、順天湾には本当にさまざまな生物が生息していることがわかります。実際に湿地の生物たちを見ることもできて、環境分野の先進都市についての情報も得られます。見るものも学ぶことも多い場所です。

　庭園駅からスカイキューブに乗って、生態公園に行ってみましょう。スカイキューブはモノレールのような乗り物で、ケーブルカーとは少し違います。環境を重要視している生態都市の順天らしく、自然に負荷を与えてしまう車両通行を減らすために、このような交通手段を取り入れたのです。往復の乗車料金が高いと感じるかもしれませんが、環境保護のための寄付だと考えてみましょう。天然の自然、素晴らしい景観を維持するには費用がかかるものですから。

　さあ、着きました。順天湾湿地です。葦原が広がっているのが、まず目に入ってきます。特に秋になると壮観です。とても静かで、自然の音が聞こえてくる気がしますよね？　静かな海の魅力を満喫できます。たくさんの人が訪れる海岸は、ちょっとにぎやかで落ち着きませんが、順天湾はそんな様子はあまりなく、観光地らしくない安らぎがあります。人が多くても穏やかで静かな雰囲気の場所です。

　東川(トンチョン)と葦原が生み出す景色が、人々を包んでくれるようです。季節に合わせて来れば、干潟で生態体験をしたり、渡り鳥を見ることもできます。季節ごとに生態体験プログラムを用意しています。子どもたちのためのプログラムも別に準備されているので、子どもや学生たちを連れて来るのもいいですね。

左：国際湿地センター／中央：順天湾湿地／右：順天湾の葦原

　順天湾は、夕日も全国で一番と言われるほどきれいなところです。東川と葦原、そして夕暮れが作り出す風景なんて、どんなに素晴らしいでしょう。写真家たちが夕日を撮るためによく訪れる場所のひとつでもあります。ひとりで物思いにふけりながら歩くのにも最高です。天文台もあるので、海や干潟、鳥たちが見せる静かな光景に加えて夜空の星まで、それこそ自然を満喫するのにもってこいの場所です。

　順天湾自然生態公園は一日の入場客数を制限しています。一日に1万人まで入場可能です。1万人に満たない場合は予約しなくても大丈夫ですが、観光客が集中する時期には予約をしていくのがいいでしょう。年間利用券を持っていたり、順天市民の場合は予約しなくても入場できます。このような措置は、もちろん自然を守ろうとする順天の数々の努力の中のひとつです。そのおかげで、前述したようにがやがやした観光地の雰囲気ではなく、自然をそのまま楽しめる順天湾の姿に出会うことができます。

　実のところ、順天湾国家庭園や湿地が観光地としてこれほど成功すると予想した人は多くありませんでした。自然よりは経済的な要素を重視する社会の雰囲気のためです。周辺の麗水市（ヨス）や光陽市（クァンヤン）は大型企業を誘致して、急速に発展しました。そのため順天市も順天湾に工業機能を誘致する計画がありました。順天湾を埋め立てて、麗水のように工業団地を作ろうとしたのです。そうすれば、とりあえずは順天が経済的に成長したかもしれませんが、この素晴らしい風景はすべて消えてしまったでしょう。

　順天市だけの力でこの地域を生態都市にするのは、簡単なことではなかったのです。しかし、ラムサール条約に順天湾が登録されたことで、関心

左、中央：順天湾湿地／右：順天のハイガイ

が集まって恩恵を受けたのです。順天湾のユネスコ世界自然遺産登録を目指す試みも相変わらず続いていますが、順天市や付近の地域住民との利害関係が衝突する部分があって支障がでています。地域開発や漁業活動の萎縮を心配する住民もいるためでしょう。理解できなくはありません。実際のところ、順天は市内以外の地域住民のほとんどが、農業や漁業に従事しています。住民の中には今も順天湾を埋め立てて工業団地を作ることを希望する人もいます。地域住民の心をひとつにまとめて政策を進めるのは容易ではありません。その分もっと活発な議論を通して、互いの立場を理解して共生する方法を模索すべきでしょう。

　順天に来たら、ハイガイ定食を食べてみてください。ハイガイといえば宝城郡筏橋(ポソン)(ポルギョ)のハイガイが有名ですが、筏橋のすぐ隣に位置する順天や高興(コフン)でもハイガイがよく獲れます。周辺に比べて交通の便が相対的に発達し

順天湾の夕日

た筏橋邑が、最も有名になったのです。ところが、最近は筏橋でハイガイがあまり獲れず、手を焼いているそうです。台風が来て干潟が荒れるとハイガイの生産量は増えますが、最近はそんな事態もあまりなく、東川下流地域の畜舎などから出る廃水も影響を及ぼしていると考えられます。美味しいハイガイを食べるためにも、自然保護は本当に重要なのです。

生態観光とともに発達する生態首都

　そろそろ順天市内に入ってみようと思います。順天駅は全羅道全体で指折り数えられるほど、利用客が多い駅です。全羅南道の東部圏では交通の中心だからです。麗水や光陽へ行くのに通らなければならない所でもあり、慶尚南道側に繋がる慶全線の通る駅でもあります。このように交通がしっかり発達しているので、観光産業が発達するのにも有利だったのです。順天市内も道路がよく整備されていて、バスの運行も多いほうです。交通の便が良いのに加えて宿泊施設も悪くないので、旅行客が移動中のベースキャンプとしてもよく利用するそうです。

　順天市庁がある一帯が、順天旧都心です。順天市庁、順天総合バスターミナル、順天大学などがあり産業、サービス機能が集中していたそうです。しかし今は徳蓮洞一帯と徳蓮洞から続く海龍面側へ新都心が繋がっていて、中心地が移動しました。新都心には順天駅があり、百貨店や総合病院、大型ディスカウントスーパーなどがあります。

　ドラマ『応答せよ1994』で、順天の住人と麗水の住人が百貨店のあるなしでケンカするシーンがあったのですが、覚えていますか？　順天は交通が発達していて、人口数に比べて産業機能がとても進んでいます。ホームプラス［韓国第2位のディスカウントショップチェーン］も順天には2店舗もあるのに、人口がより多い麗水にはまだ1店舗もありません。人口が多くなくて

第**5**部

群山　金堤　珍島　順天　求礼

も産業機能を維持できるのは、順天の周辺地域から多くの人が買い物に来るからだそうです。

　特に順天の産業機能の特徴として、五日市場を挙げることができます。順天は現代的な大型スーパーが多くても、五日市場が命脈をしっかり保っているのです。旧都心の上の地域にウッチャン［「上の市場」の意］が、下の地域にアレッチャン［「下の市場」の意］が開かれます。ウッチャンは末尾に0と5の付く日、アレッチャンは末尾が2と7の日に開かれています。在来市場の雰囲気をそのまま大事にしていて、規模もとても大きいのです。全国の五日市場の中で最も大きな規模の市場でもあります。

　在来市場が持ちこたえているのは、それだけ順天市で商業機能をよみがえらせようと努力していることを意味します。特にウッチャンとアレッチャンは、旧都心を支える最後の砦のような役割を果たしています。在来市場が都心を支えるというのは皮肉でもありますね。実は、旧都心には全国で最も売場面積が大きかった黄金百貨店があったのですが、現在は廃墟の状態で残っていて、都市の悩みとなっています。

順天都市再生事業の柱として、旧都心のこの廃墟を庭園に変えよう、いや、商店街をもう一度よみがえらせよう、と意見が分かれています。順天旧都心の空洞化現象は深刻な状態で、空き店舗が目立ちます。いろいろと努力をしてはいますが、まだ解決策を見い出せていない状況です。人口が多くもない状態で大型商業施設が新都心に多くできて、問題が生じたのです。

　実は、新都心側でも空洞化現象が起こっています。現在、チョウンプラザは黄金百貨店と同じように、大きな建物が放置されています。市長選挙

左：順天市庁／中央、右：五日市場

左：黄金百貨店／右：順天都市再生事業

の際、チョウンプラザをよみがえらせるという公約が出てくるほど、放置しておくのはもったいない建物です。新都心が空洞化するだなんて意外ですよね？　新都心周辺の新垈(シンデ)地区が開発されて、人口がそちらに流れていったことが最も大きな原因です。旧都心再生事業に市が尽力しているなかで、新都心の空洞化まで進行する気配が見えます。

　都心と言えば都市の最も重要な場所ですから、急いで対策を講じる必要があります。ところが順天では、都心と同じくらい順天湾一帯の観光地も重要なので、是正措置がさらに遅くなってしまうのです。都心が疎外される、めったにない状況なのです。外部の人間の立場としては観光地が開発されることを願いますが、順天の地域住民の願いは違うかもしれません。

　世界的な名所に飛躍している順天湾一帯と、地域住民たちの生活基盤としての都心が、ともに発展するプランを順天市が見つけることができるように願っています。

求礼

四季を通して美しい
サンシュユの本場

「男性にすごくいいんだけど、本当にいいんだけど、うまく説明できないな」というコピーのテレビCMが以前放送されていました。サンシュユ関連製品のCMです。男性なら必ず飲まなければならないような気がする、笑えるけれど説明するすべがない魅惑のCMコピーです。

3月末にサンシュユ祭りが始まる所があります。全羅南道の求礼です。サンシュユを思う存分楽しむことができる本場です。サンシュユ祭りだけでなく、四季の景色が美しく、智異山も近くにあって、トゥルレ道を歩きながら出会う自然もこの上なくきれいな所です。

では今から農村と観光というキーワードで、三大三美のふるさと、春夏秋冬すべてが美しいサンシュユ村、求礼の探訪に出かけましょう。

農村と観光、求礼を理解する

　蟾津江(ソムジンガン)は、とても美しい川です。特に蟾津江沿いの桜並木はとても有名です。桜が満開になると、それこそ見事です。蟾津江は、求礼―河東(ハドン)区間が最もきれいです。ドライブコースとしては言うまでもありません。求礼に向かう道の途中で見ることができる自然風景の中のひとつです。

　求礼は李重煥(イ ジュンファン)が『択里志』で、三大三美のふるさとと称した場所です。三大三美、3つの大きなものと3つの美しいものとはいったい何でしょうか？　まず三大は、大きな山である智異山、大きな川の蟾津江、そして大きな平原を指しています。四聖庵(サソンアム)の尾根からは求礼の全景が見渡せるのですが、そこには平原が一面に広がっています。雄大な智異山に囲まれて、平坦な広野が広がっているので、さらに大きく感じます。求礼は至って典型的な盆地地形です。

　求礼盆地は、北西―南東方向に西施川(ソシチョン)に沿って長く発達しています。この地域の地質は、比較的侵食に強い変成岩が優勢です。そのため盆地が深く開析されて、割と狭くなっています。西施川が南側で蟾津江に流入するそうです。

　西施川上流の山東面(サンドン)一帯の盆地は、標高が高いところで200m前後です。

左：桜並木／右：求礼の全景

岩山と土山の比較

変成岩は、ほとんど微細な粒子の鉱物でできていて、風化作用を受けて細かい砂や粘土ほどの大きさの物質が生産されます。このような細かな物質は、雨水にもあまり流されないので、土層が厚い土山に発達します。智異山、徳裕山、太白山、小白山、五台山のような土山は、片麻状組織の変成岩が風化して土壌層にかぶさりながら、山並みがなだらかで柔らかい姿になります。土山は山林がよく茂り、水が涸れないので、人々が暮らしやすい土壌を提供して、生態ダムの役割も果しています。

一方、花崗岩は風化を受けると、粒子が大きな砂をたくさん作り出します。その砂は雨で簡単に流されるため、土壌が浅くて貧弱になりがちです。だから北漢山、雪岳山、金剛山、月出山などの岩石の景観が麗しい岩山が発達するのです。

谷底平野としてさらに狭く形成されていて、西施川下流に行くほど範囲が広がり、求礼邑側の西施川下流盆地は標高50〜100mほどで、上流地域よりも低くなっています。比較的広く発達していて、中でも代表的なのが求礼盆地と言えるでしょう。他にも小さな盆地があります。ここは中生代の堆積層が1000mに及ぶほど厚い堆積盆地として知られています。

盆地といえば花崗岩の侵食盆地が多いのですが、ここは変成岩の侵食盆地、または堆積盆地です。同じ変成岩地域ですが、盆地が形成されたのは節理のためです。節理が発達した所が河川によって浸食されて盆地になったのです。

求礼は智異山と蟾津江によって作られた典型的な背山臨水地形で、人が暮らすには良好な場所として有名です。だから『択里志』でも、求礼が最も暮らしやすい場所に選ばれたのでしょう。求礼は非常に肥沃な土地だという記述もあります。求礼盆地は変成岩山地の智異山を開析した蟾津江が流れているので、沖積層も広く豊饒です。

智異山は山の姿がとてもなだらかです。変成岩の土山なので、高くそびえる岩が見えないためなだらかに感じるのです。土山の特徴がよく表れた山です。普通なら岩山が秀でた景観を誇るのでしょうが、智異山の雄大

さと豊かな稜線は絶景です。

　では、三美とは何でしょうか？　求礼の3つの誇りは、まさに自然環境、すなわち優れた景色とあふれる人情、そして農作物の産出です。三大三美は結局、智異山と蟾津江と盆地とがひとつになった天からの恵みの自然環境をもつ、山水が素晴らしく人情に厚い、農業にも適した場所という意味です。

　こんなにいい場所が、今は人口3万人に満たない地になってしまいました。1980年代の書体で書かれた古い看板も見えます。大きな山と大きな川に挟まれていたため、過去には物流が活発に発達しましたが、蟾津江が物流を担うのをやめて、農業から工業へ産業が変化すると、順調だった求礼はまるで古い看板のような場所になりました。しかし最近は、そんな場所が観光地として浮上しています。劣化したイメージというよりは、昔の思い出を大切に壊さずに自然を見せる、一度行ってみたい場所となったのです。工業を発達させられずに立ち遅れてしまいましたが、そのおかげで観光地になる逆転のチャンスを迎えたというわけで、求礼がこの機会を賢く切り開いていくことを期待しましょう。

　山東面のサンシュユ村に行ってみましょうか？　黄色いサンシュユの花がむくむくと沸き起こるように満開になる頃は、村全体が春、春、春と叫

智異山

左：古い看板／中央・右：サンシュユ村

んでいるように見えてきます。サンシュユ村は春には黄色、夏は濃い緑色の涼しい森の道や渓谷を見ることができます。秋には燃え立つような紅葉と真っ赤なサンシュユの実が壮観です。それこそ季節ごとにさまざまな魅力を感じさせてくれるのです。

　金薫（キムフン）の『自転車旅行』に「サンシュユは花ではなく木が見る夢のように見える」という一節があります。実際に求礼に行ってみれば、これがどんな意味か実感がわくでしょう。川辺、畝間、石垣の間など、どこでも入り込んで育つサンシュユの木が村中に満ちあふれています。石垣の道と秘密めいた森の道も、とても愛らしい姿なのです。

　求礼は、韓国で最大のサンシュユ群落地です。韓国のサンシュユ生産量の70％以上を占めているほどですから、まさしくサンシュユ村というわけです。特にここ山東面は、日照量も多くて排水もよく、土壌が肥沃なので、サンシュユ栽培には最適なのです。サンシュユは約千年前に、中国山東省に住む娘が求礼郡山東面に嫁入りする時に初めて持ってきて植えたそうです。だから地名も山東になりました。求礼のサンシュユはカリウム、カルシウム、亜鉛のような無機成分が豊富で、リンゴ酸が最も多く検出されて、酸味が強い独特な味です。

　サンシュユの実は酸っぱくて、血行を改善する効果があるので、体を保護して滋養強壮に有効です。抗がん作用もあり、腰痛、神経痛、肺結核を治療するのにも使われます。かなり良薬ですね。ほのかに甘酸っぱいサンシュユ茶は販売もされているので、自宅で気軽に楽しむこともできます。

智異山トゥルレ道
求礼を楽しむ

　次は智異山のトゥルレ道に行ってみましょう。智異山トゥルレ道は総距離が300kmに及び、求礼地域だけで85kmもあります。求礼、河東、山清、咸陽、南原の智異山ふもとにある80余りの村が、トゥルレ道の連結の輪になりました。求礼区間には全部で7つのコースが繋がっていて、各区間の所要時間は4〜6時間だそうです。

　トゥルレ道のひとつのコースを歩いてみましょう。途中で華厳寺にも寄って、雲鳥楼も見てみましょう。あっ、上沙村にも行かなくては。求礼は長寿の地域として有名ですが、その中でも特に上沙村は最も早く長寿村に選ばれました。韓国最高の長寿村に選ばれたこともあります。

　実は、この地域の人におすすめの智異山トゥルレ道コースを尋ねると、みんな違う区間を勧めてくるそうです。それほどさまざまな魅力があって見どころが豊富だということでしょう。トゥルレ道の求礼区間は、特に春が人気があるので、機会があれば春に求礼の智異山トゥルレ道をのんびりと散歩したらいかがでしょう。

　本格的に求礼の智異山トゥルレ道の名所を訪ねる前に、蟾津江沿いの地

智異山トゥルレ道

智異山トゥルレ道は、2007年2月に道法僧侶〔元曹渓宗和諍委員長〕を中心に作られました。智異山周辺の3つの道（全北、全南、慶南）と、5つの市郡（南原、求礼、河東、山清、咸陽）の16の邑面、80余りの村で繋がっています。285kmの長距離ウォーキングコースや、智異山のあちこちにある旧道、峠道、森道、川路、あぜ道、村路などが環状に繋がっています。トゥルレ道のほとんどは、該当地域の居住者の同意を得て開設されたもので、他の観光地と違い、むやみな開発を止揚して、地域環境や歴史文化資源を活用する持続可能な発展モデルを掲げています。

左：チャムゲタン／右：鮎の刺身

域色豊かな郷土料理を食べてみたいですね。チャムゲタン（上海蟹スープ）や鮎の刺身も、この地域の有名な食べもののひとつです。鮎は夏が旬ですが、いつ食べても美味しいです。

　鮎の刺身は、許英萬(ホヨンマン)の漫画『食客』22巻、「王様の食膳」編にも出てきます。王様の食膳に上る貴重な魚だったため、農民は獲ってはいけませんでした。鮎の身からスイカの香りがするそうです。しこしこしていて柔らかく、スイカのような、きゅうりのような爽やかな香りがします。川魚なのに生臭くなくて、さっぱりしています。チャムゲタンも香ばしい濃厚スープで、こんなにご飯が進むおかずは他にありません。

　お腹が膨れたら、求礼市場に寄ってみたらどうでしょう。求礼市場は求礼邑で開かれます。求礼といえば、ほとんどの人が花開(ファゲ)市場を思い浮かべるでしょう。花開市場は嶺湖南(ヨンホナム)の交流の場であり、海と内陸を繋ぐ全国的な市場ですが、求礼邑は求礼の中心地が生活圏なので求礼市場も立てました。

　また、求礼はパンソリ東便制の中心地です。なので東便制の名人、宋萬甲(ソンマンガプ)の生家や東便制伝授館もあります。西便制は聞きましたよね？　西便制と東便制の違いを簡単に説明しましょう。パンソリは大きく西便制と東便制、そして中高制に区分されます。西便制はそのまま「西側地域のパンソリ」という意味ですが、蟾津江西側の光州(クァンジュ)、羅州(ナジュ)、潭陽(タミャン)、和順(ファスン)、宝城(ポソン)のパンソリを指します。そして、蟾津江を基準に全羅道の東側地域、す

第5部　群山　金堤　珍島　順天　求礼

315

なわち南原、淳昌、谷城、求礼、興徳のパンソリを東便制、また忠清と京畿地域のパンソリを中高制と呼びます。昔は交通の便が良くなかったので、口伝で伝授する特性上、地域ごとに違いが生じたのです。

　東便制は太く重く発声して、最後を短く切って歌います。できるだけ技巧を使わずに、力強い声を出します。西便制は、胸に迫るような悲しさを強調して、軽く発声します。歌の最後を長く伸ばし、技巧的な歌を好みます。

　さあ、求礼の名所を訪ねてみましょう。まず華厳寺から立ち寄ってみます。とっても大きな寺です。建物ひとつひとつが、優に千年は経過したような風格をとどめています。しっかり保存された美術作品と遜色ありません。華厳寺は古寺の中でも屈指の寺です。544年に創建されたので、優に千年を超える寺院です。

　覚皇殿は国宝第67号、大雄殿は宝物第299号です。華厳寺は求礼の歴史ある寺院というだけでなく、朝鮮中期の建築史研究に貴重な資料として活用されています。寺といえばほとんどが大雄殿が一番大きくて豪華なものですが、華厳寺は覚皇殿が最も大きく華やかです。大雄殿は釈迦牟尼仏を本尊として祀る仏堂なので最も大きいものですが、覚皇殿がさらに大きいところが華厳寺だけの特徴です。

　華厳寺の近くにエドヒガンの木があります。樹齢300年を超える樹木です。智異山に唯一残ったエドヒガンです。智異山の5大天然記念物はエドヒガン、千年松、ジャコウジカ、ツキノワグマ、カワウソです。その中のひとつであるエドヒガンが華厳寺にあるのです。静かに見つめている

左：東便制伝授館／中央：華厳寺／右：華厳寺覚皇殿

左：華厳寺近くのエドヒガン／中央：上沙村の里程標／右：雲鳥楼のある韓屋全景

と、人を惹きつける不思議な魅力を感じます。

　今度はトゥルレ道を歩いて、上沙村に行ってみましょう。前述したように、上沙村は長寿村として有名です。智異山を背景に、前方には蟾津江が流れる素敵なところです。車や工場が多くないので、騒音や公害が少ない農漁村地域、背山臨水地域でありながら、標高300〜400ｍほどの低めな土地、そんな所が長寿村に選ばれました。全羅南道にはそんな場所が多くて、韓国の長寿村の約30％がここにあるそうです。その中でも特に求礼に多いです。これからも水や空気がきれいな所がさらに貴重になるでしょうから、求礼にはそんな貴重な自然環境をしっかり保存していってほしいですね。

　道に沿って歩いていくと、五美村の雲鳥楼があります。雲鳥楼は1776年［英祖52年］に楽安郡守の柳爾冑が建てた、99間ある韓屋大邸宅です。この邸宅は、韓国3大明堂の五美里の中でも吉相の地に位置する、湖南を代表する両班の家です。雲鳥楼が風水の地理上で韓国最高の吉地であり、金環落地と呼ばれる明堂だといいます。金環落地ってどんな意味かって？

　この地域は、土旨面五美里です。土旨という名前は、元々は金の指輪を吐いたという意味の吐指と表記していました。昔、指輪は女性たちが大切にしてきた証で、出産の時には外すものなので、ここで指輪を外しておくことは出産を意味することでした。そして、ここの地勢も指輪が落ちたような形をしています。そこで土旨面五美里一帯を金環落地、豊饒と富貴栄華が消えることない明堂というのです。

　元々99間だった大邸宅は63間ほどが残っていて、現在も住人が生活し

ています。大邸宅の客間が雲鳥楼です。その隣は勉強部屋として使っているそうです。正門の両側は使用人の部屋ですが、今は民宿をしているので、最高の明堂に一日泊まっていくのも楽しそうですね。

　下の写真の米の甕を見てください。「他人能解」と書いてあります。他人も開けられるようにして周りに飢える人がいないようにしよう、という意味です。穀物を持ち出す人が恥をかかないように、主人の目につかない所にこうやって置いてあるそうです。明堂に住む資格がある人らしい言動ですね。明堂ではなくても、その人柄のおかげで子孫が福を得たでしょう。雲鳥楼が少し放置されたように感じますが、壊されることなくしっかり保存されるためには、多くの方の関心が必要です。

　今度は浮図［舎利塔］で有名な燕谷寺(ヨンゴクサ)に行ってみましょう。舎利や遺骨を奉安したものを塔や浮図といいます。寺院の中に建てられたものを塔、外に建てられたものを浮図といいます。燕谷寺には、現存する最も古い浮図である東浮図と北浮図、2点の浮図があります。とても精密で豪華なので、誰かはわかりませんが立派な人の舎利や遺骨が奉安されているのでしょう。

　次はピア谷(ゴル)渓谷です。ピア谷は元々はピバッ(バッ)谷でした。ひえを栽培する畑が多いので付けられた名称です。きび、粟、米などの仲間、穀物のひえです。ところで、血の畑だと思ってゾクッとしませんでしたか？　実は、ここが解放以降の1960年代まで数多くのパルチザンが亡くなって、その血が谷間いっぱいに流れたのでピア谷と呼ばれているという説もあります。これもまた韓国の胸が痛い歴史のひとつですね。

左から：雲鳥楼／「他人能解」米甕／東浮図／北浮図

左：ピア谷／中央：ヤマネコ／右：ツキノワグマ

　求礼は智異山の入り口です。光陽、河東、谷城、南原の結節地域である求礼は、智異山に入山するパルチザンの集結地でした。そのため、パルチザンと関連した良民虐殺が極限に達した所です。実はパルチザンの中には、新しい世の中を夢見た知識階級が多かったそうです。パルチザンが最後の抗戦を繰り広げたのが、まさにこの智異山です。すなわち、智異山は南部にありながら、分断の苦しみが色濃く残る場所なのです。

　智異山に来たついでに、智異山の生態と関連する道路の問題について、少し言及しなければなりません。『One Day on the Road』という、智異山周辺道路のロードキルを扱ったドキュメンタリー映画があるのですが、その内容が本当に衝撃的でした。道路を最小化する必要があると感じました。道路のせいで、智異山が島のようにポツンと浮いてしまっているのです。これでは周辺との生態的交流が不可能です。むやみな開発と道路建設によって、韓国の白頭大幹と生態環境が言葉も出ないほど壊されているようです。

　野生動物が絶滅する原因のうち、狩猟よりもさらに危険なのが「ロードキル」です。ロードキルは運転手も危険ですが、生命に対する倫理的次元でも深刻な問題です。ロードキルは本当に無意味で悲惨な死です。野生動物の天国と呼ばれる智異山周辺がこんな状態なのですから、他の地域はどうしたらいいのでしょう。

　たまに、どうして道に飛び出すんだ、野生動物が悪いんだ、と言う人もいます。しかしそれは動物と生態について、あまりにも理解不足な考え方です。例えばヤマネコのような肉食動物は、行動範囲がなにしろ広くて、

餌を探したり、寝たり、繁殖したりするためには道路を渡って生活するしかありません。動物も危険なことを知っていながら、生きていくために命をかけて道を渡り、殺されてしまうのでしょう。

　智異山に自生する植物は824種、動物は421種にもなるそうです。まさに智異山は、韓国の生態系の最後の砦といっても過言ではありません。このような智異山の生態系が、道路によって断たれて島のように孤立するのではなく、周辺とひとつになって、人と野生動物が共存できる場所に変わってくれたらいいですね。

　しかし、道路は尚もあちこちで建設されて、車の速度もだんだん速くなっています。動物の移動通路はかなり不足していて、あまり役に立っていません。智異山周辺の道路からでも、今すぐ制限速度を引き下げて、これ以上道路をむやみやたらに拡張しないようにしなければなりません。不必要な道路は森林として復元しましょう。

　人だけが暮らしていける国土を作ることは、それ自体が危険な発想です。健康な生態系が破壊されると、最終的には人間にも害が及ぶことになります。幸いなことに、智異山に放したツキノワグマがしっかり定着しているそうです。2015年3月現在、37頭が生息しているようです。探訪路を外れたりしなければ遭遇する確率もほとんどないので、心配しなくて大丈夫です。

　智異山に自然との美しい同行ができるトゥルレ道が増えることを、心から願っています。

第**6**部

釜山・慶尚道

聞慶
古代からの峠道を越える

　その昔、私たちの先祖は慶尚道から漢陽まで、どのように旅をしたのでしょうか。朝鮮時代は、二本の足が最高の交通手段でしたから、連なる山々も歩いて越えました。釜山の東莱から小白山脈を越えて漢陽まで、14日を要したそうです。その遠い道々を、山々を越えて他の地域へと移動していたのです。

　九十九折りの峠道も歩いたことでしょう。当時、どのようにして高く険峻な山々の間に道を造ったのでしょうか。古道を歩くと、連綿と踏み固められた先人たちの足跡に道の痕跡を見つけることがあります。彼らは、土木工事によって山を削り、自然を破壊して広い道路を切り開くことはありませんでした。韓国は、標高の高い山はなくても、国土の70％が山地であり、山に道を開かなければ往来さえ難しいのではないかという疑問が生じますね。

　それには理由があります。風水地理では、山は龍であり、山の抱く精気が山脈に沿って流れると考えられていました。そのため自然の道理に従って道路網を整備したのです。峰から峰へと続く尾根の、鞍のように低くなっている部分を鞍部といい、鞍部を通って尾根越えの道が通じている所を峠といいます。そうした峠を韓国語でチェ（ジェ）また嶺といい、通過するという意味があります。

　韓国の代表的な峠のひとつが聞慶セジェ（鳥嶺）です。慶尚北道の聞慶を訪ね、古代からの峠道を越えてみましょう。

先人の足跡をたどり
聞慶セジェを越える

　今日では、ソウルから釜山まで高速道路を利用すれば4、5時間で行く
ことができます。昔は、14日間から16日間かけて歩いたそうです。さぞ
かし、たいへんな旅だったことでしょう。ところで、徒歩で2日間の差が
あるということは、最も短期間で到達できるルートと、その他のルートが
あったことになりますね。最も短期間のルートとは、どこを通るのかを知
るためには朝鮮時代の道路網を理解する必要があります。

　朝鮮時代には漢陽を中心としてX字形に道路網を整備しました。各地域
から首都・漢陽へ向かう主要な道は九大幹線道路として、そのうち嶺南地
方［慶尚道］と都を結ぶ千里の道（960余里）［韓国の千里は日本の百里、約400km］を嶺
南大路といいます。小白山脈を越える嶺南大路は三道に分かれ、左道、中
道、右道がありました。その中道が聞慶セジェを越えるルートで、都へ最
も短期間で到達できる道でした。

　参考まで、現在の地図で左右を考えると、嶺南大路の左道は秋風嶺を、
右道は竹嶺を通ると思うかもしれませんが、実はその反対です。漢陽の
王宮・景福宮から見た視線を基準として、左右を考える必要があります。
朝鮮王朝時代ですから、国王のいらっしゃる場所、すなわち景福宮を中心
としたのですね。

　聞慶セジェの「セジェ」とは、どんな意味でしょうか。韓国語の「セ」
には新しいという意味があるので「新たに開通した道」、また、「セ」を
「サイ（間）」と考えてハヌル峠と梨花嶺の間の峠とする解釈もあります。
漢字語では鳥嶺、セの漢字は鳥、ジェ（チェ）の漢字は嶺と書きます。鳥
も飛んで越えるのが難しい嶺ともいわれ、あるいは慶尚道では「セ」と呼
ばれるススキが多いのでススキが生い茂る峠から由来するともいわれて
います。

左：嶺南大路の3つの道／右：聞慶の白頭大幹の峠

　韓国で最も歴史の古い峠は、天にも届くような高さという意味のハヌル峠［別名、鶏立嶺、寒喧嶺など］です。『三国史記』［高麗時代、金富軾編、1145年成立、新羅・百済・高句麗の歴史を紀伝体で記述］によると新羅・阿達羅王［第8代、在位154-184］の時代、北へ進撃するためにハヌル峠に道を通したと伝えられています。三国時代［313または356-676年の新羅の統一まで、新羅・高句麗・百済の三国が鼎立した時代。韓国ではBC1世紀-AD7世紀とする］から高麗時代［918-1392］には、ハヌル峠が小白山脈の峠道として盛んに利用されましたが、朝鮮時代に聞慶セジェに関門が設けられると、聞慶セジェが代表的な峠道となりました。ハヌル峠は比較的なだらかな峠道でしたが、忠州へ至るには、聞慶セジェを越えるよりも遠回りになったためでしょう。

　三国時代から高麗時代、忠清道と慶尚道を結ぶ主要交通路はハヌル峠でした。北上する新羅と南下する高句麗［BC37？-668］との激戦地でもありました。聞慶セジェは、そのハヌル峠の次に開通した新しい道という意味ともいわれています。その後、1925年、日本の植民地時代に梨花嶺路が自動車道路の「新作路」として造られました。

　三国時代から高麗時代にはハヌル峠、朝鮮時代には聞慶セジェ、20世紀に入ると梨花嶺、時代によって峠道の主役も変遷しました。梨花嶺という名前から周辺に梨の木や花が多いように思いますが、地理的な関連はありません。植民地時代に、元来の伊火嶺から梨花嶺という名になりました。2007年、昔の名前に戻そうと梨花嶺を「アウリチェ(峠)」と呼ぶようになりました。白頭大幹は、北の白頭山から南の智異山に至るまで途切れることなく連なる山脈で、朝鮮半島の脊椎ともいわれています。風水地理でも重要な意味があるのですが、植民地時代には朝鮮総督府が、その山

聞慶セジェと食べ物

険峻な山地に暮らす人々は、山から採れる栗、黍などの雑穀類やドングリなどを主な食糧にしてきました。粒が硬く粗い栗飯は、お年寄りや幼い子どもにとっては食べにくいものでした。そこで、ドングリと緑豆でムク［ドングリなどのデンプンで作る寄せもの、プルプルとして柔らかい食感］を作り、栗飯とヤンニョムジャン［薬味入りの醤油のような調味料］と一緒に混ぜ、汁物に入れて食べるように工夫したそうです。ツルツルとしたトットリムク［ドングリのムク］が、ツブツブした栗飯も食べやすく、喉につかえないようにしてくれたのでしょう。

脈の気脈を断つために嶺南大路の鳥嶺付近に梨花嶺路を造りました。山脈のややなだらかな場所を開削して新作路を造るというのが表向きの理由でした。その後、次第に聞慶セジェを通る道は衰退し、聞慶セジェの麓の上草里（サンチョリ）の村は、街道とともに繁栄し、街道とともにさびれていきました。

国道3号線の梨花嶺トンネルは1998年に開通しましたが、建設時に想定した交通量に比べて、通行量がはるかに少なく赤字が続いていました。中部内陸高速道路が開通すると交通量は急減し、2007年には通行料を徴収していた料金所が閉鎖されました。その後、植民地時代に新作路・自動車道路の建設という名目によって寸断された白頭大幹を、再び繋ぐ事業が実施され、現在では生態系を回復するため生態の軸も復元されています。時代とともに道は際限なく変わり、それとともに私たちの生活の基盤も変わっていくのです。

いよいよ聞慶セジェを越えますが、出発の前にここの名物・ムクチョバプで腹ごしらえをしておきましょう。ムクチョバプは、豊かな山の恵み、ドングリやソバを使った滋養のある郷土食です。

聞慶セジェは科挙の道でもありました。朝鮮時代、太宗（テジョン）［第3代、在位1400-1418］の時に聞慶セジェの峠道が通じたという説もありますが、以後500余年の間、漢陽へ最も短期間のうちに到達できる道として、その役割を果たしました。当時、釜山の東莱から漢陽へ向かうには、秋風嶺、聞慶セジェ、

聞慶セジェ（鳥嶺）

竹嶺の3つのルートがありました。秋風嶺は15日間、竹嶺は16日間を要したのに比べて、聞慶セジェは14日間と最も短期間で上京できる道でしたが、科挙を受験するソンビたちが、とりわけ聞慶セジェにこだわった理由は他にもあったようです。

　それは、聞慶という地名には、「慶事の便りを聞く」という喜ばしい意味があったからではないかと思います。また、秋風嶺を越えれば秋風落葉の言葉どおり木の葉がハラハラと散り、竹嶺を越えれば竹はツルツルと滑りやすく、試験に滑る、落第すると心配したのでしょう。今日の韓国では、試験の日には、「すべる」を連想するためヌルヌルしたワカメスープ（ミョック）は食べませんが、それと同じように当時の受験生も縁起を担いだのですね。

聞慶セジェの古道

聞慶セジェは3つの関門から成り、第一関門は嶺南第一関と呼ばれる主
屹関です。関門の築城は、ある歴史を教訓として始まりました。豊臣秀
吉の朝鮮侵略［1592-1598］、日本では文禄・慶長の役、韓国では壬辰・丁酉
倭乱［以下、主に「倭乱」と表記］といいますが、この時、聞慶を守れなかった
ために短期間のうちに漢陽の都まで占領されました。聞慶は漢陽都城へ
の上京路に位置し、重要な軍事的要衝だったのです。漢陽へ向かうために
は、険しい小白山脈を越えなければなりません。そのため、倭乱の時、申
砬将軍が険峻な鳥嶺の地勢を活用した戦術を取らなかったことへの批判
もありました。3つの関門は、倭乱を教訓に国防を目的として築いた関防
施設なのです。

　倭乱の時、都を落ち義州まで避難を余儀なくされた宣祖［第14代、在位1567-
1608］は、1594年、倭乱の間に聞慶セジェに鳥谷関（第二関門）を築きまし
た。丙子胡乱［1636-1637、清の皇帝ホンタイジの朝鮮侵攻］の後、1708年に粛宗
［第19代、在位1674-1720］が、後世に再び差し迫るであろう国の危機に備えよと、
最も険峻な鳥嶺に主屹関（第一関門）と鳥嶺関（第三関門）の築造を命じ、3つ
の関門が完成しました。戦乱で国が荒廃した後に築いたのですから、まさ
に韓国のことわざでいう「牛を失ってから牛小屋を修理する」と言わざ
るを得ません。

　関門の城壁を見ると、「工事実名制」によって工事の責任者の名前が刻
まれています。最初に築造した関門は、建設からわずか3年で崩れてしま
ったそうです。そのため二度目の工事では、城郭を築造した責任者や石材
を運搬した責任者の名前を城壁に刻むようになりました。

左：主屹関（第一関門）／中央：鳥谷関（第二関門）／右：鳥嶺関（第三関門）

左：酒幕／中央：鳥嶺院址／右：聞慶アリラン

　聞慶セジェを越える古道をたどると、至る所に朝鮮時代の痕跡が残っています。ソンビも庶民も多くの旅人が喉を潤した酒幕、官吏たちに宿所や馬を提供した鳥嶺院の址など、この地が要衝であり、朝鮮時代の主要道路だったことを教えてくれます。特に、鳥嶺院、桐華院などは、出張で往来する官吏に宿泊と食事の便宜を提供していた場所であることから、朝廷の官吏も公務で通行する主要な大路だったことがわかります。

「聞慶アリラン」を聞いたことがありますか。「聞慶セジェは、なんたる峠か。クビヤ（くねるよ）、クビヤ（くねくね）、涙が出るよ」［訳詞・大田雅一、「李政美の世界」より］という一節がありますが、胸にジーンと響きますね。朝廷に出仕して世の中を変えよう、民のためにこの身をなげうって尽くそう、一大決心をして峠を越えていった若者が、科挙に落第し重い足取りで帰ってきた道。庶民が生きるために疲れた体に鞭打って行き交った道、左遷された官吏が都から任地へと下る道、流刑に処せられた人々が流配地へ向かう道、多くの人々の姿が心に浮かんできます。

　聞慶は嶺南と漢陽を結ぶ大路の役割も果たしましたが、水の流れが双方へ力強く流れていく、水流の要所・分水嶺でもあります。聞慶セジェから見える「草岾」は、洛東江の三大源流のひとつです。つまり、聞慶セジェが洛東江と南漢江を連結しています。聞慶セジェは、連結、断絶、そして始点であり、まさに分水嶺なのです。

　それからクルトック峠という場所もあります。今日の韓国では合格を祈願してもち米で作った餅（チャプサルトック）を食べますが、朝鮮時代には、この峠でクルトックという雑穀や木の実と蜂蜜を混ぜて作った餅を食べ

329

左：聞慶草岾／中央：クルトック峠／右：姑母山城

ると科挙に及第できるとの噂が広まり、その名前がつきました。また、ゼイゼイ、ハアハアと息が切れてしまうことから、「コルタック峠」とも呼ばれ、言わば心臓破りの峠といった場所ですね。

　この峠を過ぎると姑母山城（コモサンソン）に出ます。姑母山城は三国時代初期の2世紀頃に築造され、三国の攻防が繰り広げられた地として知られています。ここからの眺めはまさに絶景です。さらに鎮南関（チンナムグァン）の左側の城壁に沿って進むと、嶺南大路の古道の中で最も険しい道に出ます。串岬遷（クァンカプチョンチャンド）桟道、兎遷（トチョン）、トッキビリ（ウサギの崖）など、さまざまな名前で呼ばれますが、そこは中国四川省の「蜀の桟道」のような断崖の道です。あるいは韓国の「茶葉古道」とでもいうか、中国雲南省からチベット高原を結んだ交易の道・茶葉古道をも連想させる場所です。

「ビリ」という言葉は断崖を意味する「ピョル」の方言です。河岸や海岸の断崖絶壁で、その絶壁をつたって、やっとのことで通れるような細い道を意味します。伝説によると、後三国［892-936、新羅末の後百済、後高句麗との三国］の戦闘が熾烈を極めたこの場所で、高麗の太祖・王建［877-943、高麗を建国、在位918-943］が、ひとりで道に迷った時、何処ともなく兎が現れ断崖を進むのを見て、その道を辿ったといわれ、兎遷と呼ばれるようになりました。

　この険峻な道を歩いた多くの先人の姿を思うと、胸に迫るものがあり感動を覚えます。

左：トッキビリ／中央・右：廃駅の風景

交通事情で変わる中心地

　高速バスで聞慶市に入ると、ふたつのバスターミナル、聞慶邑(ムンギョンウプ)と店村(チョムチョン)に停まります。聞慶邑には総合バスターミナルがあり、店村には市外バスターミナルがあります。それで聞慶邑が市庁所在地と思うのですが、実は、聞慶市庁は店村にあります。

　かつて、この地域の中心は聞慶邑でした。徒歩が主な交通手段だった時代、聞慶セジェは漢陽との往来の要衝にあたり、その途上にある聞慶邑は必然的に中心地となりました。その後、交通の発達が地域の衰退と成長に大きな影響を与えました。行政上の単位では市、邑、面、洞の順番となり、聞慶邑が上位、店村洞が下位ですが、聞慶市庁は店村洞に置かれるようになりました。それはなぜか？　その理由を探してみましょう。

　聞慶は、小白山脈を越えるセジェ、交通の要地として知られる場所ですが、1960〜70年代には炭鉱都市として脚光を浴びました。韓国で鉱山といえば江原道(カンウォン)と思いがちですが、慶尚北道でも石炭を採掘していました。江原道の南部と慶尚北道の一帯には古生代の地層があり、太古の植物が腐り堆積して石炭を生成しました。炭鉱が発見されると、「通りかかった犬もお金をくわえて歩く」といわれるほどの好景気に沸いたそうです。

　その頃、聞慶地域は炭鉱都市として産業化時代の原動力になっていました。1960年代、70年代当時、炭鉱での仕事は重労働で常に危険と隣り

第6部　聞慶　密陽　浦項　釜山

331

合わせでしたが、鉱山労働者の月給は一般公務員の2、3倍だったといわれています。そのため、農業従事者にも炭鉱の仕事に挑戦する人が多かったそうです。辛く厳しい仕事のストレスを解消しようとしたのか、鉱山労働者の消費力はとても高く、炭鉱周辺は商業地域として活性化しました。炭鉱地帯は聞慶の中心部から離れた位置にありましたが、かえって物価は高かったそうです。水以外はすべてお金を払って食べ、食費と教育費以外に遊興費の支出も比重が大きかったといわれています。

　1949年に聞慶郡の郡庁所在地が聞慶面から店村里へ移されると、店村地域が発展するようになります。1956年には店村邑に昇格しました。同年、店村と加恩(カウン)を結ぶ産業鉄道が開通し、1969年に聞慶まで延長された聞慶線は一日に4、5回、店村駅を発着しました。こうして店村は産業鉄道の中心地となり、各種の産業施設と人口が集中するようになったのです。1986年、国土の均衡発展を図るため11の邑が市へ昇格しましたが、店村邑も都市と農村を結ぶ拠点地域として市へ昇格しました。

　この時、聞慶セジェがあり朝鮮時代には役所も置かれた中心地・聞慶コウルは聞慶郡になり、鉄道交通の要衝であり石炭などの集散地となった店村邑は店村市となり、聞慶郡から分離されました。徒歩交通の中心地だった聞慶は郡へ、産業鉄道の成長とともに発展した店村は市へと変貌したのです。

　そして、1995年、地方自治制度の本格的な施行とともに、中心都市と農村をひとつの生活圏とする政策が推進されます。市と郡などを統合・改編し、272の基礎自治団体（市・郡・区）を230に統廃合しました。聞慶郡

左・中央：石炭博物館／右：恩城坑道

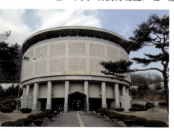

左：再現された社宅／中央：鉱山からワイン熟成貯蔵庫へ／右：廃坑を改造したカフェ

と店村市は合併し、聞慶市が設置されました。ところで、なぜ、店村市ではなく、聞慶市と名乗ることになったのでしょうか。

　それは、石炭産業合理化政策の影響です。炭田地帯として活気にあふれていた店村は、石炭産業の斜陽化とともに衰退しました。石油や天然ガスへとエネルギー構造が変化していくと、練炭消費量の減少や炭鉱産業の採算性低下のため、国の政策によって炭鉱を整理するようになりました。この時、韓国の炭鉱の67％が閉山されました。

　炭鉱で働いていた鉱山労働者は、一夜にして働き口を失い失業者となりました。社宅は空き家となり、商店街も急速にさびれていきました。1986年に市へ昇格した当時、店村市の人口は5万5000人以上でしたが、1990年には4万8000人未満へと急減しました。聞慶の主要鉄道駅も閉鎖となりました。数万トンの石炭と、一日に5000〜6000人もの乗客を運んでいたドル箱路線も、1995年に廃線が決まりました。炭鉱と産業鉄道の中心地として成長した店村市は、衰退への坂道を転がっていく状況に置かれました。

　廃鉱対策として観光産業の活性化が推進されましたが、店村はその恩恵を受けることはできませんでした。主な観光地と地理的に20km以上も隔たっていることが不利になりました。衰退は必至となる中で、聞慶郡と店村市の再統合による都農統合型都市［都市農村複合型都市］の計画が浮上した時、店村市民の90％以上が賛成したそうです。都市の形態を有する地域は洞として店村洞になりました。そして、聞慶市庁は、行政上の単位では洞である店村洞に置かれることになったのです。

第6部　聞慶 密陽 浦項 釜山

聞慶が炭鉱都市として繁栄した痕跡は、石炭博物館で保存されています。1938年から1994年まで石炭を生産していた恩城鉱業所があった場所に、1999年、聞慶石炭博物館が開館しました。かつての坑道を活用し、建物は練炭をイメージしたデザインです。また、街には恩城鉱業所が営業していた頃の社宅や暮らしも再現され、炭鉱で働いていた人々の日常に思いを馳せる空間となっています。

　聞慶は現在も、廃坑となった鉱山を多様な観光資源として開発しようと努力を続けています。石炭博物館だけではなく、廃坑を改造したユニークなカフェもオープンし、水晶を採掘していた坑道はワイン熟成の貯蔵庫となりました。パフォーマンスを見ながら、お茶や食事も楽しめる空間です。

　廃線となった鉄路を活用したレールバイクも、多くの地域で観光資源となっています。2005年、江原道の旌善に登場し、三陟、聞慶、保寧、楊平などで走っています。かつて、石炭と鉱山労働者を満載した列車が喘ぎながら走った鉄路は、今や、自然の中で沿線の風景を楽しみながらペダルを踏む人々を乗せて、レールバイクの走る道となっています。

　交通だけではなく産業やエネルギー構造の変化も、都市の内部に、そしてそこに住む人々の暮らしに大きな影響を与えるのです。今、聞慶は、第二次産業の根幹を担った石炭資源都市から、観光産業の中心地へと変貌しようとしています。最近では、歴史ドラマ撮影用のオープンセットを活用した観光地も開発され、ますます期待が高まっています。

密陽
太陽都市で
環境と社会を考える

　映画女優チョン・ドヨンさんが、2007年のカンヌ国際映画祭で主演女優賞を受賞した、映画『密陽（ミリャン）』［邦題『シークレット・サンシャイン』］をご覧になりましたか？　イ・チャンドン監督の作品は「密陽」という原題のとおり、慶尚南道密陽が舞台でしたね。映画では、密陽は秘密めいた陽差しとして表現されましたが、その地名は、ぎっしり詰まった密の密（ミル）、太陽の陽（ヤン）、密陽は日当たりの良い地域という意味です。

　密陽は数年前、送電塔建設反対によって焦点となった地域でもあります。最近では、送電塔建設反対闘争に参加した人々を描いた、ドキュメンタリー映画『密陽アリラン』も上映されましたが、ご存知ですか？　今、あの人々はどうしているのでしょうか？

　今回は、アリランという伝統文化と、送電塔問題という現代の社会問題が交差する、密陽を訪ねてみましょう。暖かな陽光、真摯な省察、そして悩みをも抱くことのできる場所です。

送電塔問題は現在進行形

　密陽駅に降りると、映画『密陽』の撮影地という案内看板が迎えてくれます。暖かな陽差しに映画撮影地の看板、密陽に来たという実感がわいてきますね。最初の訪問地は高踏村(コダプマウル)です。高踏マウルは送電塔問題で、今も住民が座り込みを続けている場所です［原書刊行当時。2024年現在も住民の反対は続いている］。

　高踏マウルに入ると、至る所で送電塔建設反対の横断幕や看板を目にします。現在も「籠城中」であることを示しています。その向こうには村を横切るように並んで立つ送電塔が見えます。115番送電塔へという里程標に従って進むと、そこは村の住民が座り込みを続けている場所、「籠城」の現場です。

　送電塔問題は、今もなお解決されていない現在進行形の問題です。マス・メディアは補償手続きが終わったと報じていますが、村の住民たちは補償を拒否して籠城を続けています。近隣のトンファジョンマウル（村）やポラマウル（村）では、署名に応じた住民と署名に応じない住民との間に深刻な対立が生まれています。

　この地に予定された100余基の送電塔は、すでに建設工事が終わっています。村のすぐ近くや農耕地の真ん中に建てられた送電塔もあります。おおよそ15日間に一基ずつ、短期間で建てられました。ヘリコプターで一

左：映画『密陽』の撮影地紹介／中央：高踏マウルの横断幕／右：高踏マウルの壁画

日に数十回も資材を運び、鉄塔を建設したそうです。村の住民たちは「籠城」の場を守りながら、毎週土曜日には密陽市内で「ろうそく集会」をしたり、デモを続けたりしていますが、鉄塔の建設を阻むことはできずにいます。

なぜ、村の住民たちは補償も提案されているというのに籠城を続けるのでしょうか。この送電塔問題について、住民たちの補償問題であるととらえるだけでは、本質に目を閉ざすことになります。現在、古里原子力発電所の老朽化問題と、完全廃炉のための非核運動も同時に進行しています。それは、まさに私たちの未来を担う世代のためなのです。

原子力、すなわち核燃料を使用した発電は、その危険性のため大都市から遠く離れた場所や、原子炉を冷やす冷却水確保のために海岸沿いに建設するのが一般的です。一方、電力消費は、首都圏や釜山などの大都市がその大部分を占めています。新古里原発で発電した電力は大都市へ送電する前に変電所へ送られますが、この時、密陽の村々に立つ送電塔が必要になるのです。密陽の住民が必要とする電力を供給するためではなく、首都圏へ電力を供給するために、危険性のある送電塔をここに設置するということですから、反対するのも当然といえるでしょう。

また、韓国は狭い国土に多くの原発があり、その一部は30年以上も稼働しているため危険性が指摘されています。万一、福島第一原子力発電所のような深刻な事故が起きれば、その被害は計り知れません。チェルノブイリ、福島、その次は原発の多い韓国かフランスかという声も聞こえてくるほどです。さらに、高レベル放射性廃棄物の処分場も造らなければなりませんし、原発はよく考えてみると実に課題が多いのです。私たちの子どもたちに、安全に生きるための基盤を譲り渡していくという側面を強調するならば、原発は廃炉、脱原発こそ、あるべき方向なのかもしれません。

釜山の古里原発へ行ってみましょう。古里原発の正確な位置は、カーナビゲーションにも地図にも表示されていません。テロ対策のためその位置は表示しないのでしょう。しかし、古里原発の近隣まで来ると、「40年

左:完工した密陽の送電塔／中央:古里原発からの送電線／右:新古里原子力発電所

間も酷使した古里1号機の稼働を中断せよ」という懸垂幕があり、そこから遠くないことがわかります。

　古里原発は韓国で最初に稼働した原子力発電所です。1号機は1978年に運転を開始したので、今年でちょうど37年［2016年原書刊行当時］になります。1号機は2007年、設計寿命を迎え稼働を中断しましたが、2008年に政府の承認を受け10年延長され、稼働を再開しました。2015年に、それ以上の延長はせずに2017年に運転を停止するという発表がありました。運転停止を発表したとはいえ、寿命30年の原子炉の運転を10年延長したということ自体に無理があります。

　古里原発は釜山広域市から蔚山広域市にかけて位置し、韓国で最も広い敷地を有しています。古里1号機から4号機、新古里1、2号機まで、全部で6基の原子炉が稼働中であり、今後、新古里3、4号機が建設されると設備容量基準では韓国最大といえます［原書刊行当時。2024年現在、古里1号機は解体予定。新古里3、4号機（現在はセウル1、2号機）運転中。5、6号機（現在はセウル3、4号機）建設中］。

　韓国の原発は、古里、慶尚北道の月城、全羅南道の霊光、慶尚北道の蔚珍の4か所です。この4か所で生産する電力が韓国の電力生産の30％程度を占めています［原書刊行当時］。古里原発1号機の稼働当時は発電量の7％程度に過ぎませんでしたが、産業の発展により電力消費が急増すると、二酸化炭素の排出が少なく環境にやさしいという理由で増設されました。今は韓国全土で20基以上が稼働し、さらに増設される計画です［原書刊行当時］。古里原発の広報館の説明文によると、2030年には韓国国内の発電量の59

％まで比重を伸ばすとのことです。古里原発から丘を一つ越えると新古里原発があり、蔚山広域市蔚州郡に位置しています。

　韓国で原発を減らすことが難しいのは、それだけ大量に電力を消費しているためでもあります。韓国の電力消費は他国に比べてかなり多く、OECD加盟国中、8位に該当します［原書刊行当時］。そのため、ブラックアウトへの懸念や節電などが話題になり、皆さんもよく耳にすることでしょう。

　韓国の電力消費の比率は、産業用が50％を超えます。家庭用は15％前後、あとは公共用・商業用です。米国は産業用が20％、家庭用が35％前後、それと比較すると産業用の割合が相当に高いといえます。ブラックアウトを避けるためには、家庭や学校などでも節電に努めなければなりませんが、産業の現場が電力消費の節減に参加することが最も求められているのです。

　密陽は原発や送電塔の問題で注目されますが、原発とは異なる方式の発電所も多く所在しています。韓国のイチゴ栽培の発祥地として有名な三浪津には、かなりの規模の太陽光発電設備と水力発電所があります。三浪津水力発電所とその広報館は見事な桜並木の続く街道沿いにあり、春にはお花見もプレゼントしてくれることでしょう。三浪津水力発電所は揚水

密陽の送電塔問題の概要

慶尚南道密陽の送電塔建設問題は、新古里原子力発電所3号機で生産する電力を、慶尚南道昌寧郡の北慶南変電所へ送るために必要となる、765キロボルトの高圧送電線と送電塔の建設を巡って発生しました。密陽の住民は現在も、村を通る高圧送電線や送電塔の建設に反対しています。2001年5月に韓国電力公社が送電線の経由地や変電所の敷地を選定して以後、2008年、密陽の住民が送電塔建設反対のため最初の決起大会を行い、建設反対を叫んで村民2名が自殺し、さらに1名が自殺未遂となりました。しかし、2013年、政府は工事の強行を示唆し補償案を確定して、2014年、籠城していた場所を強制撤去しようとしました。その過程でたてこもりに参加した市民団体や修道女が重傷を負いました。現在、高踏マウルの住民などの継続的な反対活動にもかかわらず、送電塔の設置が完了した状況です［原書刊行当時］。

第6部

聞慶 密陽 浦項 釜山

左：イチゴ栽培発祥地の壁画／右：三浪津揚水式水力発電所広報館

式発電所です。揚水式水力発電とは、発電所の上部と下部に調整池（ダム）を造り、電力需要の多い昼間は上部の調整池から下部の調整池へ水を落下させて発電し、夜間には余剰電力を使い下部の調整池から上部へ水を汲み上げ、昼間の発電に備えるという方式です。揚水式という言葉どおり、水を汲み上げる方式なのです。

　三浪津水力発電所の上下ふたつのダム、上のダムは天台湖、下のダムは安台湖といいます。韓国は季節ごとに降水量の差が大きいため、その影響を抑える上で有利な水力発電の方式であり、水の損失も最も少ない方法です。韓国の他のダムは水力発電のためというよりも治水対策や用水供給などに重点を置いていますが、揚水式の三浪津はまさに水力発電のために建設され、その豊富な発電量を誇っています。韓国の水力発電所は約45か所、そのうち揚水式発電所は7か所あり、電力生産のうち水力発電の割合は60％を超えています［原書刊行当時］。

　太陽光発電設備は三浪津水力発電所の下部ダムの遊休地に建設されました。ソーラーパネルが遠くからでもよく見えます。ここは韓国屈指の設備容量を備えています。密陽はその名のとおり、陽射しの多い地域であり太陽光発電には有利な地域です。韓国の平均日照時間を調べてみると、慶尚北道の盈徳が第一位、密陽も上位圏に入っています。

　韓国では、大規模な太陽光発電設備はそれほど多くはありません。設備の建設には、気候条件はもちろん、ソーラーパネルを設置するための広く平坦な敷地が必要ですが、その条件を満たす場所の確保が容易ではありません。平地の多くは農耕地や各種の施設として利用されています。その

水力発電の種類

ダム式発電：河川の上流にダムを造成し水をせき止めて人造湖を造り、その水を落下させ、落差を利用して発電する方式で、韓国の大部分の水力発電がこれに該当します。忠州ダム（忠清北道）、昭陽江ダム（ソヤンガン）（江原道）などが代表例です。

水路式発電：河から水路で水を引き込み、落差の大きい場所へ誘導して発電する方式で、主に小水力発電に多く採用されています。華川ダム（ファチョン）（江原道）が代表例です。

流域変更式発電：河川が落差の小さい流域へ流れる場合、この河川をせき止め、落差の大きい側へ流域変更し発電する方式です。北朝鮮咸鏡南道の虚川江（ホチョンガン）ダム、赴戦江（プジョンガン）ダム、長津江（チャンジンガン）ダムと、韓国の江陵（カンヌン）水力発電所（江原道）などが代表例です。

低落差式発電：落差が小さい場合、豊かな流量と水圧を利用してダムの下部に設置した発電機を回転させ発電する方式です。八堂ダム（パルダン）（京畿道）が代表例です。

揚水式発電：上部と下部にふたつのダムを造り、昼間は上部の調整池から下部の調整池へ水を落下させて発電し、夜間には余剰電力を使い下部の調整池から上部へ水を汲み上げ、昼間の発電に備える方式です。三浪津の他、清平（チョンピョン）（京畿道）、茂朱（ムジュ）（全羅北道）、襄陽（ヤンヤン）（江原道）発電所などが代表例です。

ため最近では、水上太陽光発電、道路や駐車場の敷地の上の空間を活用した太陽光発電が注目されています。

　陸上では敷地の確保が難しく、湖水や貯水池などの水上に太陽光発電設備を設置しており、慶尚南道の陜川（ハプチョン）ダムもそのひとつです。また、道路活用の例としては、大田（テジョン）から世宗（セジョン）を結ぶ自転車道路に、8km以上にわたり設置されています。韓国の太陽光発電は、まだ電力生産の1％未満です

太陽光発電所

韓国の再生可能エネルギー

再生可能エネルギーは韓国では新再生エネルギーといいますが、自然現象によって絶えず再生され、永続的に利用できるエネルギーのことで、太陽光、風力、潮力及び潮流、バイオマスなどが代表的な例です。韓国の再生可能エネルギーによる発電比率は現時点では僅かなレベルですが、目覚ましい速度で急成長しています。太陽光発電は新安（全羅南道）、金泉（慶尚北道）、高敞（全羅北道）、泰安（忠清南道）、霊光（全羅南道）などで大規模に設備が設置されています。風力発電は大関嶺（江原道）、太白の鷹峰山（江原道）、済州島、鬱陵島（慶尚北道）などで行われています。潮力発電は始華湖（京畿道）にて稼働中で、新萬金（全羅北道）など黄海沿岸に設置予定です［2021年、試験発電設備設置］。潮流発電は鬱陶項（全羅南道）などに建設を計画しています［2009年建設、2012年より試験運用中］。

が、まさに今、本格的なスタートを迎えています。さらに明るい展望は、太陽光発電の成長率が毎年100％を超えているということです。

　太陽の都市・密陽は、新たなエネルギー、再生可能エネルギーのトップランナーを目指して走っているのです。

密陽川の歴史と地形をたどる

　次に密陽の名所を訪ねてみましょう。やはり、密陽といえば嶺南楼です。晋州の矗石楼、平壌の浮碧楼とともに三大楼閣と称されています。嶺南楼は「密陽アリラン」の歌詞にも登場するほどですから、密陽の人々にとって特別な存在であることがわかりますね。嶺南楼と密陽市内は河岸段丘の上にあり、密陽江から見上げるとかなり高い位置にあります。嶺南楼の駐車場工事で表土が掘られた場所に行ってみると、丸い砂利がたくさん見られ、かつては河床だったことがわかります。

　河岸段丘の段丘面は、現在の流路より高い位置となっており、河川の氾

左：河岸段丘の段丘面に位置する密陽市内／中央：丸い砂利／右：嶺南楼

濫被害が少ない場所です。韓国の村や都市には、河岸段丘に立地するケースがいくつかあります。密陽も市街地の大部分は河岸段丘の上、段丘面に位置していますが、都市の拡張に伴い、河畔の近くにまでマンションが立ち並ぶようになりました。

　嶺南楼へ登ると密陽江が眼下に流れ、心地よい川風に吹かれていると、朝鮮時代のソンビになったかのような風雅な世界に誘われます。ここから密陽江を眺めると、三門洞（サムムンドン）一帯が島であることがわかります。河川の中ほどにある島を、韓国では河中島（ハチュンド）、日本では中洲・川中島といいます。河川が流路を変更する過程で河岸から分離され島となりました。漢江の汝矣島がその代表的な例です。もし、この島がなかったならば、密陽の市街地を現在のように拡張するのは難しかったことでしょう。島に橋を架け交通路を確保して、そこにたくさんのマンションを建設しました。現在の密陽市街地はこの島一帯も含んでいます。

　嶺南楼を降りて少し歩くと、朝鮮時代風の建物が見えてきますが、そこは密陽官衙です。植民地時代、三・一独立運動［1919年3月1日、ソウルから始まった反日独立運動。密陽では3月13日。韓国では「万歳運動」ともいう］が行われた場所でもあります。その時期に官衙は閉鎖されましたが、近代以後、内一洞（ネイルドン）事務所などが置かれ、2010年には密陽官衙が復元されました［1927年、三門洞に密陽郡庁を新築移転］。ここは歴史的にも密陽の中心地であり、まさに密陽誕生の地といえるでしょう。ここから密陽は発展し、密陽市庁と密陽ターミナルのある内一洞へと都市化が進みました。その後、密陽江の中洲・三門洞へと新市街地が広がっていきます。三門洞には主に住宅やマンション

第6部　聞慶　密陽　浦項　釜山

左：密陽官衙／中央：密陽南部教会／右：ビニールハウス栽培

　が連なっており、後発で開発された地域であることがわかります。現在は、韓国高速鉄道・KTX密陽駅の開業に伴い、駅周辺にも市街地が拡大しています。終南山（チョンナムサン）から密陽市内を眺めると、その発展の経過が手に取るようにわかります。

　新市街地造成のために新たな空間を確保して交通路を拡充しつつ、中心地から周辺部へと次第に都市が広がっていくというのは、とても興味深いことです。あたかも都市が生きて動いているかのようです。都市というものは、ある状態のまま固定化したり、停滞したりするのではなく、命ある有機体のように自分自身の領域を拡大していくのです。

　密陽駅の近くにある密陽南部教会を訪ねてみましょう。ここも映画『密陽』の撮影地です。映画で有名になったのでこの教会もセットと思われるかもしれませんが、実は長い歴史があります。教会は1910年頃から活動を始め、1919年に教会として正式に創立しました。1923年に完工した礼拝堂は、朝鮮戦争［1950-1953］の時に避難民臨時収容所として使用されました。1957年に南部教会へと名称を変更し、新たな礼拝堂の建設に着工しました。密陽とともに100年を超える歴史を歩んできた教会なのです［1990年に密陽南部教会へ名称変更決定、1991年変更。礼拝堂は1991年改築］。

　市街を離れて密陽江沿いに進んでみましょう。ビニールハウスがたくさん見えます。密陽江流域には沖積平野が広がり水田農業に適するため、かつては稲作が盛んでした。現在では、水田の多くがビニールハウスへと姿を変え、ここでも商品作物の栽培が増えていることがわかります。ビニールハウスなどの施設栽培によって、一年を通して商品作物の栽培が可能

商業的農業

農業生産者が所得を高めるために販売を目的として生産する農業のことをいいます。一般的に稲作は自給的農業を代表します。果実や野菜、園芸、特用作物［高麗人参、タバコなど特定の用途のために栽培、加工して利用する作物］など、市場への出荷を目的として栽培される農作物は商品作物に該当します。

となり、所得を伸ばせるというメリットが生まれました。都市の成長とともに人口が増え、野菜や果物などの消費が急増すると、都市近郊の農村では商業的な農業経営へと変化していきます。

　2015年2月を基準として密陽市の人口変化を調べると、総人口では2600人減少しましたが、邑と洞の都市人口は4万2000人以上の増加が見られます。増加した都市部の住民に野菜などを供給することで、商業的農業が成長したと考えられます。もうひとつの理由は、大邱と釜山という大都市を控え、密陽を通る大邱釜山高速道路が物流の動脈となり、農作物の生産が拡大したことです。ビニールハウスでは、イチゴ、ケンニプ［エゴマの葉］などを主に栽培しています。ここ密陽でも、私たちの主食の米づくり、稲作はだんだんと姿を消しており、寂しくもありますが、農業生産者が所得を伸ばせるということは喜ばしいことでもあります。

　密陽オルムコル［氷の谷］を訪ねてみましょう。その途中、あたり一面に真っ白な花が満開です。白い花を咲かせているのはリンゴの木です。密陽オルムコルのリンゴは、サクサクとして糖度が高く美味しいことで有名です。道端にリンゴの販売所もたくさんあります。オルムコルの入り口ではリンゴのオブジェが迎えてくれます。

　リンゴの果樹園が続く一帯を山地が取り囲み、このような地形を盆地といいますが、気温の年較差も日較差も大きく寒暖の差の著しいことが特徴です。これが、密陽の豊かな日照量とともにリンゴの糖度を高める重要な要因となります。

　オルムコルへ入ると涼しい風が吹き、結氷地に近づいたことがわかりま

左：商業的農業／右：オルムコルの入り口

す。5月でも氷が張っている場所なのです。もちろん一年中、氷が張っているわけではなく、暑い夏に重なりあった瓦礫の隙間に氷塊が生じることから、オルムコル、氷の谷という名前がつけられたのです。その反対に、冬には暖かい風が吹き結氷は見られないそうです。慶尚北道義城郡の氷渓渓谷（ウィソンピン ゲケゴク）、全羅北道鎮安郡（チナン）と京畿道漣川郡（ヨンチョン）の風穴（プンヒョル）、江原道旌善（チョンソン）のオルムコル〔風穴とも呼ばれる〕などで同じ現象が見られます。

　なぜ、夏には氷が張り、冬には暖かい風が生じるのでしょうか。最も大きな理由に断熱膨張が挙げられます〔断熱膨張説、気化熱説、冷気滞留説などがある〕。断熱膨張とは、空気が膨張する時、周囲からエネルギーの供給を受けず、空気自体のエネルギーを消耗するため気温が低下する現象です。瓦礫が分厚く堆積した山裾の急斜面には、冬の間に浸み込み凍りついた冷たい水があり、夏になると暖かい空気が瓦礫の斜面の中で冷たい水と接触し、温度が下がります。温度が下がると空気は重くなり下へと流れ、氷の張っている穴から流れ出ていきます。この時、暖かい外気と接触すると断熱膨張により、結露し凍ることがあります。瓦礫の斜面の内と外の気温差が大

左：オルムコルのリンゴ畑／中央：オルムコルの氷／右：オルムコルの崖錐

348

きければ大きいほど断熱膨張は激しくなり、穴の気温はさらに下がり、ついには水も凍る温度になるのです。オルムコルには、朝鮮時代の名医・許浚〔1539-1615、医官・医学者、著書に『東医宝鑑』〕が、病の研究のため真夏に恩師の遺体を解剖したという話も伝わっています。

オルムコルのある山全体が一面の瓦礫に覆われていますが、河川があったようにも思えません。どうして、これほど多くの瓦礫が層を成して厚く堆積しているのでしょうか。ここの瓦礫の斜面は氷河期に造られたものです。氷河期の気温は寒冷でしたが、昼と夜の日較差も非常に大きかったと考えられています。そのため、後方にあった山地では、巨大な岩石の割れ目に浸入した水が氷結と融解を繰り返すうちに岩石が砕け、その砕けた岩石のかけら・瓦礫が、長い時間をかけて幾層にも山のように堆積し、瓦礫の斜面が造られたと考えられています。

地理学や地形学では、このような地形を崖錐〔テーラス〕といいます。崖錐は地球の気候変動を知る上で重要な指標になります。韓国の東海岸には、魚がすべて石になったという伝説のある万魚山がありますが、その斜面にも崖錐が見られます。密陽オルムコルは、科学的にも地形学的にもたいへん貴重な場所なのです。一部の観光客や登山客が、好奇心からオルムコルの氷に触って毀損したり、観賞用に周辺の石をこっそりと持ち帰ったりするため、保護の観点から鉄柵が張り巡らされています。一人ひとりの僅かな利己心と好奇心が、人類共通の貴重な自然や遺産の破壊に繋がることを自覚しなくてはなりません。

密陽は、送電塔問題や原子力発電所の現状を通して社会問題について悩みを共有する大切さ、そして地形の開発と都市の発展、さらには地球環境と自然など、私たちへの課題を示してくれます。映画『密陽』も考えるべき材料の詰められた、示唆に富む作品です。密陽は、訪ねれば訪ねるほど、考えれば考えるほど、学ぶことにあふれている都市なのです。

浦項
工業都市から観光都市へ

　ソウルから韓国高速鉄道・KTXで2時間半、浦項（ポハン）に到着します。2015年4月に開通し、新しい駅舎が訪問客を迎えてくれます。駅前には鉄で造ったロボットのオブジェがあり、鉄鋼都市ということが一目でわかります。やはり、浦項といえば浦項製鉄が思い浮かびますね。そして今、主要な大都市へのアクセスも便利になり、新たな方向へ発展していく可能性に満ちています。

　一方、交通網の発達が常に地域の発展をもたらすとは限りません。マイナスの影響が現れることもあります。例えば、地域社会の医療、教育などのサービスを利用している中小都市で、大都市への交通が便利になると、大都市のサービスを利用しようとする傾向が見られます。交通の発展を通して、人口や経済、さまざまな部門を各地域へ分散し、国土の均衡発展を目指そうと計画するのですが、かえって、大都市への集中現象が生じています。このように大都市と地方都市とを結ぶ交通網が整備され便利になり、地方の人口などが大都市に吸い寄せられることを「ストロー現象」といいます。

　浦項は、これからどのように発展していくのでしょうか？　今回は代表的な工業都市であり、また、新たな観光都市として浮上しつつある浦項を訪ねてみましょう。

❶ KTX浦項駅
❷ 九龍浦日本人家屋通り
❸ ポスコ
❹ 虎尾串日の出広場
❺ 達田里の柱状節理
❻ 内延山・宝鏡寺
❼ 吾魚寺
❽ 長髻邑城

❾ 五叉路
❿ 六叉路
⓫ 竹島市場
⓬ 東浜内港
⓭ 浦項工科大学校
⓮ 浦項市庁
⓯ 浦項新港

351

時代とともに変貌する都市

　浦項といえば先ほども述べたように、製鉄など工業都市のイメージがありますね。それでは、昔の浦項はどのような所だったのでしょうか。現在のポスコ［株式会社ポスコ（POSCO）、韓国最大の鉄鋼メーカー］、設立当時の浦項総合製鉄が立地すると、浦項は大きな変貌をとげます。それ以前は人口規模も産業規模も小さい村落地域でした。兄山江(ヒョンサンガン)のデルタ地帯に平野が広がり、農業を行っていました。日本海、韓国では東海［以下、「日本海（東海）」または「東海（日本海）」と表記］といいますが、海に面した漁業基地でもありました。

　浦項の昔の地図を見ると、浦項を流れる兄山江の河口に三角州(デルタ)が見えます。兄山江の中洲は、昔は大小さまざまな島のように独立していましたが、川が運ぶ土砂の堆積によって次第に連結され、さらに氾濫のたびに大量の土砂が堆積すると川の流路が狭まり、船を着けることも難しくなっていったのです。浦項の洞の地名を見ると、松島洞(ソンドドン)、大島洞(テドドン)、竹島洞(チュクドドン)、海島洞(ヘドドン)などがありますが、この「島」の字がかつては兄山江河口に形成されていた島だったという証拠と考えられます。

　その昔、浦項は半農半漁の静かな村でした。また、日本と地理的に近く歴史の舞台ともなりました。『三国史記』には新羅を侵略した倭［日本］についての記述があります。そして14世紀半ば、韓国の高麗時代末、日本の室町時代にあたる頃、特に大規模な倭寇の侵入が繰り返されました。朝

左：浦項駅前のオブジェ／右：昔の浦項（「浦項鎮地図」1872年）

鮮時代には、全国的な飢饉に備え地域ごとに穀物の供給と運搬を円滑に行うため、倉鎮〔チャンジン〕を各地に置きましたが、浦項にも浦項倉鎮〔浦項港の穀物搬出倉庫〕があり、浦項鎮〔ポ ハンジン〕は軍事的機能も担っていました。

こうして、朝鮮時代の浦項には港の機能が整備されました。港が栄えると市場が活性化し産業も発達を始めました。しかし、兄山江河口の土砂の堆積や潮流による海岸の浸食が進むと、船の着岸や航行に支障が生じるようになり、倉鎮としての機能は衰退していきました。

植民地時代に入ると、浦項は漁港都市へと発展します。朝鮮半島からさまざまな物資を収奪するために、鉄道、港湾などの交通が整備されました。当時の浦項で水産業に従事していた日本人の痕跡が、九龍浦日本人家屋〔ク リョンポ〕通り〔「近代文化歴史通り」から2016年改称〕に残っています。

九龍浦日本人家屋通りは百年前に造成された日本人の集団居住地域です。現在の九龍浦公園を訪ねると、階段の両側に石の柱が残っています。日本からの移住者が九龍浦港の造成などに尽力した日本人の名前を刻んだものです。また、公園の上にある頌徳碑は、九龍浦地域の整備に貢献したといわれる「十河彌三郎」〔と がわ や さぶろう〕を讃えて建てたものです。いずれも、植民地支配から解放された光復以後、地元の住民がセメントで塗りつぶしました。独立後、植民地時代の残滓を消そうと努力していた証しのひとつです。今日、九龍浦では、植民地時代の痕跡を文化地区に指定し、観光地として開発することについて疑問も出ているそうです。

三角州の類型

三角州は河川によって運ばれた砂泥が河口に沈積し、形成される堆積地形です。上流から下流へ運ばれた堆積物質、その粒子は比較的小さいほうです。通常、河川の運んでくる堆積物質が多く、海岸の干満差の小さい地域に形成される特徴があります。三角州は必ずしも三角形の形状ではなく、河川が運ぶ砂や泥の量と、波や沿岸流の強さなどの相互作用によって、円弧状三角州、三角江三角州〔ラッパ状に幅広の入り江のような地形を形成〕、尖状三角州、鳥趾状三角州などがあります。

第6部　聞慶 密陽 浦項 釜山

九龍浦は、植民地時代に日本の水産業従事者が集団で居住すると、漁業と水産業で繁盛しました。1930年代に日本人は220余世帯、1936年に九龍浦に入出港した日本の船舶は1,995隻、船舶の規模は13万トンを超えたといいます。どれほど大量の水産資源が収奪されたことか、推測できます。こうした歴史の痛みを後世に伝え、教訓とすることも意味があるのではないかと思います。

　今も街に残る、植民地時代の日本人家屋を「敵産家屋(チョクサンカオク)」といいます。引き揚げた日本人が所有していた財産のうち、住宅をそのように呼びます。まるで日本のレトロな街並みを見ているようですね。狭い通りの両側に並ぶ2階建ての木造家屋、その内部は畳敷きになっていて典型的な日本の住宅の特徴を見せています。

　それでは、いよいよ近代を超えて、現代の浦項を訪ねてみましょう。ファンタスティックな夜景が迎えてくれます。その主役は浦項製鉄(現ポスコ)です。迎日湾(ヨンイルマン)の海岸から眺める、夜の浦項製鉄が最も美しいそうです。工場を中央に、海岸が左右から囲むような形になっています。賑やかな海辺から対岸を眺めると、そこには夜も明かりの消えることのない、産業化の現場が輝きを放ち、神秘的な美しさにあふれる幻想的な世界が広がっています。

　製鉄工場が港湾地帯に立地するのは、原料である鉄鉱石などの輸入と製品の輸出に有利なためです。臨海工業地帯は交通の重要性を最優先し、港湾に近接して立地する場合がほとんどです。浦項製鉄が操業を開始する

左：九龍浦公園、階段両側の石柱（日本人の頌徳碑等）／右：塗りつぶされた頌徳碑

左：九龍浦日本人家屋通り／右：日本式家屋の残る街並み

と、この地域の産業構造だけではなく、住民の生活にも大きな影響を及ぼしていきます。

　かつての浦項は人口7万2000人程度の地方の中小都市でした。住民の70％以上は農業と漁業に従事し、半農半漁の地域でした。そして、1968年に政府が国営企業として浦項総合製鉄株式会社を設立し、1973年に操業を開始すると、人口は、1980年には約20万人、1990年には31万人と大きく増加し、慶尚北道最大の都市へと浮上しました。2015年には52万人程度となっています。浦項の産業構成比を調べると鉱工業が50％に迫り、また、浦項市の財政規模も著しく拡大しました。

　以前は漁業が中心でしたが、工場の立地以後、1970～80年代には韓国の工業を率いる重化学工業の中心地となりました。そのためか、浦項では至る所でポスコの存在を感じます。浦項市の財政資料などを調べてみると、製造業が占める割合は50％を超え、そのうち第一次金属製造業の製鉄・製鋼業等が88％を占めています。

　第一次国土総合開発計画によって工業拠点地域へと成長を遂げ、韓国の

左：ポスコの夜景／右：ポスコの全景

左：浦項工科大学校／右：浦項新港

産業をリードする原動力となった重化学工業団地が形成され、誰もが浦項といえば製鉄を思い浮かべるまでになりました。

ところが、最近、鉄鋼産業はたいへん厳しい状況に置かれています。国内外の景気が沈滞し、さらに廉価な中国の鉄鋼業が急成長する中で、浦項の鉄鋼業はその産業基盤が揺らいでいます。浦項の産業基盤は鉄鋼産業に大きく依存しており、鉄鋼都市としての地位だけではなく、地域経済も揺らぎつつあるのです。

浦項市の地方税収入にポスコの占める割合が、2006年には44.3％、2009年には32％、2012年には11.9％へと減少しています。鉄鋼産業が次第に斜陽産業となり、浦項市の財政基盤も大きな影響を受けています。浦項は産業構造の多角化という重大な局面に立たされました。

そのため、浦項市は「創造都市・浦項」というスローガンを掲げました。先端産業都市へのビジョンを基に産学連携体制を構築しようというものです。科学と技術を通して社会に貢献しようと、浦項工科大学校（略称・ポ項工大）などを中心に、先端技術の開発や多様な新成長動力産業［2024年現在、バイオ産業、先端新素材産業、ロボット融合産業、海洋エネルギー産業、ICT融合新産業］の育成に向けて尽力しています。

迎日湾には新たに迎日湾新港を造成しました。環東海（日本海）圏の中心都市を目指そうとの決意が伝わってきます。鉄鋼産業への依存から脱却を図り、多様な産業の誘致や、港湾設備を活用して物流の中心となることを目指すなど、未来を拓くための努力の一環といえるでしょう。

交通の発展と観光の活性化

　迎日湾を虎尾串（岬）へ向かってみましょう。朝鮮時代の風水地理学者が、朝鮮半島は虎の姿をしていて虎尾串は虎の尾にあたり、天下一の吉祥の地であると述べたそうです。KTXの開通でアクセスが良くなり、浦項は韓国の東海岸、慶尚北道の主要観光地として発展しようとしています。虎尾串のあたりはその代表的な観光名所です。昔は、岬の形が馬のたてがみに見えるので「長鬐串」と呼ばれていました。その後、咆哮する虎の姿、朝鮮半島の吉祥の地にあたることを讃えて虎尾串となりました。2000年のミレニアムを迎えた"日の出祝典"を契機に、日の出の名所として知られるようになりました。韓国最大の釜でトック（雑煮）を煮て参加者をもてなしています。ミレニアムを祝して、日の出広場や相生の手［共存の手］なども創られ、観光スポットとして人気を集めています。

　ここは、東海（日本海）の領海設定の基準となる海岸線［基線］とされています。また、延烏郎と細烏女の銅像もあります。今では延烏郎・細烏女テーマ公園も整備されました。延烏郎と細烏女の説話は、『三国遺事』［高麗

延烏郎と細烏女

延烏郎と細烏女は新羅時代の人で、浦項の海岸近くで暮らしていました。夫の延烏郎が岩でワカメを採っていると、その岩が動き出して日本（倭）のほうへと渡っていき、ある島に着きました。延烏郎はそこで王になりました。夫を探しに出た細烏女も岩に乗って日本へ渡り、夫と再会して王妃になりました。すると、新羅では太陽と月が光を失いました。これに驚いた新羅の王は使者を遣わして夫婦に帰るように命じましたが、延烏郎は、自分がこの地に来たのは天の意志であるから帰ることはできないと答えるのでした。そして、細烏女の織った絹の織物を使者に渡すと、その布で天を祀れば太陽と月は光を取り戻すだろうと告げました。その後、天を祀った所を迎日県［現在の迎日湾］と呼び、新羅には再び光が戻ったということです。

第**6**部

聞慶 密陽 浦項 釜山

時代、僧の一然（1206-1289）の撰。『三国史記』に漏れた新羅・百済・高句麗の遺聞を集録。仏教関係や民間伝承が多い］に記されています。新羅の時代、太陽と月の精である延烏郎と細烏女の夫婦が日本へ渡ると、新羅の太陽と月は光を失ってしまいます。細烏女の織った絹が新羅へ届けられ、祭祀を行うと再び新羅に光が戻ったというストーリーです。地域にゆかりのある説話を活かした空間となりました。この説話にも登場する光をテーマに浦項国際光祭りを開催し、韓国の三大花火大会のひとつとなっています。迎日湾にほとばしる製鉄工場の炎と火の気運、「火と光の都市」浦項のイメージそのものですね。

　この地が朝鮮半島の東端であることを確認するために、古山子・金正浩［？-1864、朝鮮時代後期の地理学者。古山子は号］は、なんと7回も踏査したそうです。参考まで、朝鮮半島の東端の村は九龍浦邑の石屏里です。アクセスがとても不便な上に広報もあまりされておらず、私有地の中に標示石だけが建てられていますが、その管理さえ容易ではないようです。

　浦項の多様な自然景観も魅力ある観光資源として期待されます。特に、虎尾串は海へ突き出た岬であり、海岸の浸食地形がよく発達しています。波が削って造りあげた、波食、海食による地形です。海岸沿いに整備されたトレッキングロード、ヘパランキル（道）を進むと特徴的な形の岩が現れます。波に洗われるうち柔らかい部分は削られ、硬い部分だけが残りました。

　浦項では新生代の地層が顔を出しており、当時の火山活動の影響を受けた地域であるといえます。溶岩の流れた痕跡が柱状節理として見られま

左：相生の手／中央：延烏郎と細烏女の銅像／右：東端の村（石屏里）

左：海岸の浸食地形／中央：海岸の柱状節理／右：達田里の柱状節理

す。高温の溶岩が火口から流れ出て、急速に冷却固結する際に収縮して生じた六角柱です。このことから浦項は朝鮮半島では、比較的新しい地質時代に属していることがわかります。浦項の柱状節理は済州島(チェジュド)とは異なり、一定の方向ではなくそれぞれ異なる方向へ伸びていて、まるでたくさんの柱を海岸沿いに打ち込んだかのように見えます。

　採石場跡で発見されたものもあります。達田里(タルチョンリ)の柱状節理です。天然記念物第415号に指定されていますが、管理も保護も十分ではありません。済州島や江原道鉄原郡漢灘江(チョロン・ハンタンガン)〈新生代第4紀〉で見られる柱状節理より、さらに年代が古く〈新生代第3紀〉、朝鮮半島の地質の歴史を知る上でも重要な資源です。現在は風化が進み土壌が弱くなり、浸食が憂慮されています。六角形の柱頭が無数に連結していて屏風のように見えます。柱がほぼ水平に近い傾斜で曲がり、柱状節理の方向が特異であることから、地形・地質学的価値が高いといわれています。ここの柱状節理も知らなければ見つけるのは難しい場所である上に、私有地にあるため管理がされておらず惜しまれます。

　浦項の山といえば、やはり内延山(ネヨンサン)ですね。その渓谷には、多くの滝と大小の沼や池、奇岩絶壁の織りなす絶景が続きます。奇岩や露出した鉱石を見ると秘境探検の気分です。謙斎(キョムジェ)・鄭敾(チョンソン)〔謙斎は号〕の描いた「内延三龍湫図(ネヨンサンサムヨンチュド)」「内延山瀑布図(ネヨンサンポッポド)」など、名画に描かれた風景が目の前に現れます。内延山は12の滝で有名ですが、入り口の宝鏡寺(ポギョンサ)も東海岸の名刹に数えられ、新羅の真平王(チンピョンワン)〔第26代、在位579-632〕の時代に創建されたといわれています。

雲梯山・吾魚寺も真平王の時代に創建されたそうです。元暁大師［617-686、新羅の仏僧］と慧恭禅師［恵空とも表記。6〜7世紀の新羅の仏僧］が修行していた時に、川の死んだ魚を生き返らせようと法力を競いました。二匹のうち一匹だけ生き返りましたが、その魚を生き返らせたのは自分であるとお互いに言い合ったことから、我の吾、さかなの魚の漢字をとって、吾魚寺と名付けられたそうです。

　高麗時代の遺跡もあります。長鬐邑城です。女真族と倭寇の侵入に備えて海岸沿いに築いた土城で、朝鮮時代に石城として改築しました。また、ここ長鬐面には、朝鮮時代に多くの士大夫［科挙に合格した官僚、儒学の教養を身につけた読書人］が流配されましたが、尤庵・宋時烈［1607-1689、朝鮮時代の左議政・大臣。尤庵は号］と茶山・丁若鏞［1762-1836、朝鮮時代後期の実学者。茶山は号］は、その代表的な人物です。長鬐初等学校［小学校］には宋時烈が植えたと伝わる歴史的なイチョウの木もあります。

　それでは、浦項の都心部へ行ってみましょう。都心の交通の要所は五叉路と六叉路になっています。四叉路ではなく五叉路と六叉路とは、それほど交通量も多いのでしょうか。ここは浦項の都心地域ですが、最近、他の都市にも共通する問題に直面しています。郊外に新しい住居地域が開発されると人口の流出が生じて、都心の人口が減少し衰退していく人口の空洞化現象と、スプロール現象です。

　特に、中央洞は、昔の港にも接し古くから中心市街地でしたが、近年、著しい人口減少がみられます。1980年代には4万6000人余りでしたが、2010年には1万8000人へと実に60％も減少しました。都心の再活性化が

左：宝鏡寺／中央：吾魚寺／右：宋時烈が植えたと伝わるイチョウの木

360

左・中央：竹島市場／右：東浜内港

求められています。

　近くの竹島市場(チュクドシジャン)も有名で、規模の大きな在来市場［伝統的な市場］ですが、大型ショッピングセンターとの競争から曲がり角にさしかかっています。竹島市場は1950年代、兄山江の河口に葦原や沼地の広がる地域で、露天商がひとつふたつと集まって自然発生的に形成され成長してきました。そして、浦項製鉄の操業とともに発展を遂げました。浦項はもちろん、慶尚北道の東海岸で最大規模を誇る在来市場といわれています。

　KTXの開通以後、浦項を訪れる観光客が激増すると、竹島市場も当地の名所として人気を集め、賑わいを見せています。その一方で、交通の発展によって、かえって地域内の消費が減少する傾向も生じています。医療サービスを受けたり、ショッピングを楽しんだり、そのような時には、交通アクセスが便利になるほど容易に他の地域へ移動できるため、消費者はより広くより大きな市場を求め、商圏が移動することもあるのです。

　活気にあふれた在来市場の姿を取り戻すために、御当地グルメも大いにアピールしてはと思います。なんといっても、クァメギ［ニシンやサンマの生干し］やムルフェ［水刺身］をはじめ海の幸が最高ですね。特に、九龍浦クァメギは有名で冬に旬を迎えます。ムルフェは新鮮な刺身に氷水とコチュジャン［唐辛子味噌］、キュウリ、梨、ニンニク、青ネギなどを混ぜた料理で、夏の風物詩的な食べ物です。

　浦項運河と東浜内港(トンビンネハン)へ向かってみましょう。かつて、東浜内港はイワシ、ニシンなどの漁獲量で東海岸屈指の漁港であり、また、各種産業と経済の中心地でもありました。浦項製鉄が開業すると規模の小さい東浜内港で

は限界となり、新たに浦項新港が造成されました。東浜内港は旧港となり、その役割は縮小していきました。洪水対策のため兄山江に堤防を築きましたが、浦項製鉄の操業によって人口が増加すると、住宅地の造成が急務となり、東浜内港と兄山江を結ぶ1.3kmほどの水路を堰き止め、埋め立てて不足する宅地を確保しました。

　流れを失うと水はよどみ、環境が悪化します。1974年、兄山江からの水の流れを遮断されると、東浜内港は各種の生活排水とゴミで汚染され、黒い水がよどみ死んだ海となりました。その周辺の住宅地も次第にさびれスラム街となったそうです。そして2013年、兄山江から東浜内港への水の流れを40年ぶりによみがえらせ、浦項運河として再整備しました。一方、そこはかつて住宅地として埋め立てた場所であり、復元事業によって移住を求められた住民もいました。

　その昔、東浜内港は迎日湾から陸地側へ入った場所にあるため、漁船が安定的に停泊できる天恵の港として栄えました。往時の姿を取り戻すため、浦項の代表的な観光名所になろうと努力しています。現在、浦項運河の開通によって遊覧船も運航し、観光の活性化が期待されています。運河周辺には散策路やサイクリングロード、公園、ホテル、テーマパークもあります。水路の復元により遮断されていた水の流れがよみがえり、水質改善も大きく進みました。

　いま、工業地帯のイメージから脱し、新たな観光地を目指して、再び飛躍しようとしている浦項。その未来が大いに期待できそうですね。

釜山
21世紀型
先進海洋文化都市

　ギリシアのサントリーニ島の名を聞いたことがありますか。エーゲ海に浮かぶ世界的な観光名所です。ペルーのマチュピチュはご存じですね。どちらも地域色豊かで美しく、神秘的な雰囲気さえ帯びています。家々が山の斜面に階段状に立ち並び、ファンタスティックな街並みです。それでは、韓国のサントリーニ、韓国のマチュピチュといえば、どこが選ばれるでしょうか。釜山の甘川文化村 は、その最有力候補と思います。山の斜面に段々と家々が軒を連ねる風景は、とても美しく思わずため息がもれるほどです。韓国には、このような村もあるのですね。

　釜山は韓国の代表的な都市のひとつです。最近では、釜山国際映画祭が世界的な映画祭として定着し、韓国のみならず世界が注目する都市となりました。あまりにも聞き慣れた名前なので、釜山のことならよく知っていると思っていると、きっと驚くことでしょう。実は、釜山は秘めた魅力に満ちています。知っているようで知らない都市、それが釜山なのです。

　それでは、海洋文化都市を夢見る釜山へ出発しましょう。

❶ 甘川文化村
❷ 光復路
❸ 釜山市民公園
❹ 二妓台公園
❺ 広安里海水浴場
❻ 海雲台
❼ 映画の殿堂
❽ BEXCO
❾ 国際市場
❿ 富平カントン市場
⓫ 釜田市場
⓬ 釜山鎮市場

古びた街を「丹粧」する

　まず、先ほど韓国のサントリーニ、韓国のマチュピチュと紹介した、甘川文化村を訪ねてみましょう。甘川文化村の入り口に着いた途端、びっくりする光景に目を奪われます。たくさんのオブジェ、魚やツタ、屋根からこちらを見ている鳥などなど、個性あふれる作品が訪問客を迎えてくれます。

　早速、展望台に登り村を見渡してみましょう。向こうには海が広がり、山の斜面にぎっしりと並ぶカラフルで小さな家々に異国的な情緒を感じます。韓国のサントリーニと呼ばれるのも実感できますね。少し離れた所に龍頭山公園（ヨンドゥサンコンウォン）の釜山タワーも見えます。

　ここは、朝鮮戦争、韓国では韓国戦争［1950年6月25日-1953年7月27日］といいますが、その時、釜山で避難生活をしていた太極道（テグックド）の信徒たちが、戦後に集団で移り住んで暮らしてきた所です。東西を山に挟まれ、その山腹に甘川文化村は立地しています。路地沿いに家屋が密集するため、「前の家は後ろの家を遮ってはならない、すべての道は通じていなければならない」との原則を守り、山の斜面に階段状に家を建て集落が形成されました。2000年代に入ると、この地域の歴史性と独特の景観を活かして、村をおめかししよう、美しく再生しようと、地域をあげて「丹粧」（タンジャン）への動きが始まります。2009年に文化体育観光部が主催した公募事業「パブリック・

左：甘川文化村／中央：壁画／右：屋根の鳥のオブジェ

左：甘川文化村の博物館／中央：光復路／右：光復路裏通りの釜山グルメ

アート・プロジェクト」に、地元のアーティストたちが応募した「夢をみる釜山のマチュピチュ」という企画が選ばれ、都市の中の奥地といわれていた地域に変化が生まれました。アーティストが始めましたが、次第に住民たちの参加と関心を呼び起こし、行政、専門家も含め、コミュニティの皆が参加する事業へと成長しました。まさに芸術の力を実感します。2010年には空き家プロジェクトや路地再生プログラムも始まり、地域に散在していた空き家は、公共の建物やテーマ空間、ギャラリーなどへと活用されていきました。おしゃれなカフェなどへ改装され、元の装いを活かしつつ、美しく風情豊かに再生した事例も見られるようになりました。住民が村を案内してくれることもあります。

甘川文化村は海外のメディアにも取り上げられています。2013年、米国のCNN放送は「アジアで最も芸術的な村」と報道し、フランスの代表的な新聞「ル・モンド」は「甘川、路地の奥の芸術」というタイトルで記事を掲載しました。カタールの衛星放送局アル・ジャジーラでも紹介されました。甘川文化村の豊かな個性が関心を集めるのでしょう。

通常、甘川集落のように家屋の老朽化と人口減少が進む住宅地域は、そのままにしておくか、すべて撤去して再開発に着手する場合が多いのですが、甘川では「街に芸術を接ぎ木する」というユニークな手法が選択されました。これまでの街並みを保存し活かしながら、地域でリノベーションに取り組み、街を「丹粧」する、美しく再生することで、住民の暮らしにもプラスとなり、また、新たな観光資源として注目され、観光客が訪れるようになったのです。

左：釜山市民公園／中央：ポロロ図書館／右：ハヤリア芝生広場

　釜山には、他にも古びた街並みを「丹粧」し、景観を整え、かつての活気を取り戻した名所があります。それは、都心部、釜山タワーのふもと、光復路です。以前とは見違えるほどになったという印象を受けるくらい整備されました。通りを歩くと緩やかながらもくねくねとカーブが続き、個性豊かなオブジェが迎えてくれます。シックでのんびりとした雰囲気に、ベンチなどひと休みできる空間もたくさんあり、散策やショッピングを楽しめます。

　元々、光復路は釜山を代表するファッションと文化の一番地でしたが、昔ながらの自動車優先、いつも慌ただしく混雑している地域でした。そして、釜山が拡張するにつれて、西面地域［釜山鎮区］へ商業地区の中心が移り、光復路はさびれていきました。街の至る所に空き店舗が見られるようになりました。

　2005年、文化体育観光部の支援を受けて、街路景観改善事業が始まり、看板や街路灯なども一新することになりました。事業の開始にあたって、いくつかの原則が定められました。「住民主導で事業を推進し、政府と専門家が共に協力する。光復路は歩行者優先のスローな街としてデザインする」などの方向性を共有しました。そして、街は画一的に陥ることなく、地域の個性を活かしたデザインにより、人々が歩きたい街へと再生されたのです。今では、街の通りには活気があふれています。光復路で事業が始まった2005年当時は、閉店した店舗が44か所にも達していましたが、現在はシャッターを閉ざしたままの店は見られません。

　2009年から、光復路の商店主を中心とする光復文化フォーラムが、光

復路釜山クリスマスツリー文化祭りを開催しています。大きなツリーや美しいイルミネーションなどが話題を呼び、釜山の人気イベントになっています。

　画一的な政府主導ではなく、住民たちの積極的な参加によって成し遂げた公共デザイン事業が、光復路に変化をもたらしたのです。街は美しく「丹粧」され、再生された景観が多くの人々を惹きつけるようになりました。その結果、さびれていた街はよみがえり、輝きを取り戻しました。裏通りへ入ると、懐かしい釜山の名物、釜山オモク［かまぼこ］やビビムダンミョン［野菜などと混ぜて食べる汁なし春雨］などの店が並び、釜山グルメも楽しめます。

　次は、2014年5月1日にオープンした釜山市民公園へ行ってみましょう。ここは高さ25mにも達する人工の滝・ハヌルピッ（天空の光）滝やユニークな噴水はじめ印象的な空間を持つ、とても広い公園です。創意工夫を尽くし、丹精こめて造成したことがわかります。迷路庭園もあり迷路脱出大会も開催されます。かつてのアメリカ軍の幕舎を活用した、ポロロ図書館は子どもたちに大人気です。その中には韓国の人気アニメ「ポンポン　ポロロ」の世界が広がっています。カフェとコンビニにもアメリカ軍の幕舎を再利用するなど、公園の過去の歴史を活かしたアイディアが光っています。

　公園には青々とした芝生が広がり、風も心地よく、とてものどかな空間です。この芝生は「ハヤリア芝生広場」といいます。「ハヤリア」と聞いて釜山の方言と思いましたか？　実はそうではありません。ここに在韓ア

「ハヤリア」の由来

1950年9月、在韓アメリカ軍釜山基地司令部が駐屯した当時、ある海軍の要員がここにあった競馬場を見て、彼の故郷に近い、フロリダ州の有名な競馬場を思い浮かべたそうです。故郷の名前をとってハイアリア（Hialeah）と名付けました。ハイアリアを釜山の市民が"ハヤリア"と発音したということです。

第6部　聞慶 密陽 浦項 釜山

左：記憶の柱／中央・右：二妓台公園

メリカ軍の基地「キャンプ・ハヤリア」があったことから、その名に由来しているのです。

　ここはかつて、アメリカ軍の部隊が駐屯する前は、植民地時代のことですが、競馬場や軍需品の基地、日本軍の軍事訓練場などとして使用されていました。解放とともに、アメリカ軍政下でアメリカ軍の駐屯基地となりました。激動の歴史の証人ともいうべき場所です。

　1995年から、市民団体を中心として基地の敷地の返還を求める運動が本格化しました。釜山広域市と市民団体の粘り強い努力の結果、2006年8月にアメリカ軍基地は閉鎖され、2010年1月に敷地が返還されました。返還後の広い敷地をどのように使うかをめぐって、議論が沸騰しました。当初、この場所の歴史的性格を考慮しないまま、全面撤去する計画が進められようとしていました。市民団体などが中心となり、専門家や一般市民の関心も集め、ここにふさわしい公園文化を育てようとの意見が大きな流れとなり、計画は変更されたのです。

　そして、アメリカ軍の下士官の宿所だった施設は文化芸術村へと改装され、文化の空間となりました。基地の痕跡を消し去ることなく、「記憶の柱」「痕跡を掘り下げる」「歴史の波」などの空間として活用しています。公園は、記憶、文化、楽しさ、自然、参加の５つのテーマを込めて造成され、約100万本の樹木が植えられています。コンクリートの建物で混雑する釜山の都心に快適な緑地公園が誕生し、釜山のイメージアップにも貢献しています。慌ただしい物音や大声の飛び交う市場、芋の洗い場のようにごった返す海水浴場、そうした釜山に、ゆったりと時間の流れる、緑豊

かな空間が誕生したのです。

釜山には人気の高い公園がもうひとつあります。二妓台公園です。海が目の前に迫る海岸散策路からの眺めは壮観で、新たな名所となっています。広安大橋や海雲台のマリンシティも一望できます。

マリンシティには、都市再生の視点を欠いた再開発地域だとの批判もあります。高層ビルやファッショナブルな商業施設、高級マンションが立ち並び、華やかな先端都市に見えますが、元々の住民への配慮を欠き、経済成長最優先の再開発地域ともいわれています。一方、海によく似合うおしゃれな街が魅力的であるのも確かです。二妓台公園は、そのマリンシティと広安大橋を一目で眺められるスポットとして知られるようになりました。そこからの景色はインスタグラムなどにも投稿され人気となっています。

二妓台公園の正式名称は、二妓台都市自然公園です。豊臣秀吉の朝鮮侵略の時、日本軍が水営城［朝鮮時代、南海岸の水軍指揮部・慶尚左道水軍節度使営の城］を陥落させ、ここで宴を開いたそうです。二人の妓生が倭将［日本軍の武将］に酒を勧め泥酔させると、倭将を抱えて海へ身を投げ亡くなったと伝えられています。命を捧げた二人の妓生を弔う塚があったことから、二妓台と呼ばれるようになりました。ここは長い間、軍事地域として統制され立ち入ることはできませんでしたが、1993年から市民に開放されました。鬱蒼とした森や美しい海岸など、自然のままに残されています。

次は、広安大橋の方へ向かいましょう。

海洋文化都市の魅力を考える

釜山といえば、最初に思い浮かぶ場所のひとつが広安里海水浴場ですね。海辺を歩くと、若い人たちが集まりビーチバレーなどに熱中する姿や、バカンスを楽しむ外国人によく出会います。のど自慢をしたり、絵を描い

左：広安里海水浴場／中央：水営区文化センター／右：広安大橋の夜景

たり、お年寄のグループがコンサートを開いていることもあります。釜山(プサン)国際演劇祭(クッチェヨングクチェ)の行事もここで行われ、海をバックに多彩な光景が広がっています。

　広安里海水浴場に特に釜山の若い人々が集まるのは、ソウルの弘大(ホンデ)通りのような魅力を、海をすぐ前にして楽しめるからでしょう。おしゃれな飲食店やカフェも並んでいます。韓国には海水浴場がたくさんありますが、都市的な雰囲気と若い世代の集まる街と一体化しているという条件をつけるとすれば、それに適うのはこの広安里海水浴場だけであると思います。オーシャンビューの新しい街が若い人たちを惹きつけるのでしょう。

　海水浴場に面する水営区(スヨング)文化センターはユニークな建物です。外壁には釜山の方言があれこれ書かれています。空腹を覚えたら近所の刺し身センターもおすすめです。アナゴの刺し身や韓国式のウドンも美味しいですよ。腹ごしらえができたら、広安里海水浴場の夜を楽しむ時間ですね。

　広安大橋に灯がともる頃、夜景はまさにクライマックスを迎えます。真っ暗な海面に広安大橋の発する灯りが映り、とても印象的です。ライトアップされた橋を主役に幻想的な世界が広がり、人々を魅了します。趣向を凝らした光のショーも行われています。広安大橋は、やはり釜山の名物なのですね。

　2002年に広安大橋が開通すると、広安里海水浴場の利用客は前年度に比べて3倍以上、増えたそうです。2004年から、毎年10月頃に釜山世界(プサンセゲ)花火祝祭(プルコッチュクチェ)（フェスティバル）も開催されています。

　次は、海雲台へ行ってみましょう。ここも広安里と同じく、さまざまな

372

姿に出会うことができます。一晩中、明るい灯りに包まれています。昔と比べると、海雲台の海岸沿いに高級ホテルなどが並び、都市的な雰囲気が強くなりました。そのためか、訪れる人々もさらに増えているようです。

　韓国の海岸は海と砂浜は美しいのですが、宿泊と食事には不便な地域もみられます。海雲台では高級ホテルが立ち、周辺が整備され、観光客が増えました。オーシャンビューの高層階からの眺めはもちろん、快適で便利なイメージも魅力なのでしょう。海辺に高層ビルやホテルが並ぶ景観は異国的でもありますね。

　一方、マリンシティ、海雲台周辺が商業的に開発されたことに対しては、否定的な意見もあります。その中で、他の地域との差別化を意識した開発により、海雲台ならではの魅力が生まれたことは確かなようです。初夏の海雲台砂祭り、10月には釜山国際映画祭の行事の一部が海雲台ビーチで開催され注目を集めています。映画『海雲台』〔邦題『TSUNAMI ツナミ』〕のPR効果もありました。

　広安里海水浴場も海雲台もそうですが、以前は、海だけがある海辺だったとするならば、今はストーリーのある海、文化の香る海になったように思います。自然の景観がそのままに大切にされている風景は魅力的ですが、人工的なものでも地域と調和して造成されると、新たな観光資源になるのかもしれません。香港島の摩天楼やシンガポールのセントーサ島は、その例といえます。しかし、自然を大切に保護していくことが、さらに重要であるということを忘れてはなりません。

　それでは、釜山国際映画祭に行ってみましょう。BIFFと呼ばれますが、Busan International Film Festival（プサン・インターナショナル・フィルム・フェスティバル）の略称です。海雲台にある、映画の殿堂（BUSAN CINEMA CENTER）で盛大にオープニング・イベントが開催されます。海雲台ビーチでは監督や俳優が参加するイベントが行われ、南浦洞はじめ釜山中心部の劇場では、さまざまな映画が上映されます。

　釜山は、2014年、ユネスコ創造都市ネットワークの映画分野の加盟都市として認定されました。アジアで初めて、世界的にもイギリスのブラッ

釜山国際映画祭 (Busan International Film Festival)

釜山国際映画祭は社団法人釜山国際映画祭組織委員会が主催し、アジア映画の発掘と紹介、そして釜山を文化芸術の拠点として発展させようと、1996年から開催されています。アジアの映画監督の最新作や話題作を上映する"アジアの窓"、アジアの新人監督作品を集めた"ニューカレンツ"、短編映画やアニメーション、実験的な映画を集めた"ワイド・アングル"、世界の映画の潮流がわかる、有名監督の作品を集めた"ワールド・シネマ"などのさまざまなセクションがあります。
釜山国際映画祭は、欧米主流の中にあって、アジアの映画人の連帯を実現したとの評価を受けています。キム・ドンホ委員長［原書刊行当時］によると、釜山国際映画祭成功の秘訣として、ハリウッド映画がリードする雰囲気に映画的渇望を覚えていた映画人たちの新たな試みを、釜山市が積極的に支援しつつも干渉はしなかったことが挙げられるとのことです。その結果、観客の反応も良く、期待とニーズが広がり、映画祭の規模も大きく成長してきたとのことです。毎年、10月の第一木曜日に開幕し、10日間にわたって世界の映画人の視線を集めています。

ドフォード、オーストラリアのシドニーに続いて3番目とのことです。映画の殿堂は、世界的な映画都市への夢を実現するために映像複合文化空間として誕生しました。芸術作品や独立映画［自主映画やミニシアター系の作品］の上映、多様なジャンルの公演や企画展などを、最新設備を備えた大小のホールで行っています。2011年に開館し、第16回釜山国際映画祭からオープニング・セレモニーはじめメイン会場となりました。基本設計は、オーストリアを拠点に活動する世界的に著名な建築家グループ、コープ・ヒンメルブラウが担当しました。ビッグ・ルーフという巨大な屋根は、最長

左：海雲台／中央：映画の殿堂／右：ダブル・コーンとビッグ・ルーフ

左：釜山劇場／中央：南浦洞BIFF広場の手形／右：国際市場

部分が約163ｍ、面積は大小の屋根を合わせるとサッカー場の約2.5倍にも達するそうです。その屋根の片側を、アイスクリームのコーンを重ねた形をイメージした、ダブル・コーンと呼ばれる一本の支柱だけで支えています。屋根の片側を一本の支柱で支える構造の建築物の中で世界最長の屋根となり、ギネスブックに登載されました。

　映画の殿堂が開館する以前は、釜山中心部の繁華街、南浦洞映画文化通りがメイン会場でした。今も南浦洞BIFF広場として関連プログラムが行われ、映画祭の舞台になっています。大淵シネマと釜山劇場〔現・MEGABOX釜山劇場〕は、昔から多くの映画ファンに愛される老舗の映画館です。釜山劇場は釜山最初の映画上映劇場として1934年に開館し、その後、釜山の激動の歴史をともに歩んできました。

　路面には映画祭に参加した著名人の手形がズラリと並んでいます。林權澤監督やリュック・ベッソン監督の手形もあります。1996年、釜山国際映画祭の発祥の地となり、今も人気スポットです。南浦洞の近くには釜山タワーやチャガルチ市場などの観光地があり、多くの外国人観光客も訪れています。

　シアッ（種）ホットクなどの釜山グルメも充実しています。テレビ番組でも紹介されたためか、人気がますます高まったようです。ホットクが焼きあがる前にヒマワリやカボチャの種を入れます。行列が伸びている所を探せば、きっと味に間違いはありません。通りはたくさんの屋台で埋まり、つい目を奪われ我を忘れそうですが、話題の食べ物にはやはり引き寄せられてしまいますね。

第6部　聞慶　密陽　浦項　釜山

左：国際市場／中央：コップニネ（映画『国際市場で逢いましょう』）／右：港湾物流都市・釜山

　釜山市は、ユネスコ創造都市ネットワークの加盟都市として、創造性を持続可能な開発の戦略的要素ととらえ、映画・映像の分野はもちろん、さらに幅広い方面で努力を続けています。2014年、釜山を舞台にした映画『国際市場』[クッチェシジャン]［邦題『国際市場で逢いましょう』］が大ヒットしましたね。それでは、国際市場へ行ってみましょう。釜山に来ると不思議に思うことのひとつに、都心部に国際市場のような広い在来市場が、今も健在であることです。国際市場はじめ、富平カントン市場[ブピョンシジャン]、釜田市場[ブジョンシジャン]、釜山鎮市場[ブサンジンシジャン]など、多くの在来市場が賑わいを見せています。

　国際市場は、1945年の敗戦により引き揚げる日本人が、持ち帰ることの許されない財産や家財道具などを売っていたことから始まりました。その後、朝鮮戦争のさなか、戦火を逃れて釜山へ避難してきた人々が商売を始めたことで市場が形成されました。アメリカ軍が進駐すると、その軍用物資や、さらには釜山港から密輸入された商品などが取り引きされるようになり、規模が拡大されていきました。それで、国際市場と呼ばれるようになったのです。国際市場には「一人の人間が生きていくために必要なすべてのものがある」といわれています。現在では、名前とは異なり輸入品を扱う商店はほとんど見られず、むしろ、向かい側の富平カントン市場に古くからの輸入品商店が残っています。

　市場といえば、やはりグルメですね。釜山風のかまぼこ、おかゆ、昔ながらのパッピンス［かき氷］まで、たくさんのお店や屋台が並んでいます。富平カントン市場の釜山風おでんの店「ハルメユブチョンゴル」もたいへん有名です。映画に登場した「コップニネ」は、今日も雑貨を選ぶ人々

で賑わっています。国際市場が映画で有名になると賃貸料が値上がりし、昔からの商店主たちが移転を考えざるを得なくなったという話は、本当に残念に思います。不幸中の幸いでしょうか。その問題がマス・メディアに取り上げられ、釜山市が仲裁をしました。管理費は多少値上げしましたが、店舗は維持できるようにしたそうです。国際市場をマーケティングの観点からブランドとして活用しようとの、釜山市の努力が実ったのです。これも映画の力、クリエイティブ・シティ（創造都市）釜山の、映画という創造性を活かした戦略の成果といえるのではないでしょうか。

釜山市が国際映画祭を誘致したことは、誠に先見の明があり卓越した選択でした。ベネチアやカンヌを筆頭に、世界的な国際映画祭が美しい海辺に恵まれた都市で開催されているように、釜山もそうした地位を築いていくことでしょう。韓国を代表する港湾物流都市というイメージを超え、グローバルな海洋文化都市を志向し、実現しようという努力の一環といえるでしょう。

釜山の旅行は多彩な魅力にあふれています。かつては、海とチャガルチ市場が釜山のトレードマークでしたが、今はもう変わったというべきかもしれません。釜山と聞いて思い浮かぶイメージは、今や、夜景の美しい海、フェスティバルの開かれる海、国際映画祭が躍動する海へと変わっています。世界の海と繋がる釜山、その創造性を活かした未来へのステップは大いに期待されますね［2023年12月現在、釜山市はグローバルハブ都市（物流、産業、金融、人材、文化観光など5大要素のグローバル化）を掲げ、2035年EXPO誘致を検討している］。

第**7**部

済州特別自治道

済州市
耽羅1000年の歴史と文化

　パスポートを準備して済州（チェジュ）オルレ［トレッキングコース。全26コース］に行きましょう。済州島に行くのにパスポートが必要なのでしょうか。もちろん本物のパスポートではなく、済州オルレパスポートのことです。最初に訪れた時に作成して、訪れる度に持っていくと良いでしょう。

　オルレパスポートは済州オルレ事務局が作ったガイドブックです。区間別オルレ略図、難易度、所要時間、大まかな特徴が載っています。食堂、宿泊施設、交通機関の利用時に見せるとオルレックン［オルレを歩く人］割引サービスも受けられます。

　デザインもおしゃれで持っているだけで気分が上がります。パスポートに出入国スタンプを押すように、オルレの始点、中間地点、終点に設置された3つのスタンプを押すと区間別完走証明書になります。せっかく行くのですから、思いっきり楽しみましょう。

　では済州オルレパスポートを持って済州島に出発しましょう。

伝統と現代が調和する都市

　空港から車で20分の距離に朝天港があります。『私の文化遺産踏査記』で有名な兪弘濬教授が済州踏査の一番地に選んだ場所でもあります。朝天港には恋北亭という東屋があり、恋北とは北側を慕うとの意味です。誰を慕っているのでしょうか？　もちろん王様のことです。

　今でこそ済州島へ行く交通手段はさまざまですが、以前は全羅南道康津郡、馬良港からしか行くことができませんでした。康津の昔の地名は耽羅に行く港との意味の「耽津」でした。その後、耽津県と道康県が統合して康津に変わり、昔の地名は耽津江だけが残っています。馬良という地名は済州島から来た馬を少しの間、放牧させていたことから付いた名前です。馬良港から一番近い港が朝天港で、ここは地形的に内陸に少し入って位置しているため、大きな波を防ぐのに有利でした。

　恋北亭は建物の大きさに比べて屋根が低く感じられます。風が強い済州島の気候に合わせて屋根は低く、庭を囲む石垣は屋根の高さまで積んであります。済州島民家の石垣のように、朝天鎮城が恋北亭を取り囲み、その中は庭のような落ち着いた雰囲気を醸し出しています。

　恋北亭から北側を見ると、石垣に囲まれた大小の空間があります。陣地や城郭ではなく、水が湧き出ていて、飲料水として利用したり、沐浴をす

左：オルレパスポート／中央：恋北亭／右：朝天鎮城郭

左：クンムルとチャグントンジ／中央：朝天煙台／右：朝天万歳の丘

る場所です。大きいほうが女性用で「クンムル」、小さいほうが男性用で「チャグントンジ」と呼ばれています。男性用のほうが、狭くてみすぼらしいため、ここだけ見ても済州島が女性中心の社会であると感じられると思います。

　少し戻ると「朝天煙台」と呼ばれる狼煙台（のろし）があります。一般的に山にあるものを狼煙台、海岸にあるものを煙台と呼びます。玄武岩を積み上げてきれいに造ってあります。朝天や禾北（ファブク）だけでなく済州島の海岸のあちこちに煙台があります。朝天港と禾北港は機能が似ていて、湧き水、城郭、煙台までそっくりです。似たような立地と役割を持っていたのでしょう。

　朝天万歳の丘には三・一独立運動記念塔と愛国烈士追慕塔が立っています。人工構造物であるため風情はなく、独立有功者碑、功徳碑、喊声像、絶叫像などの人工造形物の展示場のようです。済州島の抗日運動が激しかった指標でもあります。済州島三大抗日運動はこの場所で行われた朝天万歳運動と法井寺（ポプチョンサ）抗日運動、そして海女抗日運動を指します。

　朝天万歳運動は三・一独立運動の延長で、済州島地域で行われた抗日運動の基盤になりました。西帰浦（ソギポ）に行くと廃墟と化した法井寺跡を聖域化してあります。三・一独立運動より1年前の1918年に起きた法井寺抗日運動は日本統治時代の強制侵奪に対する抗日闘争でした。海女も抗日運動に参加しました。海女がいるのは世界で済州島を中心とする韓国と日本のみですが、韓国の方が人数が多いです。海女は生活力が強いことで有名で、養殖がまだなかった朝鮮時代の献上品にアワビやナマコが入ってい

第7部　済州市　西帰浦市

朝天で有名なボリパン（大麦パン）店

朝天邑新村里朝天中学校の前に「昔ながらのボリパン」という看板がいくつか見えます。どの店も自分の店が元祖だと主張しています。済州島は地表水が不足しているため早くから主に畑作を行っていました。小麦より生育期間が短い大麦を栽培し、このような理由からボリパンをたくさん作って食べていたのです。元祖ボリパンは硬くてぱさぱさしていましたが、最近はヨモギを混ぜて作ったヨモギボリパンやあんぱんもあります。朝天に行ったら忘れずにボリパンを食べてみてください。朝天邑以外にも涯月邑や済州市内など、済州島のあちこちに有名なボリパン店があります。

たことからもわかります。日本統治時代、海女に対する搾取も厳しかったのですが、済州島だけでなく朝鮮半島、日本列島を超え沿海州まで遠征に行っていたそうです。海女の苦痛を十分に想像できるでしょう。旧左邑細花里にある海女博物館に行くとさまざまな資料を見ることができます。

朝天港からボリパン（大麦パン）で有名な新村里を過ぎると済州市内に到着します。黒い砂で有名な三陽洞には大きな遺跡があります。済州市が大きくなり宅地開発を始めたところ、巨大な青銅器遺跡が発見されたため一部を保存・展示したのです。寝床、家屋、石垣はもちろん、権力を象徴する支石墓と玉製品が出土したことから、早くから朝鮮半島や中国と貿易をしていたことがわかります。

左：海女像／中央：三陽洞先史遺跡／右：黒砂ビーチ

左：禾北鎮城／中央：環海長城／右：禾北港の湧き水

　遺跡を過ぎると黒砂ビーチがあります。黒い砂は玄武岩が風化して黒みを帯びたものです。済州特別自治道には牛島西浜白沙海水浴場の白い砂、三陽洞の黒い砂、外都洞のアルジャクチ砂利海岸など特色ある多様なビーチがあります。周辺から供給される物質によって砂が異なるのです。牛島西浜白沙海水浴場には紅藻団塊［細胞壁に炭酸カルシウムを沈着させる石灰藻類］が供給した砂があります。紅藻団塊海浜とは紅藻類と言われる海藻類が複雑な過程を経て形成されたものです。済州に来ると、このような自然環境の多様性に驚かされます。

　三陽洞からオルレ18コースを歩くと隣町の禾北港に到着します。禾北鎮城と環海長城があり、環海長城内に別刀煙台があります。やはり朝天港とよく似た雰囲気です。禾北港も朝天港と共に済州島の関門の役割をしていました。禾北港の中にも湧き水がありますが、朝天港の湧き水とは異なり、はっきりと区切られています。水が貴重な土地であるため、区画を分けて水を大切に使っているのです。ひとつ目は水が湧き出る場所で飲料水として使用します。ふたつ目では果物や野菜を洗い、最後の三つ目で洗濯をします。後方は沐浴する場所です。

　満潮時は緑藻類が見えるところまで海水が入ってきます。済州島は地質的な理由で地表水が少なく大部分が地下水として流れ、海岸付近から水が湧き出ます。満潮時は海水に浸り干潮時に露出する潮間帯に位置する場合が多いため、ほとんどの集落が海岸に沿って分布しています。

　約20年前の1993年に済州踏査に訪れた時、不思議なふたつの湧き水を見つけました。そのひとつは古びた宿の庭の片隅にある階段の下にあり、

水が勢いよく湧き出ていたため、とても不思議に思いました。もうひとつは民家の台所の隅から水が湧き出ていて、その水が台所を突っ切って外に流れていました。台所に上下水道が一緒にあるようなものです。残念ながら今では見つけることができませんが、残っていれば良い観光資源になったことでしょう。

ムルサラン広報館では済州特別自治道の水の使用過程と現況を知ることができます。湧き水に依存していた済州に初めて近代的な水道水を供給した場所で、都市が拡張したので使われなくなった錦山(クムサン)水源地の管理棟をリフォームして活用しています。

済州島は湧き水を上水道の水源として使用しています。陸地［済州島の人々は朝鮮半島のことを陸地と呼ぶ］と済州島は浄水処理過程が異なります。陸地では地表を流れる川の水や貯水池の水を利用するため浄水処理過程が複雑です。済州島は湧き水と地下水が97%、地表水はわずか3%であるため消毒処理のみで飲料水の供給が可能です。

それでは済州港を一望できる沙羅(サラ)オルム（寄生火山）に登ってみましょう。登っていく途中に済州島の河川が見えます。普段は乾いた涸れ川ですが、少しでも雨が降ると水位が急激に上昇するため、注意が必要です。注意書きの案内板も各地に立っています。

コンウル洞四・三事件遺跡も見えます。済州島のあちこちに四・三事件［1948年4月3日に済州で起こった民衆の武装蜂起から、その武力鎮圧にいたる一連の事件］の痕跡が残っています。この事件を知らなければ済州の心の奥底を理解することはできません。当時、村のほとんどが焼かれ、多くの住民が犠牲に

左：ムルサラン広報館／中央：済州島の涸れ川／右：コンウル洞四・三遺跡

左：別刀峰からの風景／右：沙羅峰からの風景

なり、生き残った人は疎開したため、現在は家跡とオルレだけが残っています。

　村の裏道を歩いていくと悲しみを忘れさせるほどの美しい道が現れます。市内からは沙羅峰(サラボン)しか見えませんが、後ろに別刀峰(ピョルドボン)が隠れています。別刀は禾北港の昔の名称です。その昔、遠隔地である済州まで来た役人が陸地に帰る時に、別れを刀で切るようにとの意味で別刀と名付けられました。緩やかな道が続き、海岸絶壁とエメラルドグリーンの海が調和しています。ただ、防潮堤と接岸施設の工事のため、整っていない姿が欠点といえるかもしれません。

　コンウル洞を過ぎて「子どもを背負った岩」を越えると目の前に広がる絶景に感嘆するでしょう。柱状節理も見ることができます。景色が良いので疲れる暇もなく沙羅峰の頂上に到着できます。日の出は城山日出峰(ソンサンイルチュルボン)、夕日は沙羅峰と言われるほど夕日が印象的です。ここから眺望する済州市内の全景も壮観です。済州島の北西側の海岸もひと目で見渡せます。すぐ下の防波堤に囲まれた場所に山地川(サンジチョン)がありますが、それは済州島の港の役割をしてきた場所で、現在の済州港の始まりの場所だと言えます。景色に見とれて時間を忘れてしまいがちです。

第7部　済州市 西帰浦市

> ### 河況係数
> 河川流量が最も少ない時を1とし、最も多い時をXとした時、Xを河況係数と言います。河川流量の変動幅を知らせる指数として使用します。韓国は季節によって降水量の差が大きいため河況係数も大きくなります。

オルレがもたらした変化

　済州オルレと言うと、静かな田園風景のある中山間地域の林道や海に面した海岸を連想すると思いますが、都市の真ん中を通るコースもあります。多様な壁画で物語を作ってあり、楽しみながら歩くことができます。

　先ほど沙羅峰から見下ろした山地川も近くに見ることができます。済州島の河川の特徴は雨が降る時と降らない時の水量の差が大きいことです。地理学では河況係数が大きいと言います。普段は関係ありませんが、洪水や台風が来ると大きな被害が出るため、昔の人はここ朝天で天に祈りを捧げていたそうです。

　次は東門(トンムン)市場に行ってみましょう。東門市場に来るたびに全国の伝統市場がここと同じくらい活気を帯びていたらどんなに良いだろうと考えるほど活性化しています。済州島の地域商圏に観光客の商圏まで加わったためでしょう。みかんやデコポン、アマダイ、チョコレート等観光客

左：市内を通るオルレの壁画／中央：山地川／右：東門市場

向けの商品があふれています。済州産マンゴーも売っています。お腹がすいたら済州の名物料理であるモムグク［ホンダワラのスープ］やウニ入りわかめスープも味わってみてください。

東門市場や南門、西門交差点などの名前から、済州市にも城郭があったことがわかります。済州市だけでなく西帰浦踏査で紹介する 旌義県と大静県にも城郭がありました。済州城は高さ3m、周囲1.4km程度で東・西・南門がありましたが、日本統治時代、済州港を拡張して埋め立てる際に城郭の石を使用したそうです。幸いにも五賢壇の近くに城郭の一部が残されたため復元しました。玄武岩の城郭はとても風情があります。

五賢壇は島流しや役人として赴任した人の中で済州島の文化発展に寄与または民衆の苦痛を和らげた5人を称える 橘林書院があった場所です。興宣大院君が書院撤廃令を出したため、その後5人を祀る祭壇を作ったそうです。不格好な石碑が五賢壇で、まな板のような見た目から俎頭石とも言います。銘文もない小さな石碑ですが、雄大な木々と黒っぽい玄武岩の屏風が調和して、なかなか風情があります。

五賢の一人である宋時烈の集字が刻まれた自然石もあります。「曾朱壁立」。曾子と朱子が壁側に立っていると思って一生懸命精進するようにと

済州の料理

モムグク：モムは済州方言で海藻の一種であるホンダワラを意味します。豚骨で出汁を取ったスープにホンダワラを入れて煮込んだ、最も済州島らしい料理です。元々、結婚式など宴会用の郷土料理でした。最近は観光客にも有名になり専門店が増えました。香ばしいスープと歯ごたえのあるホンダワラの組み合わせが絶妙です。

ウニ入りわかめスープ：貴重なウニを入れて作ったわかめスープは済州の郷土料理です。専門店に行って新鮮なウニを使ったものを召し上がってください。生臭いものもあるので注意が必要です。焼き魚を加えると錦上添花です。

の意味です。周辺には老人会館や出所不明の石碑、緑色の保護壁などがあります。

南門交差点を過ぎた少し先に観徳亭(クァンドクチョン)が現れます。ここは歴史上、済州島の中心の場所でした。観徳亭は昔から有名な建物で歴史的な意味が深いですが、他の建物は最近復元されたもので趣きがありません。観徳亭の前にあるハルバン［島の守り神である石像］が済州島ハルバンの原型だそうです。済州牧官衙(チェジュモックァナ)は新しく作った雰囲気が漂っています。復元する時に出てきた遺物を見ると、耽羅国時代から済州の中心がこの場所だったと推測できます。

望京楼(マンギョンル)は恋北亭と同じ意味を持つ建物です。遠くの済州まで来た役人らがソウルに帰る日を首を長くして待っていたのでしょう。済州市内を通るオルレも素敵な場所がたくさんあります。

オルレでは「人」という字が入った矢印が道標になっています。世界的に有名なサンティアゴ・デ・コンポステーラの巡礼路の道標はホタテ貝です。オルレを作ったジャーナリスト徐明淑(ソミョンスク)は巡礼路を歩きながら故郷の済州に素敵なウォーキングコースを作ろうと決心して帰国しました。

そうして作られたオルレによって済州島全体の観光産業を、ゆっくりと歩きながら本来の姿を体験する形態に変わりつつあります。済州旅行と言えばコンドミニアムやホテルに泊まりレンタカーで有名な観光地を慌ただしく巡ることがほとんどでした。しかし今は市内バスに乗り徒歩で移動しながら街中の食堂で美味しいものを食べて、短い距離ならタクシーに乗り、小さな店でおやつを買い食いし、伝統市場でみかんとアマダイを

左：玄武岩の城郭／中央：五賢壇／右：宋時烈集字、曾朱壁立

左:観徳亭／中央:人という字が入った道標／右:漢拏山

買い、ゲストハウスに泊まるという素朴な楽しさがあふれる場所になりました。

　街を歩いていると「オルレ」を商号や商標として使用している場所が多く、それだけオルレの認知度が高くポジティブな価値を持っているということが理解できます。オルレとは「通りから家の庭先にのびる小道」を意味する済州方言です。この道が自分と世界を繋ぐ道になるのです。

　オルレを歩きながら、済州の人々の暮らしと空間を近くで見て、以前は知らなかった人々の表情まで知ることができるようになりました。徐明淑が『オルレ　道をつなぐ』という本にも書いているように、最も大きな変化は島民と観光客が対面する機会が多くなり、お互いを理解するようになったことではないかと思います。

　オルレができる前はバスやタクシー運転手、小さな店、みかん農家、海女らと観光客は距離が遠く、自分たちだけで経済活動を行ってきました。しかしオルレのおかげで観光客と出会う機会が増え、彼らに対する態度も大きく変わりました。

　のんびりとした観光がもたらした効果は他にもあります。以前は週末を利用してレンタカーで観光地を見て回り、大したことないと不満を漏らす人がいました。しかし現在は長期滞在して1日で済州オルレ1コースを歩くことにより、多くのものを見て感じ、充実した旅行を楽しむことができるようになったのです。消費も増えたため観光地の立場でも経済的な利益が出ます。オルレは済州観光に大きな変化をもたらしたと言えるでしょう。北漢山、智異山トゥルレ道など全国のトレッキングブームの起

第7部　済州市 西帰浦市

左：大浦洞チサッケ柱状節理／右：城山日出峰

爆剤にもなりました。

　済州島の誇りはオルレだけではありません。ユネスコ三冠王をご存じですか？　ユネスコが指定した生物圏保存地域［ユネスコエコパーク］、世界自然遺産、世界ジオパークのことで、この3分野すべてで認定されたのは済州特別自治道だけです。2002年に指定された生物圏保存地域は絶滅危惧種を保存し、自然資源の持続可能な利用を目的にしています。代表的な場所は、牛沼端で有名な孝敦川と西帰浦海岸、漢拏山です。汚染と地球温暖化により水中環境が急変している現在、生物圏保存地域に指定された分、しっかりと保護されることを願うばかりです。

　2007年に指定された世界自然遺産は、城山日出峰、漢拏山国立公園、拒

牛沼端（孝敦川）

文オルム溶岩洞窟系です。最終的には済州島全体が指定されることが目標です。

　ジオパークは済州特別自治道の有名な場所がほとんど入っていると考えていいでしょう。柱状節理、山房山、ヨンモリ海岸、天地淵瀑布、牛島などです。私たちは素晴らしい自然遺産を持っているのです。世界的に見ると火山地形は広く分布していますが、狭い地域にこのように多様な火山地形を持つ場所は世界中で済州特別自治道だけと見るべきでしょう。また、独自の言語と生活様式を持っているためさらに価値が高まります。

　済州語には韓国語族固有の語彙が多く保存されているため価値が高いと言えますが、現在は標準語が優勢で済州語はなくなりつつあります。そのためユネスコで専門家の討論過程を経て消滅危機言語に登録されました。しかし済州大学校では済州学を専門的に研究する人材を養成しているので一安心です。

　近年グローバル化を推し進めていますが、地域をおろそかにすると固有文化を失うことになります。この素晴らしい済州島を私たちの子孫に受け継いでいくためには、たゆまぬ努力と多くの関心が必要でしょう。

西帰浦市
未来世代からのレポート

　韓国内でコーヒー豆が栽培されていることをご存じですか？元々コーヒーは赤道付近の熱帯地域でのみ栽培が可能です。そのため済州島では無加温ハウスでコーヒーを栽培しています。無加温ハウスとは人工的な熱を加えないビニールハウスのことです。もうすぐ韓国産コーヒーを気軽に飲むことができる日が来るでしょう。

　コーヒーだけではありません。バナナとパイナップルの栽培はすでに成功しています。ドラゴンフルーツやマンゴーも生産されていて、済州農産物専門販売サイトで簡単に購入することができるようになりました。これまで、済州の果物と言えばみかんとデコポンでしたが、多様化しました。それほど済州の気候が暖かく、また地球温暖化も進んでいると言うことでしょう。

　今回は気候が暖かく情に厚い人々が暮らす西帰浦市を訪れます。たくさんの宝石が隠された西帰浦の魅力を探ってみましょう。

- ① 山川壇
- ② サリョニ林道
- ③ 三多水牧場
- ④ アブオルム
- ⑤ 城邑民俗村
- ⑥ 金永甲ギャラリー・ドゥモアク
- ⑦ 山房山
- ⑧ ヨンモリ海岸
- ⑨ 秋史遺跡地　四・三事件遺跡地
- ⑩ アルトゥル
- ⑪ 松岳山
- ⑫ ハノン火口丘
- ⑬ ウェドルゲ
- ⑭ 天地淵瀑布
- ⑮ 正房瀑布
- ⑯ 牛沼端
- ⑰ 済州ワールドカップ競技場
- ⑱ ソプチコジ
- ⑲ 城山日出峰
- ⑳ 江汀村
- ㉑ 漢拏山
- ㉒ サングムブリ火口丘

気候も心もあたたかい
韓国最南端の都市

　西帰浦の旅を始める前に、山川壇(サンチョンダン)で旅行の安全を祈願しましょう。ここには韓国で最も古い黒松があり、8本の黒松は天然記念物160号に指定されています。樹齢500年以上、高さ30mほどです。山川壇は中央政府から派遣された役人が漢拏山の山神に祈りを捧げていた場所でした。

　それでは出発しましょう。済州島が楯状火山だということを知っていますね。中山間地域に差し掛かると緩やかな上り坂が続くため実感がわくでしょう。

　サリョニ林道も代表的な名所です。済州島には歩くのに最適な林道がたくさんあります。少し先にある榧子林(ビジャリム)も見事です。サリョニ林道の「サリョニ」は済州方言で「霊妙で神聖な場所」という意味です。済州生物圏保存地域のひとつで、自然のままの林はうっそうとしていて趣きがあります。この林道は数年前までは車両が通っていましたが、2009年から出入りを制限して本格的な探訪路を造成しました。国際トレッキング大会を行うなど済州を代表する林道として愛されています。

　中山間地域の牧場はまるでアフリカの草原のような印象です。中山間地域は水が乏しく人間にとっては暮らしにくい場所ですが、草原を造成できるため早くから牧場として利用されてきました。三多水(サムダス)牧場もそのひ

左：山川壇／中央：サリョニ林道／右：三多水牧場

左：済州島のアブオルム／中央：アブオルムのグムブリ／右：城邑民俗村

とつです。部分的に見るとまるでサバンナを連想させます。

　次はアブオルムに行ってみましょう。本郷堂［村の神様を祀る場所］の中でも有名な松堂本郷堂（ソンダン）の前にあるためアプオルム［アプは韓国語で前という意味］ですが、済州方言でアブオルムと呼ばれています。標高300m程度ですが、駐車場からは50mなので体力がない人でも5分あれば山頂に到着できます。オルムに登るということは済州に一歩近づいたことになると思います。

　済州島旅行と言えば、有名な観光地だけを回り、済州の自然を体感できるコッチャワル［600種以上の植物と絶滅危惧植物が自生している森。中山間地帯に広く形成されている］やグムブリ［火山体の噴火口］を訪れる人は少ないでしょう。グムブリは済州のほとんどのオルムにあります。漢拏山が噴火した時に、側面から噴火した小さな火山だと考えればいいでしょう。小豆粥を煮る時にぐつぐつする様子を想像するとわかりやすいと思います。

　次は城邑（ソンウプ）民俗村に行ってみましょう。朝鮮時代、済州島には済州牧、旌義県、大静県が設置され、済州牧は済州市、旌義県は西帰浦市の東側、大静県は西帰浦市の西側を管轄していました。日本統治時代に行政区域を改編し、旌義県と大静県を統合して南済州郡（ナムジェジュ）に改称し、その後、現在の西帰浦市となりました。

　城邑民俗村は典型的な民俗村で、伝統をそのまま保存した場所です。瑞山の海美邑城（ヘミウプソン）や順天の楽安邑城（ナガンウプソン）のように昔の城郭都市の典型を見ることができます。東門と南門を見て回るとトルハルバンや甕城、城門など原形がそのまま保存されています。伝統村に指定されているため現代的な家の修理ができず、昔の方式で暮らしているそうです。不便な点もあると

第7部　済州市　西帰浦市

思いますが、伝統村を訪れる観光客によって商売圏が安定しているため、住民も大きな不満はないとのことです。

次は金永甲(キムヨンガプ)ギャラリー・ドゥモアクに行きましょう。廃校をギャラリーに変身させた場所です。写真作家の故金永甲は扶余(プヨ)が故郷で、ソウルで作品活動をしたのち、済州オルムに惚れこんで青春時代をオルムの撮影に費やしました。ALS(筋萎縮性側索硬化症)を患いこの世を去ったあと、遺骨はギャラリーの前庭に撒きました。真のオルムの旅人だったと言えるでしょう。ギャラリーにある写真から済州オルムの美しさが伝わってきます。

西帰浦70里海岸のドライブもおすすめです。とても素敵な経験になるでしょう。上方に見える山房山は簡単に行くことができますが、ヨンモリ海岸はめったに行くことのできない場所になりました。オルレの草創期には歩きながら済州島初期の火山活動が水中でどのように起こったのか見ることができる貴重な資料でしたが、最近は潮時を合わせても波が強い日には出入りすることができません。さまざまな理由がありますが、地球温暖化も無関係ではないでしょう。上から見ると初期火山活動が水中で積み重なって形成された地層を見ることができます。

前方に大静城が見えます。城を基準に西側は保城里(ポソンリ)、北東側は安城里(アンソンリ)、東南側は仁城里(インソンリ)と言います。村の名前にはすべて「城」が入っています。ほとんどが崩れていましたが最近復元され、玄武岩がきれいに積まれてい

済州島の家屋材料

風が強く石が豊富な済州では、その長所と短所を利用して石で壁と庭を囲み、屋根を低く設計して、風で飛ばされないように太い縄を網目状に張っています。地表水が不足している済州島では稲作ができないため、陸地の農村のような藁を利用した農機具、生活道具、屋根が発達しませんでした。その代わりに中山間地域でよく見かける茅(かや)を使って屋根と縄、むしろを作って使用していました。済州島のあちこちにある民俗村で見ることができます。

左：金永甲ギャラリー・ドゥモアク／中央：ヨンモリ海岸／右：大静城

ます。

　城内に入ると秋史遺跡があります。韓国だけでなく漢字文化圏であれば誰もが知っている秋史体の故郷と言える場所です。秋史体で有名な金正喜は流罪により済州島で9年間生活をしながら、自身の書体を完成させました。力なく見えながらも独特な魅力を持つ秋史体をここで創案したというのが定説です。

　有名な「歳寒図」もここで描いたと言われています。配流中に多くの書籍を送ってくれていた弟子李尚迪が訪ねてくると「寒さの厳しい季節となり、ようやく松と柏の枯れないことを知る」との文句と共に絵を贈ったと伝えられています。秋史配流地には済州秋史館という記念館があります。記念館にしてはこぢんまりしているため住民の中には期待外れだと失望した人もいましたが、多くの専門家は記念館の中でも秀作に挙げています。

　秋史館を訪れる際は、記念館はもちろん見学すべきですが、ぜひ見てほしいのが昔の済州の人々の生活を近くで観察できるように復元した民家です。暖房が必要ない台所のかまどやトイレで豚を育てる豚便所も見ることができます。

　旌義県は日本統治時代に統廃合されて名前がなくなりましたが、大静は西帰浦市大静邑として地名が残っています。郡衙のあった大静邑城から南西方向の海岸に行くと摹瑟浦があります。砂が多い港という意味で、大静県の外郭港でしたが、現在は大静邑の中心地になりました。狭い地域の中心地の移動を見せてくれる事例です。

第7部　済州市　西帰浦市

摹瑟浦から松岳山(ソンアクサン)への道のりには済州島でも珍しい広大な平地があります。ここをアルトゥルと言い、トゥルは済州語で野原という意味です。太平洋戦争時には日本が軍用飛行場として利用し、朝鮮戦争時には軍の訓練所として利用されました。論山(ノンサン)訓練所の前身だと言えるでしょう。今も当時の戦闘機の基地が残っていることから、立派な訓練所だったとわかります。

　済州島の南西側の端に松岳山があり、松岳山と繋がるソサルオルムとトンアルオルムの2つのオルムを、アルオルムと言います。ソサルオルムには四・三事件遺跡のひとつである慰霊塔もあります。独立後から朝鮮戦争までの間に理念に沿った左右陣営の衝突が全国で頻繁に起こりました。最も激しく対立したのが済州島で、多くの痕跡が残っています。穴に人々を詰め込んで皆殺しにしたこともあったそうです。非常に残酷な歴史です。

　松岳山のほとりからの眺めは最高です。湾入している海の向こう側に山房山と漢拏山の頂上が見え、海に目を向けると加波島(カパド)と馬羅島(マラド)があります。松岳山は二重式火山です。噴火口内部が陥没した後、その噴火口内で再度噴火したため、二重式火山と呼びます。一般的に火山が噴火すると噴火口ができますが、そこに水がたまってできたのが漢拏山の白鹿潭(ペンノクタム)で、火口湖とも言います。大量のマグマが地下から噴出して地表に出ると地下に広い空間ができます。そうするとのちにその部分の地表が陥没して山頂部が深くへこみます。そこに水がたまると白頭山(ペクトゥサン)の天池(チョンジ)のようになり、このような湖をカルデラ湖と呼んでいます。

左：済州秋史館／中央：アルトゥル／右：ソサルオルムにある慰霊塔

左：松岳山から眺めた風景／中央：楯状火山／右：溶岩ドーム

　松岳山も噴火してカルデラが生じましたが、その中にまた小さな火山ができたためカルデラ湖の水が消えて二重火山ができたと見ることができます。松岳山は規模が小さいため水がたまった湖がなかったのかもしれません。火山は噴火する時の環境、マグマの温度、マグマの構成物質によって多様な火山体を作り出します。マグマの温度が高ければ噴火して遠くまで流れていきます。すると済州島のように傾斜が緩やかな楯状火山が作られます。マグマの温度が低かったり、海底で噴火した場合は急激に冷却されるため、鬱陵島(ウルルンド)のように傾斜が急な溶岩ドームになります。

　西帰浦市の外郭にあるハノン火口丘も見に行きましょう。ここは独特な地形により天然記念物に指定・保護されています。ハノンマールとも言いますが、マール(maar)とは何でしょう？　噴火口は噴出環境によって多様な形態を見せますが、その中でも噴出物は少なく、ガスだけ出る火口をマールと言います。マールからはガスだけが出るため、地表に漏斗のような大きな穴が生じて、周辺に丘がほとんどできない形態です。代表的な場所はサングムブリです。

　マールは噴火口が広くて深いため湖が作られることが多いです。湖は時間が経つほど多くの堆積物を含み、その堆積物を研究すると周辺の生態系を時代順に調べることができます。元々浅い湖であったこの場所に、朝鮮時代に田んぼが作られました。この田んぼの下に数千年もの間、泥炭層が積み重なり、これを試錐して研究しています。済州島ではハノンマールを復元して自然学習場と火山博物館として活用しようとしています。田んぼが不足している済州島では早くから湖を埋め立てて田んぼとして利

第7部　済州市　西帰浦市

左：ハノン火口丘／中央：ハノンの農水路／右：ウェドルゲ

用していました。最近、野球練習場や運動場の建設計画がありましたが、環境団体が提起した生態的価値を認めて白紙に戻すこともありました。

済州の主は自然と未来世代

　ウェドルゲも絶景スポットでオルレ6コース、7コース、7－1コースのスタートとゴール地点になっています。海食柱であるウェドルゲは、波に浸食される過程で弱い部分は削られて、強い部分のみ残る差別浸食の結果物です。済州島の南側の海岸は部分的に砂や砂利海岸がありますが、ほとんどは海岸絶壁で構成されています。

　天地淵瀑布（チョンジヨン）の絶壁の下には不連続層があります。下の地層は大規模化石地帯を成す西帰浦層で、その上の層が現在済州島表面を成す層です。噴火時期が異なるため岩石の強度がお互いに違います。このような不連続

左：天地淵瀑布／中央：南元クンオン散策路／右：正房瀑布

402

面が差別浸食を引き起こし絶壁面が多くなるのです。

　天地淵瀑布は亜熱帯常緑樹林の天然記念物ホルトノキと熱帯魚種であるオオウナギの北限であるため地域一帯が天然記念物に指定されています。このような理由からユネスコ世界ジオパークにも選ばれました。オルレを歩いて出会う南元邑のクンオン散策路、西帰浦市内の正房瀑布、中文の大浦洞柱状節理、安徳面のパクスギジョンは代表的な海岸絶壁なのです。

　正房瀑布は見事です。天地淵瀑布は海岸から内陸に深く入った場所にあり、原生林に囲まれています。正房瀑布は韓国で唯一、海に直接落ちる滝で、他の滝とは異なる雰囲気を醸し出しています。済州島の南側の海岸では形成時期が異なるふたつの地層に断層運動まで起こり、広範囲で垂直に形成された海食崖を見ることができます。天帝淵、天地淵、正房、小正房などでも多様な瀑布を観賞できます。

　ところでなぜ天地淵瀑布は内陸の奥深くに位置し、正房瀑布は海に落下しているのでしょうか？　瀑布は作られた後に頭部浸食が起こります。瀑布が落ちる場所は水によって削られますが、上流部はさらに上流へ伸びていきます。瀑布の作られた時期が同じだと見ると、瀑布周辺の岩石の性質と河川の水量によってその後の姿が変わります。しかし天地淵瀑布と正房瀑布は形成時期に大きな差があり、天地淵瀑布がより古いようです。

　牛沼端は瀑布が後退しながら作られた峡谷に海水が流れてくる場所で

済州島の火山活動

済州島火山帯は一度の噴火で形成されたわけではありません。数百回の火山活動があり、大きく4回の噴出期に分けられます。最初の噴出期は87万年前です。この時の噴火は海水面下の水中爆発で形成され済州島の基盤を作りました。2番目の噴出期（60万年～37万年前）には楯状火山として知られる緩やかな起伏の済州島を作りました。3番目の噴出期（27万年前）には楯状火山の上に漢拏山を作り、山頂を中心に溶岩ドームが見えます。最後の4番目の噴出期には寄生火山の「オルム」が済州島全域に作られました。

第7部 済州市 西帰浦市

す。牛沼端から上流側に瀑布がゆっくりと低くなりながら形成された急流地形が見事です。

そろそろ西帰浦市内に行ってみましょう。西帰浦市内はまだ開発されていない場所が多くあります。市内の中心に位置する李仲燮（イジュンソプ）居住地周辺は典型的な田舎町のオルレです。李仲燮が西帰浦に滞在した期間は1年未満ですが、西帰浦市や市民は大きく取り上げているように感じます。

ソウルのような大都市は都市を分化させると都心の機能がさらに強くなり都市圏が拡張します。しかし西帰浦のような小都市は都市が大きくなり市街地が拡張すると都心自体が移転するため既存の旧都心が衰退するのが一般的です。西帰浦は1981年に市に昇格する前までは邑事務所のある港を中心に発展していましたが、市に昇格した前後は循環道路がある北側を中心に発展しました。最近は済州革新都市とワールドカップ競技場がある西側に重心が移動しています。

なぜ済州ののことを特別自治道と呼ぶのでしょうか？2006年に済州道は済州特別自治道に昇格しました。自治警察、教育自治権が拡大され、一部中央権限の移譲により立法権と財政権が付与されるなど地域的自治権が高度化されました。特に教育と医療・観光分野が開放され自治が最大限保証されています。まず教育分野を見ると、教育課程を自律的に運営できる自律学校やインターナショナルスクールの設立も可能になりました。大静邑には大規模なインターナショナルスクールがあります。

済州島にとって観光は主要な産業です。観光産業を活性化するために本来ビザを必要とする国家の観光客でも数カ国を除いてビザなしで入国

左：牛沼端（孝敦川）／中央：李仲燮の居住地／右：ヌウェマル通り（旧バオジェン通り）

左：巨大資本が注入されたホテル／中央：江汀村／右：海軍基地反対運動

できるようにしました。そのため中国人観光客が急増し、城山日出峰を訪れる人が増加しました。新済州中国人特化地域であるヌウェマル通り（旧バオジェン通り）が形成されました。中国人は龍を好むため、龍頭岩(ヨンドゥアム)にも多くの人が訪れています。

特別自治道には営利病院があります。韓国は医療保険をもとにした医療公営制ですが、ここでは外国営利法人による医療機関を自由に設立できます。外国人による病院設立だけでなく患者斡旋や外国人専用薬局もオープンしました。

最近、韓国人は中国人が済州島を占領するのではないかと心配しています。神話歴史公園にも中国資本で運営するカジノが入る予定です。済州の神話をモチーフにした公園を造るはずが、カジノの話が出たため話題になっています。さらに投資移民制度により1000人以上の外国人が永住権を取得しました。投資移民制度とは、観光活性化のために作られた制度で、外国人が済州島、平昌郡(ピョンチャン)、麗水市(ヨス)、仁川永宗島(インチョンヨンジョンド)などに基準以上の金額を投資すると永住権が取れる制度です。他の場所は有名無実ですが、済州島には中国人が集まっています。現在の条件は5億ウォン以上の投資ですが、済州島民のことを考え、10億ウォンに引き上げる案が出ています。

済州の観光が多様に活性化されるのは良いことですが、特定の国家が独占すると問題になるのではないでしょうか。韓国人や複数の国から来た人でバランスよく活性化されれば心配も少なくなることでしょう。

中国人観光客や投資による自然破壊も問題ですが、国内巨大資本や国家

第7部 済州市 西帰浦市

405

済州のカルオッ（柿渋染めの服）

済州島の人々は昔から普段着としてカルオッを着ていました。カルオッを染める原料は柿です。柿はミカンと同じく暖帯性果物で中部地方が北限のため、済州島で手に入れやすい果実でした。柿渋で染色すると赤褐色になります。カルオッは主に作業服として使用されました。済州カルオッの歴史的な記録を詳しく知ることはできませんが、カルオッは韓国だけでなく昔から東南アジアから日本、中国まで幅広く着られていた事実を見ても、これらの文化圏内にある済州でも早くから着用していたと考えられます。済州島では産業化以前の1960年代まではカルオッを着ている人がたくさんいましたが、1970年代から衣服が現代化され次第に消えていきました。しかし最近はウェルビーイングの流れに乗って多様なデザインを組み合わせて、衣類だけでなく寝具、室内装飾品、生活用品、お出かけグッズとして幅広く使用されています。

権力によって失われたものも少なくありません。徐明淑はオルレ2コースを海岸ではなく内陸も作りました。その理由は巨大資本によって破壊されたソプチコジを見ると心が痛むからだそうです。

ソプチコジは城山日出峰の向かい側にある低いオルムでした。ところが屈指の大企業がリゾートや水族館が入る娯楽施設を建設したため昔の姿は消えてしまいました。また、ある財閥企業がコンドミニアムを造成する過程で、文化財として保存すべき貝塚と溶岩洞窟を破壊したとの疑惑が提起され西帰浦市がこの企業を告発しました。一度消えた文化財は元に戻らないため本当に残念で怒りがこみ上げてきます。

指定された文化財ではありませんが、海軍基地の建設のためにクロムビ岩を発破したことも簡単に見過ごすことはできません。江汀村（カンジョンマウル）は近年話題になった地域です。海軍側は官民複合港を建設し済州島の観光インフラを拡充すると述べていますが、住民たちは憂慮しています。江汀村の住民と意識の高い人々は平和の島である済州に軍事施設が入ることを歓迎していません。平和の島をモットーに、観光産業に力を入れている済州島に軍港は似合わないでしょう。中国をけん制するための、アメリカの意図

的な事業だという見解もありますが、中国人が喜んで訪問してくれるか気がかりです。

　一般的に港というと海が陸地に入る湾の入り口を利用したり、前面に島があり外海の大きな波を防ぐ場所である必要があります。そのため政府は当初、軍港を南元邑為美里や安徳面和順里に建設しようとしましたが、地域住民の反対が激しく押し通すことができませんでした。詳しい内情はわかりませんが、軍港だけでは住民を説得することは難しいと判断したのか、軍港とクルーズ停泊港を合わせた軍民複合型観光港を基地として掲げ、立地を湾入部にも位置していない江汀村に変えました。

　平和な村でユリやニンニク、キウイを栽培していた人々が、こんなにも長い間、国家権力と戦うことは、大変なストレスでしょう。さらに日本統治時代の軍事基地化、解放直後のアメリカ陸軍司令部軍政庁支配下で発生した四・三事件などで苦痛を受けた経験のある済州島民は軍基地という言葉自体にすでに拒否感が大きいのではないでしょうか。

　どうかこの美しく貴重な済州の資産が長く保存され、未来世代に受け継いでいけるように最善の方向を確立するよう願ってやみません。

第7部

済州市　西帰浦市

407

参考資料

書籍、記事

(사)숲길,《생명평화 지리산 둘레길》, 꿈의 지
도, 2013.

〈느리지만 행복한 삶 슬로시티〉, 한국슬로시티
시장군수협의회, 2012.

〈몽상골목(夢想楬木)-문래동, 그 3년의 기록〉,
《독립 다큐멘터리》, 2014.

〈봉제 골목 울 언니〉,《다큐공감》, KBS, 2015.

《민선5기 시정백서(2012~2013)》, 강릉시.

《작은 것이 아름답다》7월호, 녹색연합, 2014.7.

〈8.15특집 항구의 눈물-일제강점기 군산의 밥
상〉,《한국인의 밥상》, KBS, 2013.

〈군산선 마지막 꼬마열차〉,《다큐멘터리 3일》,
KBS, 2008.

〈우리나라 국가1호 정원, 순천만 정원〉,《대한민
국 구석구석》, 한국관광공사, 2015.5.4.

KBS 역사스페셜,《역사스페셜 6》, 효형출판,
2003.

강성윤, 김경수, 조성진, 방준익,《강화군, 아름다
운 이야기를 하다》, 한국관광학회, 2011.

강인범,〈밀양에 태양광발전소 건립〉,《조선일
보》, 2006.12.21.

고준우,〈박정희가 쌓은 폐허, 청계천과 가든파
이브〉,《오마이뉴스》, 2015.7.23.

고준우,〈청계천은 어떻게 '눈물의 개천'이 되었
나〉,《오마이뉴스》, 2015.7.20.

권기봉,《서울을 거닐며 사라져가는 역사를 만나

다》, 알마, 2009.

권혁재,《한국지리, 각 지방의 자연과 생활》, 법
문사, 1999.

김동정,〈울긋불긋 마음까지 물들이는 단풍 여행
지, 구 례〉,《Journal of The Electrical
World》, 2006.

김무길,《시간이 멈춘 그곳, 강경》, 강경역사문
화안내소, 2015.

김민영, 김양규,《금강 하구의 나루터.포구와 군
산·강경지역 근대 상업의 변용 :강(江)과
수운(水運)의 사회경제사(社會經濟史)》,
서울선인, 2006.

김성환,〈전북 모악산은 어떻게 '성스러운 어머니
산'이 되는가?〉,《한국도교문화학회》,
2006.

김수진,《두근두근 춘천산책》, 알에이치코리아,
2012.

김승욱,〈한국 전력소비 과도한 수준… OECD
주요국 최고〉,《연합뉴스》, 2013.6.20.

김재홍, 송연,《(영남대로 950리 삼남대로 970
리) 옛길을 가다》, 한얼미디어, 2005.

김태환,〈서울 한복판, 강북 지하경제의 '중심
지'〉,《이코노믹 리뷰》, 2015.6.4.

김한수,〈교통·문화·관광 중심에 우뚝… 어느
새 부산의 '아이콘'으로〉,《부산일보》,
2013.6.20.

김현준 외,〈고대 수리시설의 과거와 현재, 그리
고 미래-김제 벽골제-〉,《하천과문화 9권》
, 2013.

김희진,〈빵 나오면 '쟁탈전' 최고령 빵집 군산
'이성당'〉,《오마이뉴스》, 2011.8.5.

낚시춘추 편집부,《한국의 명 방파제》, 황금시

간, 2007.

노주석, 〈남산 위 저 소나무에 드리운 '왜색의 그림자'〉, 《서울신문》, 2013.9.6.

노주석, 《서울 택리지》, 소담출판사, 2014.

대안농정 대토론회, 《農이 바로 서는 세상》, BH미디어, 2012.

류관렬, 〈제천 지역 지명 연구〉, 한국교원대학교 교육대학원, 2001.

문창현, 〈순천만 지역의 생태관광에 대한 연구〉, 서울대학교 대학원, 2006.

박경만, 〈팔당 두물머리 유기농지 보존해 공원화〉, 《한겨레》, 2013.8.29.

박민수, 《춘천문화유산답사기》, 한림대학교, 2007.

박병익, 《한국지리교과서》, 천재교육, 2014.

박상준, 《서울 이런 곳 와 보셨나요? 100》, 한길사, 2008.

박수련, 〈30 대 예술가의 상상력, 하청 봉제공장 골목을 '메이드 인 창신동'으로〉, 《중앙일보》2015.2.12.

박영순, 《우리 문화유산의 향기 57-광성보(廣城堡)와 신미양요(辛未洋擾)》, 국토연구원, 2004.

박정원, 〈보령 머드축제〉, 《조선매거진 549호》, 2015.7.

박창희, 〈박창희 기자의 감성터치 나루와 다리, 30 발원지를 찾아〉, 《국제신문》, 2007.11.29.

박하연, 〈마을 전체가 포도밭, '남포사현포도' 첫 출하〉, 《충청일보》, 2015.6.29.

보노보C, 《철부지 문래동》, 한가옥, 2013.

서명숙, 《꼬닥꼬닥 걸어가는 이 길처럼-길 내는 여자 서명숙의 올레 스피릿》, 북하우스, 2010.

서명숙, 《제주 올레 여행-놀멍 쉬멍 걸으멍》, 북하우스, 2009.

송인용, 〈보령 산업단지 및 발전〉, 《충청투데이》, 2015.7.9.

시민취재원, 〈남양주를 거닐다_명소〉, 남양주시, 2015.

시민취재원, 〈남양주를 느끼다_명품〉, 남양주시, 2015.

신광수, 〈관창산업단지〉, 《중도일보》, 2015.8.4.

신동훈, 〈인쇄소 '보진재' 4 대째 이어가는 김정선 사장〉, 《조선일보》, 2012.7.21.

신선종, 〈옛 방림방적 부지 23만㎡ 영등포 복합 신시가지로〉, 《문화일보》, 2007.

신정일, 《다시 쓰는 택리지-전라·경상 편》, 휴머니스트, 2004.

심진범·김돈호, 〈인천시 구도심 장소마케팅 전략연구〉, 인천발전연구원, 2003.

안장원, 〈낡은 도심 전국 12곳 '재생 수술' 본궤도 올랐다〉, 《중앙일보》2014.12.29.

안태현, 〈옛길 문경새재〉, 대원사, 2012.

양희경 외, 《서울 스토리》, 청어람미디어, 2013.

유철상, 《서울여행 바이블》, 상상출판, 2012.

유혜준, 〈영남대로에서 가장 험한 문경새재, 옛 말이로다〉, 《오마이뉴스》, 2015.2.21.

유홍준, 《나의 문화유산답사기 7-돌하르방 어디 감수광》, 창비, 2012.

윤석빈, 〈원자력 발전소는 왜 바닷가에 있을까?〉, 《소년한국일보》, 2014.10.7.

윤진영 외, 《한강의 섬》, 마티, 2009.

이동훈 외, 《왜 우리는 군산에 가는가》, 글누림, 2015.

이상민, 〈신석기 패총 훼손 논란… 행정은 8년째 '깜깜'〉, 제주=뉴스1, 2013.6.14.

이석현, 《공감의 도시 창조적 디자인》, 미세움, 2011.

이 영엽, 〈전남 구례군 백악기 구례분지에서 발견된 공룡뼈 화석〉, 《지질학회지》 제44권 제3호, 2008.

이윤구, 〈인간 간섭에 의한 해안 환경 변화 연구-강릉시 사빈해안을 사례로〉, 한국교원대학교 대학원, 2011.

이윤선, 〈닻배노래에 나타난 어민 생활사-진도군 조도군도를 중심으로-〉, 《민속학회 제7집》, 2003.

이정민, 〈'송도'란 이름은 일제잔제…. 고유지명 되찾자〉, 《오마이뉴스》, 2012.6.7.

이정우, 〈난포오석〉, YTN뉴스, 2015.1.26.

이종예, 〈군산~장항 간 뱃길이 중단된다고 한다〉, 《군산뉴스》, 2009. 10.4.

이종현, 〈구도심 상업지역의 토지이용실태 분석 및 개선방향〉, 인천발전연구원, 2008.

이종현·최종완, 〈인천 구도심지역의 재생방안〉, 인천발전연구원, 2006.

이종호, 〈과학자들 풀기 어려운 여름철 얼음〉, 《THE SCIENCE》, 2012. 6.26.

이진성, 〈'재래시장' 산책으로 만끽하는, 색다른 서울의 봄〉, 《노컷뉴스》, 2013.5.3.

이진성, 〈4가지 키워드로 걷는 남산〉, 《노컷뉴스》, 2013.4.15.

이진성, 〈4場 4色의 서울 마을 여행〉, 《노컷뉴스》, 2013.6.5.

이진성, 〈그 이름에 이런 역사가? 이름 속 서울의 재발견〉, 《노컷뉴스》 2013.5.16.

이태희, 정민채, 〈역사, 관광학적 관점을 통한 강화도 진적지에 관한 연구병-인양요, 신미양요, 운양호 사건을 중심으로〉, 한국사전지리학회, 2006.

이해인, 〈'부산국제영화제' 지원금 한꺼번에 절반 삭감〉, 《경향신문》, 2015.5.4,

이현군, 《옛 지도를 들고 서울을 걷다》, 청어람 미디어, 2009.

일본사학회, 《아틀라스 일본사》, 사계절, 2011.

장재훈, 〈구례지역의 산동분지에 관한 지형연구〉, 《응용지리》 제19호, 1996.

전우영, 《서울은 깊다》, 돌베개, 2008.

전효진, 〈김제지평선축제 관광객의 인구통계적 특성에 따른 방문동기 차이 검증연구.관광연구〉, 《대한관광경영학회》, 2015.

정기용, 《서울 이야기》, 현실문화연구, 2008.

정우영 글·이광익 그림, 《서울의 동쪽》, 보림출판사, 2014.

정치영, 〈조선시대 사대부들의 지리산 여행 연구〉, 《대한지리학회지》 제44권 제3호, 2009.

정희안, 〈남산에 담긴 한반도 희로애락〉, 《경향신문》, 2015.8.25.

제천시, 《슬로시티 제천》, 2014.

제천시, 《제천의 명산》, 2014.

조문식, 〈제천 청풍문화재 단지의 관광객 선호도에 관한 연구〉, 세명대학교, 2000.

조승연, 〈일제하 식민지형 소도시의 형성과 도시 공간의 변화〉, 《민속학연구 제7호》, 2000.

조종안, 〈80년 뱃길 마지막 승선권 선물 받던 날.

"마지막 날 배표니까, 보물처럼 보관할게요"〉,《오마이뉴스》, 2009.11.2.

조치원읍지편찬위원회,〈조치원읍지〉, 원디자인, 2012.

조관철,〈군산풍력발전소 수입 매년 증가, 톡톡히 효자 역할〉,《국제뉴스》, 2015.6.18.

주정화,〈씨 마른 벌교꼬막, 종묘배양장으로 재도약한다〉,《전남일보》, 2015.4.23.

주정화,〈현대와 과거 공존… 순천 웃장으로 오세요〉,《전남일보》, 2015.4.17.

진도군지편찬위원회,〈진도군지〉, 진도군, 2007.

차근호,〈국제시장 '꽃분이네' 살아났다… 건물주와 권리금 합의〉,《연합뉴스》, 2015.2.12.

채만식,《다듬이소리》, 범우사, 2005.

채만식,《탁류》, 어문각, 1994.

최무진,〈커피도시로서 강릉의 장소성 형성 과정 연구〉, 고려대학교 대학원, 2013.

최미선.신석교,《지하철로 떠나는 서울&근교여행》, 넥서스 BOOK, 2011.

최은주,〈문경 새재 시적 공간과 의미〉, 경북대학교, 2012.

최정기,〈국가 형성 과정에서의 국가 폭력〉, 전남대학교, 2005.

최종현.김창희,《오래된 서울》, 동하, 2013.

최지연,〈관광도시 강릉의 역사적 전개〉, 경기대학교 대학원, 2006.

최희,〈한국, 가정용 전력 소비량 OECD 26위〉,《파이낸셜신문》, 2015. 2.24.

한국문화유산답사회,《전북, 답사여행의 길잡이 1》, 돌베개, 2003.

한국문화유산답사회,《지리산자락, 답사여행의 길잡이》, 돌베개. 2003.

한국지리정보연구회,《자연지리학사전》, 한울아카데미, 2004.

한미섭,〈송도신도시 개발전략에 관한 연구〉, 서울대학교 대학원, 2008.

한양명,〈진도아리랑타령에 나타난 기혼여성들의 사고〉,《중앙민속학회지》, 1991.

허동훈,〈송도 혁신 클러스터 투자유치 개선방안〉, 인천발전연구원, 2009.

홍기원,《성곽을 거닐며 역사를 읽다》, 살림, 2010.

홍철지,〈순천만 - 유네스코 자연유산 등재 일부 지자체 반발 차질〉,《NSP통신》, 2013.9.9.

황윤,〈어느 날 그 길에서〉(다큐멘터리), 독립영화, 2008.

ウェブサイト

甘川文化村(http://www.gamcheon.or.kr)

夜明けの江原(http://www.dongtuni.com)

江原ランド(http://www.kangwonland.com)

江華郡文化観光(http://www.ganghwa.go.kr/open_content/tour/)

江華郡庁(http://www.ganghwa.go.kr)

韓国の干潟(http://blog.naver.com/seakeeper/30089287484)

古里原子力本部(http://kori.khnp.co.kr)

求礼郡庁(http://www.gurye.go.kr)

国立公園公団(http://www.knps.or.kr)

群山愛(http://www.lovegunsan.kr)

金山面(http://geumsan.gimje.go.kr)

金堤市碧骨堤(http://byeokgolje.gimje.go.kr)

金堤市庁(http://www.gimje.go.kr)

金堤地平線祭り(http;//festival.gimje.go.kr)

藍浦鳥石(http://blog.naver.com/
stoneyard/40112437631)

手のひらにソウル(http://mediahub.seoul.
go.kr)

論山市庁(http://nonsan.go.kr)

大韓民国隅々ホームページ(http://korean.
visitkorea.or.kr)

都市再生事業団(http://www.kourc.or.kr/tb/
jsp/index.jsp)

東大門歴史館・運動場記念館(http://www.
museum.seoul.kr/www/intro/annexIntro/
annex_18.jsp?sso=ok)

ラムサール条約湿地(http://www.wetland.
go.kr/home/info/info02001l.jsp)

密陽南部協会(http://nambuch.or.kr)

密陽市庁(http://www.miryang.go.kr)

稲の村農耕文化テーマパーク(http;//tour.
gimje.go.kr)

保寧大同系地層(http;//blog.daum.net/
lovegeo/6780221)

保寧熊川石材工場(http://blog.naver.com/
shjles2995/70181268930)

保寧石炭博物館(http://www.1stcoal.go.kr)

保寧市庁(http://www.brcn.go.kr/)

釜山広域市水営区庁(http://www.suyeong.
go.kr)

釜山広域市中区庁(http://www.bsjunggu.
go.kr)

釜山国際映画祭(http://www.biff.kr)

釜山市民公園(http://www.citizenpark.or.kr)

釜山市庁(http://www.busan.go.kr)

新萬金広報館(http://isaemangeum.co.kr)

考えを育てる地理、Gリーダーシップ(http://
blog.naver.com/coolstd)

ソウル徒歩解説観光(https://korean.
visitseoul.net/walking-tour)

ソウル市公式観光情報ウェブサイト(http://
korean.visitseoul.net/index)

ソウル歴史博物館(http://www.museum.seoul.
kr)

仙遊島公園(http://parks,seoul.go.lr/
template/default.jsp?park_id=seonyudo)

世宗市自転車道路太陽光発電所(http://blog.
naver.com/sky_yoon/185757810)

世宗特別自治市公式ブログ(http://
sejongstory.kr)

松島IBD BLOG(http://songdoibd.tistory.com)

順天湾自然生態公園(http://www.
suncheonbay.go.kr)

スカイキューブ(http://www.skycube.co.kr/
skycube/skycube/meaning.aspx)

スローシティ韓国(http://www.cittaslow.kr)

燕谷寺(http://www.yeongoksa.org/45)

映画の殿堂ホームページ(http://www.
dureraum.org)

オリンピック公園(http://www.ksponco.or.kr/
olympicpark/)

なぜ原子力発電は廃止できないのか?
(http://blog.naver.com/climate_
is/220449519099)

ワールドカップ公園(http://parks.seoul.go.kr/

template/sub/ worldcuppark.do)

仁川市公式ブログ（http://incheonblog.
kr/1184）

臨津閣平和ヌリ（http://imjingak.co.kr/
introduce_about.html）

済州特別自治道報勲庁　済州抗日記念館
（http://hangil.jeju.go.kr）

清渓川博物館（http://www.museum.seoul.kr/
www/intro/annexIntro/annex_19.
jsp?sso=ok）

出版都市文化財団（http://www.pajubookcity.
org）

KORAIL（http://info.korail.com）

太白石炭博物館（http://www.coalmuseum.
or.kr）

太白市庁（http://www.taebaek.go.kr）

太陽光発電の最適な場所は？（http://blog.
naver.com/scienceall1/220260196865）

統計庁（http://kostat.go.kr）

坡州市庁（https://www.paju.go.kr）

坡州長湍豆村（http://kgfarm.gg.go.kr/
farm/00216/）

坡州ファーム（http://www.pajufarm.co.kr）

一日で歩く600年のソウル、都城巡り（http://
www.seouldosung.net）

漢江水系テーマ園（http://www.hgeco.or.kr）

韓国水力原子力（http://www.khnp.co.kr）

漢陽都城博物館（http://www.museum.seoul.
kr/www/intro/annexIntro/annex_11.
jsp?sso=ok#）

ヘイリ芸術村（https://www.heyri.net）

活版工房（http://www.hwalpan.co.kr）

【著者】

全国地理教師の会（전국지리교사모임）

1996年に創立した全国的な地理教師の団体。研究会や地域会、特別分科などで活動するかたわら、学習資料の開発と普及、教育専門誌の発刊など、地理教育全般にわたって多様な活動を行っている。主な著書に『地理、世界を飛ぶ 지리, 세상을 날다』、『韓国地理漫画教科書 한국지리 만화교과서』、《地理の先生と巡る80日間の世界一周 지리쌤과 함께하는 80일간의 세계 여행》シリーズなどがある。

本書執筆教師：キム・ギョンミ（김경미）、キム・ソギョン（김석용）、キム・ジョンウォン（김종원）、パク・サンギル（박상길）、パク・ジョンエ（박정애）、シン・ドンホ（신동호）、ユン・シンウォン（윤신원）、イ・ダウン（이다은）、イ・ミョンジュン（이명준）、イム・スクギョン（임숙경）、チョン・スンウン（정승운）、チョン・ヘス（조해수）、ハン・チュンニョル（한충렬）

【翻訳】

水谷幸惠（みずたに・ゆきえ）

「朝鮮通信使シンポジウム」（1998年）、「コリアン・シネマ・ウィーク」（2001年)など韓国との文化交流事業に従事。訳書に『美、その不滅の物語：韓国・中国に美しき伝説を訪ねて』、『世界書店紀行：本は友を呼び未来を拓く』などがある。

宗実麻美（むねざね・まみ）

韓国の語学堂や翻訳塾で学んだ後、翻訳の仕事に携わる。最近は、韓方・ティーセラピーにも惹かれ、鋭意、腕を磨いている。訳書に『美、その不滅の物語：韓国・中国に美しき伝説を訪ねて』、『世界書店紀行：本は友を呼び未来を拓く』などがある。

山口裕美子（やまぐち・ゆみこ）

韓流ブームをきっかけに韓国に関心を募らせ、独学で韓国語を学ぶ。2017年より韓国語翻訳に取り組む。訳書に『マンガで学ぶ昆虫の進化』、『美、その不滅の物語：韓国・中国に美しき伝説を訪ねて』などがある。

지리샘과 함께하는 우리나라 도시 여행
by 전국지리교사모임

Copyright © 2022 by Geography Teachers'Association of Korea
Originally published in 2022 by FOX CORNER, Seoul
All rights reserved.
Japanese Translation copyright ©2024 by Harashobo, Tokyo.
This Japanese edition is published by arrangement with CUON Inc., Tokyo.

［図説］韓国都市探究
24 の街の歴史、文化から産業まで

2024 年 12 月 7 日　第 1 刷

著者…………全国地理教師の会

訳者…………水谷幸恵、宗実麻美、山口裕美子

装幀…………chichols

装画…………温泉川ワブ

発行者…………成瀬雅人
発行所…………株式会社原書房

〒 160-0022 東京都新宿区新宿 1-25-13
電話・代表 03（3354）0685
http://www.harashobo.co.jp
振替・00150-6-151594

印刷…………シナノ印刷株式会社
製本…………東京美術紙工協業組合

©Yukie Mizutani, Mami Munezane, Yumiko Yamaguchi, 2024
ISBN978-4-562-07415-0, Printed in Japan